쉽고 든든한
영업 비법서

자신만만 제약영업 마케팅 실무

임형식 지음

한 권으로 제약영업마케팅 실무 마스터!

기본부터
탄탄한
마케팅 지식

질환별,
약제별
사례 중심

제약영업마케팅
강의노트 수록

자신만만 제약영업마케팅 실무

첫째판 1쇄 인쇄 | 2024년 3월 7일
첫째판 1쇄 발행 | 2024년 3월 11일

지 은 이 임형식
발 행 인 장주연
출판기획 이성재
책임편집 배진수
편집디자인 조원배
표지디자인 김재욱
일러스트 김경열
제작담당 황인우
발 행 처 군자출판사(주)
등록 제4-139호(1991. 6. 24)
본사 (10881) **파주출판단지** 경기도 파주시 회동길 338(서패동 474-1)
전화 (031) 943-1888 팩스 (031) 955-9545
홈페이지 | www.koonja.co.kr

ISBN 979-11-7068-090-1 (13320)
정가 27,000원

쉽고 든든한
영업 비법서

자신만만 제약영업 마케팅 실무

머리말

제약영업마케팅은 일반 소비자를 대상으로 하는 consumer 마케팅과는 다르게 환자의 질병과 건강을 다루는 분야로 규제가 있다. 또한 의약품의 최종 소비자인 환자들이 치료받기까지 전체 과정 즉, 제약산업의 이해, 신약개발 과정, 임상시험 단계, 의약품 인·허가 결정과정, 시판 후 의약품 안전관리, 생산, GMP, Validation, GSP, 보험약가 및 가이드라인 결정, 병원구매 및 의사의 처방 결정까지 다양한 관련부서와 관계자가 연관되어 있는 것을 이해해야 한다. 제약영업마케팅은 모든 의약품 개발의 전 과정에서 이루어지고 있다. 제약영업마케팅은 전반적인 제약산업의 특수한 상황의 이해와 현재와 미래 제약바이오산업 Market Trend의 이해가 있어야 한다.

제약영업마케팅 직원들이 1차 고객인 의사를 만나서 자사 제품의 특징, 장점, 이점, 부작용 등 의약관련 정보를 전달하는 일을 Call이라 한다. 저자는 30년 제약회사 근무 중 25년 동안 1년에 평균 200일을 하루 10명의 고객을 방문한 결과 약 50,000번 이상 의사들과의 Call (detail) 경험과 수년 동안 제약회사 Facilitator로 수백 시간의 영업마케팅교육 경험이 있다. 이 책에서는 50,000번 이상의 면담(call) 경험과 Facilitator로 수백 시간의 제약영업마케팅 교육 경험의 know-how를 공유하고자 한다.

이 책은 제약영업마케팅에 필요한 지식을 습득하고 참여하고 이해해서 정확하게 설명할 수 있도록 제약회사 교육에 활용하는 Selling Model을 수록했다. 이를 통해 제약 영업마케팅의 실제 현장을 보다 정확하고 빠르게 이해하도록 한다. 또한, 의사들의 처방 빈도가 높은 대사성 질환 치료제 중 계열별, 계열 간 경쟁이 치열한 당뇨병치료제의 약리작용 및 특징, 장점, 이점을 이해하여 차별화하는 마케팅 전략의 사례를 제시하고 있다. 특히, 고객은 '왜' 나와 다른 needs를 가질까?

'어떻게' 하면 고객의 needs를 충족시킬 수 있을까? 고객에 needs와 wants를 충족시켜주는 질문의 종류와 상황에 따라 질문이 '왜' 필요한가? 등의 내용과 제약영업마케팅 직원들에게 필요하고 효과적인 교육이 어떤 교육인가를 제시하고 있다.

제약영업마케팅 직원은 1차 고객인 의료인에게 필요한 정보를 제공할 수 있는 전문성 있는 역량을 갖춰야 할 것이다. 국내외 학회에서 등장하는 Hot issue를 스스로 공부하여 의료인들에게 최신정보를 제공하고 Feedback도 받으면서 공부하는 제약영업마케팅 활동은 가장 매력적인 일이라 할 수 있다.

Searching보다 Thinking으로 지식을 습득하고 이해하여 설명할 수 있는 공부방법은 자신감을 갖게 한다. 이를 실질적으로 활용해 의료인들에게 필요한 정보를 제공할 수 있는 역량을 개발하여 실천하면 자존감을 높일 수 있고 더욱 건강한 삶을 영위할 수 있다. 무엇보다도 이렇게 무장한 영업마케팅 직원은 의사와의 Call FREQUENCY, Call TIME, Call QUALITY가 향상된다. 결국 Performance가 향상되게 된다.

제약영업사원 누구나 Best MR이 되고 싶지만, 저절로 이루어지지 않는다. Best MR이 되기 위해서는 소통 능력(communication skill)도 중요하지만 학술적 지식을 함양하는 일이 더 우선되어야 한다.

저자는 제약영업사원 출신으로 항상 제약영업의 매력과 중요성에 대해 이야기한다. "SELLING IS MARKETING, BUT MARKETING IS NOT SELLING." 즉 "영업 경험을 가지면 마케팅뿐만 아니라 어떤 일이든 할 수 있다." 저자는 마케팅보다는 영업의 중요성을 훨씬 더 강조한다. 가끔 제약회사 영업부와 마케팅부가 서로 갑론을박하는 경우가 있다. 영업과 마케팅은 동일한 개념이 아니고 마케팅이 영업을 포함하는 상위 개념이라고 생각할 수 있지만, 제약 영업과 마케팅은 목표 지향점이 같고 상호 보완적이다. 고객의 needs를 정확히 파악하고 고객에게 어떻게 효과적인 판매와 이익 실현을 할 수 있는지 연구한다는 점에서 동일하게 볼 수 있다. 제약영업사원의 중요한 역할 중 하나는 정확한 제품 메시지(Right Message)를, 정확한 빈도(Right Frequency)로, 정확한 환자(Right Patient)를 치료하기 위한 정확한 의사(Right Doctor)에게 어떻게 효과적으로 전달하는가이다.

고객과의 면담 과정 중 가장 중요한 순간(Moment of Truth, MOT)은 단 15초에 지나지 않는다. 자신 있는 사람들만이 심플해질 수 있고 자신감을 갖게 된다. 심플해야 신속할 수 있다. 신속하지 못하면 현재와 미래의 환경 변화에서 이길 수 없다.

제약영업마케팅은 고객과의 면담 과정에서 정확한 메시지를 전달하기 위해서는 수많은 학습과 경험을 적용해야 한다. 짧은 시간에 고객이 인지하기 쉽게 정확한 메시지를 전달해야하기 때문이다. 이런 이유로 제약영업마케팅은 제약산업 전체, 마케팅의 기본 개념 그리고 고객에 대한 이해가 있어야 한다. 하지만 고객을 이해하기 위해서는 우선 내 자신의 이해가 선행되어야 한다. 내 자신의 설득 없이 타인을 설득하는 것은 불가능하다. 제약영업마케팅의 1차 고객인 의사를 이해하기 위해서는 그들이 제일 관심을 갖는 환자 치료에 도움이 되는 질환, 제품에 대한 정보와 더불어 다양한 의약 정보를 전달할 수 있는 능력을 키워야 한다.

이 책은 제약영업마케팅 Trend를 정확하게 이해하고 향후 대책을 개발하기 위하여 제약영업마케팅에 필요한 다양한 지식과 정보를 제공하고 있다. 특히 제약영업마케팅의 정확한 이해를 위하여 chaper 중간에 실전문제와 workshop자료를 제시하고 있다. 또한 고객과의 면담 과정(Call Process)을 구체적으로 기술하고 있어 제약영업마케팅 직원들과 제약영업마케팅에 관심 있는 모든 대학생, 대학원생에게 많은 도움이 될 것으로 기대한다. 이 책을 계기로 제약산업의 가장 중요한 분야 중 하나인 제약영업마케팅에 대한 체계적인 연구가 진행되어 한국 제약산업과 더불어 제약영업마케팅이 한 단계 진보되기를 기대한다.

Facilitator 임형식(약학박사, 충북대학교 약학대학 교수)

목차

PART 1 제약영업마케팅 개요

PART 2 제약영업마케팅의 STP 전략

PART 3 제약영업마케팅 직원의 요건

PART 4 Selling Skill

1 PART

제약영업마케팅 개요

CHAPTER 01

제약바이오마케팅이란?

제약바이오산업은 매우 독특한 구조로 최종 소비자는 환자이지만 어떤 약을 사용할지 결정하는 사람은 의학적 지식과 경험이 풍부한 의료관계자(의사)이다. 의사들은 의약품의 임상자료를 근거로 약을 처방하기 때문에 객관적인 근거 중심(Evidenced Based Medicine, EBM)의 자료를 제공하여야 한다.

의약품을 공급하는 회사는 따로 있고, 약값을 부담하는 소비자와 건강보험공단 역시 따로 있다. 아무리 좋은 신약이 있더라도 접근(보험급여)이 제한적이면 아무런 의미가 없다. 이런 다양한 이유로 인해 약가정책 등 전반적인 제약산업정책의 이해가 있어야 한다.

또한 제약영업마케팅은 제약산업의 매우 큰 영역으로 제약산업의 특수성을 전반적으로 이해해야만 고도의 의약정보 기술을 제공하는 역할을 할 수 있다. 마케팅 효율을 높이기 위해서는 마케팅믹스(marketing mix)에 대해 충분히 이해하고 활용해야 한다. 의약품의 특장점과 이점이 의사들의 처방에 영향을 미치도록 변수와 방법을 조절해가며 의사들의 필요(needs)와 욕구(wants)를 만족시키기 위한 노력을 해야 한다.

제약영업마케팅은 규제 산업이라고 하는 제약바이오산업의 특수한 환경의 이해가 있어야 한다.

첫째, 의약품은 인간의 생명과 건강에 밀접하게 관련된 필수 소비재이다. 일반적인 상품들과는 다른 안전성에 대한 요구가 매우 크기 때문에 의약품 개발, 제조, 판매, 보관, 수출입, 유통, 광고 등을 포함한 모든 행위가 약사법의 강력한 규제를 받는다.

둘째, 전문의약품을 선택할 수 있는 권한은 최종 소비자인 환자가 아니라 처방하는 의사에게 있으므로 제약회사의 마케팅 활동은 의사, 의료전문가, 의료기관을 대상으로 실시하고 있다. 또한 전문의약품의 경우에는 대중 광고가 제한되어 있어 소비자에게 충분한 정보를 제공해주지 못하는 상황이다.

셋째, 오늘날 인류를 위협하는 질병의 종류는 너무나 다양하며 이와 같은 질병을 치료하기 위해 새로운 의약품이 계속 개발되면서 그 종류도 매우 빠르게 늘어나고 있어 의료전문가뿐만 아니라 제약회사에 근무하는 근로자들도 지속적인 연구와 학습이 필요하다.

넷째, 의약품은 환자의 구매할 수 있는 경제적 능력과 상관없이 의약품을 무조건 사용해야만 한다. 따라서 가격이 높더라도 비용을 지불하고 구매해야 하므로 대부분 의약품의 가격은 비탄력적이라고 할 수 있다. 이런 특성 때문에 정부에서는 지속적인 규제산업으로 인식하고 많은 규제와 장치를 마련하여 입법하고 있다.

제약영업마케팅은 다양한 외부적인 요소의 영향을 받는다. 특히 정부와 회사의 정책이 바뀌거나 제약산업 또는 환자의 특성이 변화하게 되면 커다란 영향을 받게 된다. 경제적인 여건이나 사회적인 변화 등 통제가 어렵거나 거의 불가능한 여러 가지 요인에 의해서도 영업마케팅 활동은 달라지게 마련이다. 더욱이 전문의약품을 위한 영업 및 마케팅에서는 의사의 처방 선택 권한이 실제 수요 창출의 근원이므로 의사의 영향력이 절대적이라고 할 수 있지만, 최근에는 고객인 의사뿐 아니라 환자와 사회 전반적인 현상을 파악하여 접근하는 것이 필요하다.

제약영업마케팅은 이러한 제약산업의 특수한 환경을 이해하고 의약품이 가진 가치(positioning message)를 지속적으로 강조하고, 의료인들이 의약품의 치료가치를 받아들이도록 의료인의 치료관점에 변화를 주도록 하는 모든 활동을 의미한다. 제약영업마케팅은 일반 소비자마케팅과 같이 고객의 needs와 wants를 충족시키려는 것에서 비슷하지만, 1차 고객이 최종 소비자인 환자가 아닌 의사나 의료전문가로 구조가 매우 독특하다. 이에 따른 마케팅 조직과 이해 관계자들도 매우 특수하고 복잡하다.

CHAPTER 02 제약영업마케팅의 특수성

1) 제약영업마케팅이 특수한 이유

제약영업마케팅의 특수성은 다른 소비재와는 달리 소비자의 선택권이 제한된다는 점이다. 처방하는 의사를 통해 소비자의 질환 특성에 맞게 선택되고, 약사에게 조제되어 소비자에게 전달하는 구조다. 더구나 처방 의사의 의약품 선택에 있어서도 제한이 있을 수 있다. 처방 의사가 속한 병원의 의약품 선정 기준에 따라 처방이 제한될 수 있다. 미국의 경우 보험회사인 HMO (Health Management Organization) 혹은 이들이 약제 관리만 외부에 위탁하는 약제 관리 위탁회사인 PBM (Pharmacy Benefit Manager)의 철저한 관리에 의해 약제 선택권이 제한되기도 한다. 또 다른 특수성은 경제 주체의 상의성이다. 최종 소비자인 환자가 구매에 대한 비용을 모두 지불하는 것이 아니라, 환자(소비자) 일부 부담으로 나머지는 국가 혹은 보험회사가 지불하는 구조다. 그렇기 때문에 소비자는 자신이 구매한 의약품의 재화적 가치에 대한 민감성이 떨어진다. 바로 이런 점에서 의약품은 다른 고객(consumer) 제품과 다르다.

제약바이오산업을 규제과학(regulatory science)에 입각한 규제산업이라 한다. 제약영업마케팅 역시 다른 산업 마케팅과 비슷하지만 사람의 건강에 직접 영향을 미치는 의약품을 마케팅한다는 점에서 다르다. 따라서 제약영업마케팅은 식품의약품안전처(Ministry of Food and Drug Safety, MFDS)의 규제를 엄격히 받는다. 시판된 의약품의 마케팅 과정에서 표기되는 모든 용어와 특·장점은 과학적 데이터에 의해 입증되어야 한다. 효능, 안전성 그리고 삶의 질 향상과 같은 주장들은 임상시험을 통해 입증되어야 의사와 환자들의 위험을 줄일 수 있다. 또한 흔한 부작용과 위험들은 의약품을 프로모션할 때 반드시 함께 고지하도록 되어 있다. 이러한 책임에 대해서는 프로모션은 영업마케팅 부서만 있는 것이 아니라 의약품의 임상시험, 연구개발, 생산, 학술부 등 제품과 관련된 모든 부서가 함께 해야 한다. 마케팅은 소비자들의 사고를 전환시키는 과정을 통해 가치를 창출하는 일이다. 그러므로 제약영업마케팅은 처방이 필요한 전문의약품(ethical the counter drug, ETC)과 일반의약품(over the counter drug, OTC)에 따라, 전문의약품과 제네릭 의약품에 따라, 혹은 제네릭 의약품과 개량신약 의약품에 따라 마케팅전략을 차별화해야 한다. 제약회사에서 고객은 관점에 따라 1차 고객인 처방 의사, 최종 소비자인 환자 그리고 약값의 일부를 지원하는 정부가 각각 독립된 주체이다. 각 주체들의 상호작용에 의해서 약의 소비가 이루어지고 있다. 환자와 정부는 보통 적은 비용으로 최고의 가치와 최고의 치료 효과를 원하지만, 의사는 치료적 목표를 달성하기 위해 환자에게 최적의 제품을 처방하기를 원한다. 제약영업마케팅은 복잡한 이해 당사자(stakeholders)들을 이해하고 상대하는 것이다.

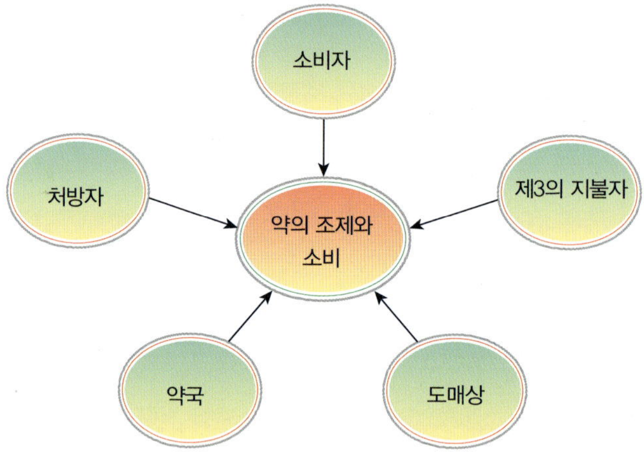

그림 1.1. 복잡한 이해당사자들

(1) 전문의약품 vs 일반의약품 마케팅

처방이 필요한 전문의약품과 일반의약품은 같은 분야에서 많은 공통점을 가지고 있어 시장에서의 전술이나 홍보 전략이 같을 것이라고 생각하기 쉽다. 그러나 이 두 의약품이 유사한 메시지를 전달하더라도 주요 소비층과 그들의 니즈는 각각 다르다. 전문의약품 시장의 주 고객은 의사, 약사, 도매업자, 소비자이다. 소비자들은 다양하지만 궁극적으로 의약품을 소비하기 위해 같은 결정을 한다. 그러나 일반의약품 소비자는 현저히 다른 생각을 한다. 의사에게 일반의약품 제조회사는 주위를 기울이지 않는다. 대신에 일반의약품 마케터들은 구매력이 높은 일반 소비자에게 집중한다. 의사의 처방 없이도 구입할 수 있는 일반의약품 시장은 일반 소비자 제품 시장과 유사한 부분이 있다. 따라서 일반의약품 생산자는 한 번에 관심을 끌고 기억할 만한 브랜드를 만들어야 한다. 일반의약품 마케팅 전략은 그들의 브랜드가 잘 자리 잡을 수 있도록 높은 품질을 갖거나 소비자가 쉽게 접할 수 있는 저렴한 가격을 제시해야만 한다.

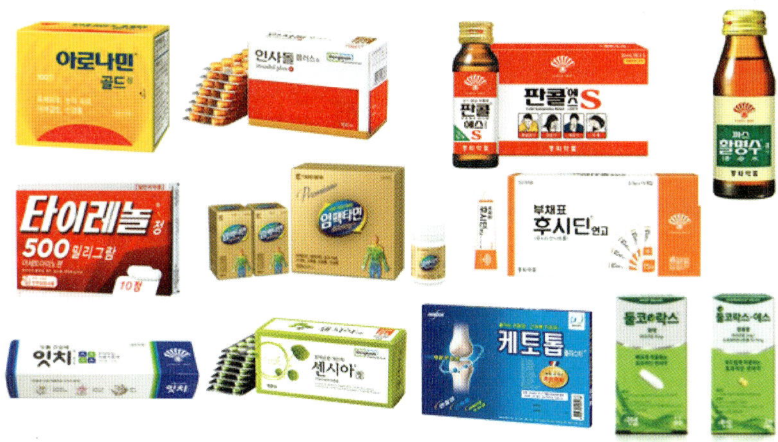

그림 1.2. 일반의약품(OTC)

(2) 오리지날 의약품 vs 제네릭 의약품 마케팅

1984년, Hatch-Waxman 법으로 알려진 의약품 가격분쟁과 특허연계법(Drug Price Competition and Patent Team Restoration Act)은 근래 제네릭 의약품 시장을 부흥시켰다. 제네릭 제조사들이 브랜드 의약품의 기전을 똑같이 가지고 있을 필요가 없고 작용시간 부분만 승인받도록 하면 된다. 사실 Hatch-Waxman 법이 통과하기 전에는 특허가 만료된 오리지널 약의 35%만이 제네릭 의약품을 가지고 있었다. 현재 제네릭 의약품 제조사들은 더 낮은 가격으로 높은 매출을 기록하고 있다. 브랜드 의약품의 최우선 고객이면서 마케팅 포커스를 두고 있는 주체는 의사이다. 제네릭 의약품 시장에서의 약은 상품으로 생각한다. 따라서 제네릭 의약품의 마케팅전략은 다른 의약품과 다르게 4P에 해당하는 가격(price), 유통(place), 제품(product), 판촉(promotion) 중 가격에 가장 초점을 맞춰 진행한다. 제네릭 의약품 시장에서의 가장 큰 차이점은 의사가 최우선 고객이 아니라는 점이다. 일반적으로 의사가 선택하는 의약품은 제약사 입장에서 볼 때 시장에서 유리한 입지를 다지기 쉽다. 그러나 의사들은 환자들이 요구하는 약을 선택해서 제공했고, 그 결과 제약회사는 의약품을 공급하는 회사들을 공략했다. 유통과정도 공동구매나 도매업에 따라서 의약품 공급자에게 영향을 줄 수 있다. 의약품 종류와는 상관없이 제약시장에서 소비자를 충족시키는 것은 가장 중요한 마케팅 전략이다. 제네릭 의약품 마케팅은 고객 중심보다는 제품 중심의 마케팅을 원칙으로 한다. 고객 중심의 마케팅은 시장을 이해하고, 고객의 needs와 wants를 파악한 뒤 제품을 발전시켜 그들의 요구를 만족시켜야만 한다. 제품 중심의 마케팅은 우선 제네릭 의약품 제조사들이 제품을 생산하고 시장의 가격적인 면을 중심으로 공략하여 제품이 가능한 많이 팔리게 하는 것이다.

(3) 제네릭 의약품 vs 개량신약 의약품

개량신약을 출시하는 가장 큰 이유는 제네릭 의약품보다 먼저 출시가 될 수 있다는 점이다. 기존에 오리지널 약물은 특허법으로 보호가 되어 보통 20년 정도 지나야 제네릭 의약품이 나올 수 있다. 하지만 개량신약인 경우는 제네릭 의약품보다 1~3년 먼저 출시가 될 수도 있다. 또한 개량신약으로 출시할 경우 종합병원 약물심사위원회(Drug Committee, DC)에서 유리한 위치를 가질 수 있다. 병원에 제네릭 의약품을 신규 리스팅하는 것보다 개량신약을 병원에 리스팅하는 것이 매우 유리하다. 제네릭 의약품은 수많은 회사에서 동일하게 만들어 내지만 개량신약은 몇몇 회사 혹은 한 회사에서 출시하기 때문에 경쟁도 비교적 적어 병원에 신규 진입하기 유리하다. 개량신약 개발 비용은 제네릭 의약품 개발 비용보다 더 많이 들기 때문에 2~5개 회사가 같이 투자하여 개발하는 경우가 많다. 수십 개의 제네릭 의약품들과 경쟁하는 것에 비해 2~5개 회사와 제네릭 의약품이 출시되기 전에 먼저 경쟁한다는 장점이 있다. 하지만 개량신약의 특·장점과 이점을 적극적으로 홍보하지 못하면 일반 제네릭 의약품으로 전락할 수 있기 때문에 pre-marketing이 매우 중요하다.

2) 의약품은 특허가 왜 중요한가?

(1) 의약품 특허의 중요성

제약바이오 산업에서 제품을 출시하려면 넘어야 할 엄청난 허들이 있다. 그 허들 중 가장 큰 것이 규제기관의 허가를 받는 과정이다. 이는 다른 산업과 가장 큰 차이점이고 의약품 시장의 특수성이라 할 수 있다.

허가를 받고 시장에 제품이 출시된 이후 경쟁자가 내 제품을 카피하지 못하게 하려면 일종의 보호 장치가 필요하다. 이것이 바로 특허다. 특히, 의약품 시장에서 특허 1개의 가치는 엄청나므로 매우 중요하다. 예를 들면 휴대폰 하나에 들어가는 특허가 수백 개라면 의약품은 물질특허 하나만 있어도 진입을 차단할 수 있기 때문이다. 블록버스터 의약품의 특허권이 만료되는 순간, 즉 특허 독점권을 잃는 순간(loss of exclusivity, LOE) 특허의 중요성이 여실히 드러나 급격하게 매출이 감소한다.

TNF-α억제제 항체 의약품인 '휴미라', '엔브렐', '레미케이드'를 비교해 보면 세계 최초의 바이오시밀러 셀트리온의 '램시마'가 등장한 J&J의 '레미케이드'는 2015년 유럽 특허 만료, 2018년 미국 특허 만료로 바이오시밀러 회사들의 폭격을 맞고 있다. 암젠의 '엔브렐'은 2017년 2위(83억 달러), 2018년 5위(74억 달러), 2019년 9위(72억 달러), 2020년 12위(63억 달러)로 마찬가지로 하락세이지만 하락의 경사도는 레미케이드보다 낮다. 이는 2015년 유럽 특허 만료로 매출 하락 자체를 막을 수 없지만, 미국 특허는 2029년 만료로 아직 남아있기 때문으로 보인다. 몇 년째 1위를 지키고 있는 애브비의 '휴미라'는 2018년 유럽 특허가 만료되어 2019년 매출이 꺾이면서 더 이상의 상승은 없다. 미국과 유럽의 특허 포트폴리오 달랐던 '휴미라' 미국 특허가 2023년에 만료되면 본격적인 매출 하락이 예상되어 조만간 MSD의 '키트루다'에게 1위 자리를 넘길 것으로 예상된다.

항암제, 항체 의약품도 마찬가지다. '리툭산', '허셉틴', '아바스틴' 모두 미국, 유럽에서의 특허가 만료되었거나 거의 끝나가면서 매출이 급감하고 있다. 위와 같이 블록버스터 의약품이 특허 존속기간 만료로 매출이 급감하는 특허절벽(patent cliff) 현상이 발생한다. 이는 의약품 시장에서의 특허의 중요성을 가장 잘 대변해 주고 있다.

구분	2017	2018년	2019년	2020년
1	Humira (18.9)	Humira (20.4)	Humira (19.4)	Humira (20.4)
2	Enbrel (8.3)	Eliquis (9.8)	Eliquis (12.1)	Keytruda (14.4)
3	Eylea (8.3)	Revlimid (9.6)	Keytruda (11.1)	Eliquis (14.1)
4	Revlimid (8.2)	Opdivo (7.5)	Revlimid (9.4)	Revlimid (12.1)
5	Rituxan (7.8)	Enbrel (7.4)	Imbruvica (8.1)	Imbruvica (9.4)
6	Remicade (7.8)	Keytruda (7.1)	Opdivo (8.0)	Stelara (8.0)
7	Herceptin (7.4)	Herceptin (7.0)	Eylea (7.4)	Eylea (7.9)
8	Eliquis (7.4)	Avastin (6.9)	Avastin (7.3)	Opdivo (7.9)
9	Avastin (7.1)	Rituxan (6.8)	Enbrel (7.2)	Xarelto (7.8)
10	Xarelto (6.6)	Xarelto (6.6)	Xarelto (6.8)	Dupixent (7.5)
11	Opdivo (5.8)	Eylea (6.5)	Rituxan (6.7)	Biktarvy (7.3)
12	Lantus (5.7)	Remicade (6.4)	Stelara (6.4)	Enbrel (6.3)
13	Prevena13 (5.6)	Imbruvica (6.2)	Herceptin (6.2)	Prevena13 (5.9)
14	Lyrica (5.3)	Prevena13 (5.8)	Prevena13 (5.8)	Avastin (5.6)
15	Neulasta (4.6)	Stelara (5.2)	Remicade (5.3)	Trulicity (5.4)

그림 1.3. 특허만료 의약품 매출감소 추이

① **지식재산권**(intellectual property rights)

지식재산권은 지적능력을 가지고 만들어낸 창작물에 대한 권리를 말하는데, 크게 저작권과 산업재산권으로 나눈다.

- **저작권**: 미술, 음악, 영화, 시, 소설, 소프트웨어, 게임 등 문화예술분야의 창작물에 부여되는 것
- **산업재산권**: 산업과 경제활동 분야의 창작물에 부여되는 발명품, 상표, 디자인, 특허권, 상표권과 같은 것들이 산업재산권에 포함됨. 특히 음악이나 소설

작품 등으로 인해 가장 많이 알려진 '저작권'의 경우 작가가 사망한 이후에도 짧게는 50년에서 길게는 70년까지 보호를 받을 수 있다. 반면, 산업재산권은 특허청의 심사를 받아야만 등록할 수 있고, 보호 기간이 10~20년으로 저작권에 비해 짧다.

② 특허권

배타적이고 독점적으로 부여된 권리

- 특허제도: 발명을 보호 장려해서 국가산업의 발전을 도모하기 위하여 만든 제도
- 특허요건: ❶ 산업상 이용가능성 ❷ 신규성 ❸ 진보성 출원일로부터 약 12~15개월 심사, 특허 허가
- 결정되면 20년간 보호.
- 선출원주의: 특허청에 가장 먼저 출원한 자에게 특허권 부여 → 우리나라에서 채택
- 선발명중의: 실제로 가장 먼저 발명한 사람에게 최우선권 부여 → 전세계 대부분 국가들이 채택

③ 실용신안권

특허보다는 낮은 수준의 발명에 부여하는 지식재산권

- 이미 개발된 것을 개량해서 보다 편리하고 유용하게 만든 고안 그 자체
- 소발명, 개량발명
- 출원일로부터 10년 동안 보호

④ 디자인특허

디자인을 등록해서 권리를 가지는 것

물품과 상품을 대상으로 해서 새롭고 독창적이며 장식적인 디자인에 대한 특허

- 출원대상: ❶ 물품의 구성이나 형상 ❷ 물품에 적용된 표면장식 ❸ 구성과 표면 장식조합
- 출원일로부터 20년 동안 권리 보호

⑤ **상표권**

상품을 표시하는 것

- 생산, 제조, 가공 또는 판매업자가 자신의 상표를 다른 업자의 상품과 식별하기 위해 사용하는 기호, 문자, 도형 또는 그 결합
- 등록일로부터 10년 보호-갱신 가능(반영구적)

(2) 의약품 특허종류

- 물질특허: 조성물질이나 화학물질 중 특정물질에 대한 특허
- 제법특허: 특정물질 생산을 위한 제조방법에 관한 특허
- 용도특허: 용도발명에 대한 특허 출현 특허. 용도발명이란 특정의 물건에 존재하는 특정 성질만을 이용하여 성립하는 발명
- 개량특허: 어떤 존재하는 발명을 기초로 기능 등을 개량한 것에 대한 특허

(3) Evergreen 전략

에버그린 전략은 의약품의 특허권을 보유한 제약사들은 원천특허에 대한 제형, 적응증, 투여방법, 병용투여, 개량화합물 등의 여러 특허를 추가로 획득해 특허의 실질적인 유지기간을 늘리면서 제네릭의 출시를 지연시키거나 막는 전략이다. 사노피는 심근경색 치료제인 '플라빅스'의 물질특허가 2003년 7월에 만료되었지만, 제네릭 출시를 막기 우회적 방법으로 1987년 2월에 이성질체 특허를 출원하여 특허기간을 연장하는 방법을 사용했음

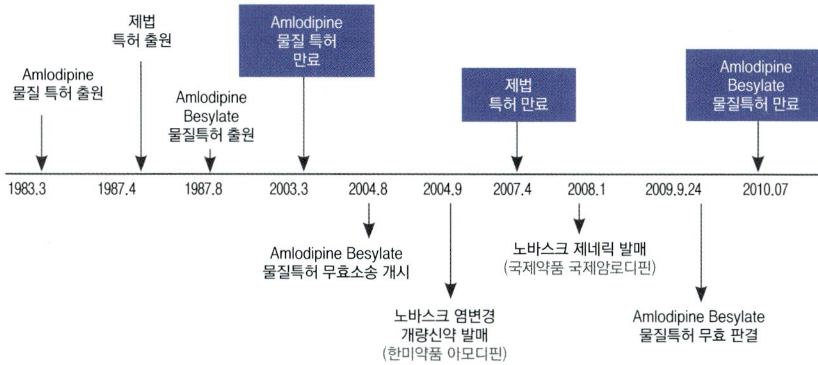

그림 1.4. 노바스크 특허현황 개량신약 개발경과

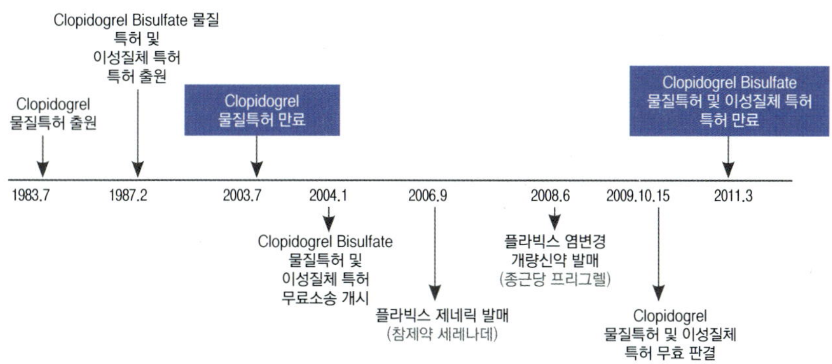

그림 1.5. 플라빅스 특허현황 개량신약 개발경과

실전문제

- 핸드폰 특허 vs 의약품 특허 차이점은?
- 의약품 특허 중 가장 강력한 특허는?
- 특허만료 의약품 급격한 매출 감소 현상이 국가별, 지역별로 다른 이유는?
- 대부분 의약품이 비탄력적이다. 탄력적인 의약품은?
- 아스피린 vs 코카콜라
- ETC vs OTC
- NME vs Generic
- First in class vs Late follower
- IMD vs Generic

CHAPTER 03

Pre-marketing의 중요성

제약영업마케팅이란 인간의 생명과 삶에 지대한 영향을 미치는 특수 제품인 의약품을 대상으로 하기 때문에, 사용자와 구매 결정자가 다르고 사용자와 제품 비용을 지불하는 경제 주체가 다른 특수한 환경에서의 마케팅이다. 이런 이유로 제약바이오마케팅은 의약품 산업의 환경과 제도를 포함한 의약품 산업 전반을 이해해야 한다.

제약영업마케팅은 의약품을 통한 의료에 초점을 두는 것으로 의약품 그 자체에 초점을 두는 것이 아니다. 제약영업마케팅은 제약회사나 보건 의료인인 의사나 약사를 위하는 것이 아니라 환자를 위해 존재한다. 제약영업마케팅의 역할은 고객의 요구(needs)를 파악하여 제품을 이들 요구에 맞게 개선하고 이렇게 만들어진 제품을 의사에게 유용성과 임상적 특성, 적정 사용 및 사용 시 환자들이 받을 이점 등을 전달하는 것으로, 즉 유효한 치료법을 환자 개인의 특성에 맞게 연계하는 것이다. 제약영업마케팅은 바로 연구 실험실에서 환자에 이르기까지 의약품 흐름에서 반드시 발생해야 할 기술 및 정보의 전달 역할을 한다. 제약영업마케팅의 근본 역할은 기술전달이다. 약물치료는 의약품이 필요한 시간에 필요한 곳에 있을 때만 진정한 가치를 갖는다. 의약품 연구개발의 핵심은 화학적 화합물이 인체에 어떻게 작용하는가에 관한 정보를 조합하는 일이다. 제약영업마케팅의 핵심은 이들 정보를 의사, 약사와 같은 의료인에게 전달해 주는 일이다.

제약영업마케팅은 다른 고객 마케팅과 비교해 보면 그 접근방법이나 원리는 비슷하지만, 제약산업 자체가 다른 산업에 비해 많은 규제가 따르는 것이 다른 점 중 하나이다. 제약영업마케팅은 일반 소비자를 대상으로 하는 고객 마케팅과는 달리 환자의 질병과 건강을 다루는 만큼 많은 규제가 있고 또한 의약품의 최종 수혜자인 환자들이 치료받기까지 보건당국의 신약허가결정, 보험약가 및 가이드라인 결정, 병원구매 및 의사의 처방 결정까지 다양한 관계자와 연관되어 있다.

제약영업마케팅은 제품 출시 6개월간의 활동에 따른 매체 점유율(share of voice, SOV), 시장점유율(share of market, SOM), positioning message[1)], marketing sales input에 따라 제품의 성공과 실패를 가늠해 볼 수 있으며, 이후 2년 이내에 해당 TC (target consumer)에서 1등이나 2등 제품으로 성장하는지 여부를 판단할 수 있다. 그만큼 초기 마케팅 전략이 중요하며, 첫 제품 출시에 실패한 제품을 다시 positioning하는 경우에는 더 많은 자원이 투여되어도 실패하는 경우가 대부분이다. 따라서 pre-marketing의 중요성은 아무리 강조해도 지나치지 않다. 제품 출시 전에는 최소한 1년 전에 마케팅 계획이 준비되어 있어야 하고, 3~6개월 전에는 영업 팀이 활동을 개시해야 한다. 이 단계에서는 시장조사(market research)를 통해 제품의 시장규모(market size), 성장률(growth rate), 시장 잠재력(market potential), 제품 테스트(product profile test), 강점과 약점(strength-weakness), 소통 메세지(communication message), 포지셔닝(positioning) 등을 파악하여 마케팅 계획에 반영해야 하고, 혁신자 그룹(innovator group)을 통해 옹호자 그룹(advocator group)을 조직하여 핵심 리더(key opinion leader, KOL)로 하여금 제품에 대한 소문 정도(noise level)를 지속적으로 높여줘야 한다. 그 외 광고 계획(PR/ads planning), 가격 보상 계획(pricing & reimbursement planning), 공급망(supply chain) 및 의학 규제 계획(medical-regulatory planning) 그리고 세분화 목표(segmentation-targeting)를 통한 구매자원 할당 계획(sales resource allocation planning), 구매력 규모 측정(sales force sizing)이 이뤄져야 한다. 이 시기에 준비되는 마케팅 전략(marketing strategy), 프로모션 전략(promotion strategy) 및 제품 전략(product strategy)가 제품 초기 역동성에 기여하는 바가 매우 크기 때문에 제약영업 마케팅은 pre-marketing이 중요하다. 그림 1.6에서와 같이 제약영업마케팅은 pre-marketing뿐만 아니라 의약품 개발 전 과정에 맞는 마케팅 전략전술이 필요

---

1) positoning message: 회사의 비즈니스에 대한 간결한 설명으로, 회사의 제품, 서비스 또는 브랜드에 대한 만족도를 경쟁사가 충족할 수 없는 방식으로 고객의 요구를 충족시키는 방법

하다. 더불어 급속한 고령화로 인한 보험재정의 감소 등 한정된 의료자원과 의료 제도를 이해한 마케팅 전략이 필요하다.

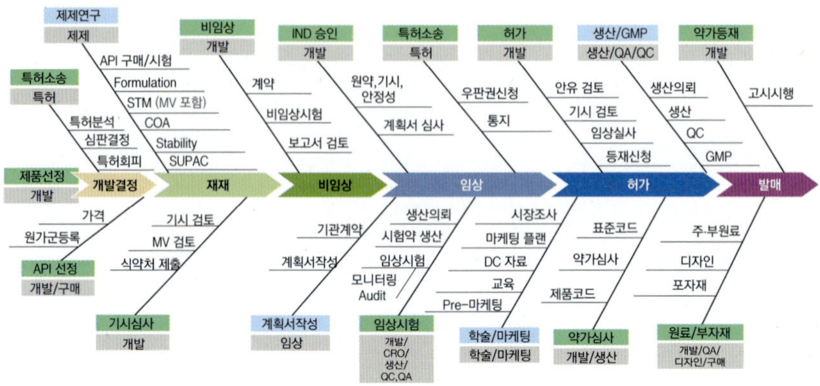

그림 1.6. 약품 개발 단계별 마케팅자료

CHAPTER 04

제약영업마케팅 조직

제약영업과 마케팅은 업무를 구분하기 어려울 정도로 긴밀하게 연결되어 있고 목표 지향점이 같고 상호 보완적이다. 고객의 needs를 정확히 파악하고 고객에게 어떻게 효과적인 판매와 이익 실현을 할 수 있는지 연구한다는 점에서 동일하게 볼 수 있다. 제약영업마케팅 차이점은 숲을 보느냐, 나무를 보느냐의 관점 차이다. 영업은 본인의 담당 지역 병원의 의사를 목표로 target을 달성하는 것에 비해 마케팅은 해당 품목의 전체 target을 달성하기 위하여 큰 그림 차원에서 고객을 관리하고 다양한 프로모션을 개발하고 실행하는 일이다.

제약바이오마케팅은 크게 제품 발매 준비부터 판매까지의 과정을 기획하고 관리하는 마케팅조직과 최신의학 정보를 바탕으로 제품 홍보 자료를 개발 및 직원 대상 학술 교육을 실시하는 학술교육 조직으로 구분된다. 마케팅 직무는 의약품의 종류에 따라 ETC(전문의약품)와 OTC(일반의약품) 마케팅으로 구분된다.

❖ ETC (ethical the counter drug) 마케팅

ETC 의약품은 의사의 처방이 있어야 구매 및 복용이 가능한 '전문의약품'을 뜻한다. 그래서 ETC 마케팅은 최종 소비자가 아닌 의사 또는 약사, 의료기관 등을 대상으로 이뤄진다.

ETC 마케팅 PM (product manager)은 담당 전문의약품의 지속적인 성장을 위해 마케팅 계획 및 전략을 수립하고, 유관부서와 협업을 진행한다. 제품이 발매되기 전에는 영업사원들에게 교육을 진행하고, 판매 촉진을 위한 다양한 활동을 기획한다. 전문 지식을 보유한 보건 의료인을 대상으로 하기 때문에 Symposium, Webinar, RTM (Round Table Meeting) 등 학술 자료를 기반으로 한 마케팅 활동도 진행한다.

❖ OTC (over-the-counter Drug) 마케팅

OTC 의약품은 의사의 처방전 없이 약국에서 구입할 수 있는 '일반의약품'을 뜻한다. 때문에 OTC 마케팅은 약사와 도소매 유통라인, 일반 소비자를 대상으로 진행한다.

OTC 마케팅 PM은 일반의약품이나 건강기능식품이 최종 소비자에게 판매되기까지의 마케팅 계획 및 전략을 수립하는 업무를 진행한다. 시장과 소비자를 조사하고 분석한 자료를 기반으로 제품의 컨셉을 개발하고, 포장과 판매 촉진, 광고에 이르기까지 전체적으로 브랜드를 관리하는 업무를 수행한다.

❖ 학술팀

학술팀은 최신 임상연구를 학습하고, 최신 의학 지식에 근거한 제품의 판촉자료를 개발하고, 내부 직원들에게 학술 교육을 시행하고, 학회나 논문 등을 통해 얻은 최신 의학 지식을 기반으로 의사, 약사, 전문 의료기관 등 전문가를 대상으로 수준 높은 학술 교육을 진행한다. 또한, 국내외에서 제품 설명회를 열기도 하고, 신제품 브로슈어 같은 판촉자료를 개발한다. 이외에도 고객에게 고도의 의학 정보를 제공하기 위해 DC (Drug Committee)[2] 서류 개발, 거래처 방문, 일반 소비자 응대 등의 일을 한다. 특히 PM (product manager)과 제약영업 사원인 MR (medical representative)이 업계 최상위 수준의 지식역량을 함양할 수 있도록 지원한다.

최근 다국적회사 중심으로 MSL (Medical Science Liaison)을 학술팀에 합류시켜 HCP (Healthcare Partner)와 PM, MR의 가교역할을 한다.

1) 제약 마케팅 직무

(1) PM (product manager)

제품의 출시 단계부터 생산, 유통, 홍보, 판매에 이르는 전 과정을 총괄하는 제

2) DC (Drug Committee): 종합병원의 신약 심의 위원회, 해당 심의를 통과해야만 정식으로 병원에 처방 코드를 생성할 수 있으며, 의약품을 환자에게 처방할 수가 있음

품 매니저이다. 이 과정에서 시장 분석과 마케팅 전략을 수립하는 업무를 수행하며, 제품의 처방 명분을 정립하는 일을 담당한다.

구체적으로 품목별 출하량 조사, 제품 생산 일정 조율, 변동되는 식약처 허가사항 확인, 디테일링[3] 메세지 제작, 영업사원 selling skill 교육 일정과 디테일링 등의 업무를 통해 특정 의약품의 총괄 관리를 전담한다.

(2) AM (assistant manager)

PM의 마케팅 전략 수립과 의사결정을 지원하며, 이를 위해 자료조사, 시장분석 등의 업무를 수행한다.

2) 제약 마케팅 직무의 역할

제약마케팅 직무는 마케팅 전략을 토대로 실행계획을 수립하고, 활동을 수행한다. 이를 위해 시장 분석, 마케팅 목표 수립, 전략 대안 파악, 시장 세분화, 타깃 시장 선정, 회사와 제품의 포지셔닝 전략 수립, 실행 및 재무 계획 작성, 상황별 통제 방법 결정, 비상시 대비 계획 준비까지 매우 광범위한 업무를 처리하게 된다.

❖ 시장 조사

시장 조사는 특정 질환에 관해 시장의 규모, 소비자의 욕구, 환자마다 드러나는 특성 등을 분석해 업계 트렌드를 살펴보는 일이다. 이를 위해 마케팅 직무는 해당 제품의 질환과 관련된 학회에 참석하여 다른 제약 회사들의 동향을 한 번에 살펴보고, 핵심 리더(key opinion leader, KOL)들의 의견도 수집하여 회사 제품에 응용한다.

---

3) 디테일링: 제약 영업 사원(MR)이 의사나 약사를 방문하여 의약품의 정보를 제공하는 일

❖ 마케팅 전략 수립

제약마케팅 직무의 기본적인 역할은 마케팅 전략 수립이다. 이는 제품 발매 전부터 STP 전략[4]에 따라 시장을 세분화하고, 타겟 고객을 선정하여 제품의 장점을 살려 포지셔닝한다. 발매 후에는 프로모션을 위한 판촉물을 제작하고 매년 달라진 시장 상황을 파악하여 마케팅 플랜을 기획하고 실행한다.

❖ 제품 관리

제품 관리는 제품 이름과 제형 패키징, 소비자 반응 등을 디자인, 홍보, 영업 부서 등과 협의하는 일을 한다. 특히 중요한 업무는 시기마다 필요한 전략을 수립하는 방식으로 담당 제품의 수명주기(life cycle)를 관리하는 것으로, 이런 지속적인 제품 관리를 통해 제품 판매 전략에 가장 적합한 차별점, 보완할 점, 상황에 따른 제품 판매 중지 여부까지도 분석한다.

❖ 재무 기획 및 가격 책정

시장에서 기간별 제품 매출액을 예측하고, 그에 걸맞은 실행 계획서(action plan)를 제출하고 매출 계획 등을 수립한다. 또한 제품 생산과 관련한 비용 및 예산 등을 계획하며, 제품 유통 방법과 가격 책정 등을 다른 부서와 협의해 결정한다. 이때는 경제적이고 효율성으로 진행하기 위해 생산 계획부터 유통까지 모든 과정을 파악해두는 것이 중요하다.

❖ 제품 교육 및 판매 촉진 활동

제약마케팅 부서는 제품 정체성과 차별점을 위해 제품 관련 자료를 수집하고 분석하는 업무와 파트너사와 협업을 통해 홍보계획을 수립하고 이를 실현하기에 적합한 홍보 채널을 발굴해 활용한다. 또한 내부 이해관계자들인 MR (medical representative)이 외부고객인 의료진에게 제품을 소개할 때 제품의 이해도를 높일

---

4) STP 전략: 마케팅 전략의 가장 기본적인 전략, 어떻게 시장에 진입해야 하는지를 '시장세분화(segmentation), 표적시장 설정(targeting), 포지셔닝(positioning)'의 관점에서 분석하는 프레임

수 있도록 양질의 의학 정보도 함께 교육하고, 전달하는 업무 등을 담당한다.

3) 마케팅 직무의 요건

❖ 커뮤니케이션 능력

마케팅은 연구, 개발, 생산, 영업 등 여러 다른 부서들과 협력해야 하는 일이 많고, 외부 고객은 물론, 수많은 이해관계자를 접하는 일이 많다. 따라서 내·외부를 아우르는 소통 능력과 갈등 관리 능력을 지니고 있어야 한다. 이 과정에서 논리적으로 설명하고 관련 부서의 협조를 받을 수 있도록 설득할 수 있는 능력을 갖춰야 한다.

❖ 전략적이고 분석적인 사고

마케팅 업무를 제대로 수행하려면 전국 단위로 시장을 통찰하며, 마케팅 전략을 수립하고 방향을 설정하는 것이 중요하다. 그러므로 사소한 것에서 전체를 볼 수 있는 전략적, 분석적 사고 역량을 연마하는 것이 필요하다.

그림 1.7. 마케팅 직무의 역할

❖ 의학정보 학습능력

정확한 의학정보를 가지고 일을 하는 것이 좋기 때문에 생리학, 병리학, 약리학, 생물·화학 지식을 익히고, 최신 제약업계 트렌드 등을 파악해 의약품 시장 전반을 파악해 두는 것이 마케팅 직무를 수행하는 데 도움이 된다. 또한, 제약·바이오 분야 마케팅 직무에서는 임상 논문을 읽을 정도의 영어 구사 능력이 중요하다. 의사를 설득할 때 필요한 의약품 관련 임상 논문(데이터) 대부분이 영문이기 때문이다.

4) 국내제약회사 영업마케팅 조직

유한양행, 한미약품, 종근당, 대웅제약, 동아ST, 녹십자, 한독 등 국내 제약회사들은 대부분 영업마케팅 조직뿐만 아니라 안전하고 우수한 의약품 생산을 위해 GMP 시설을 갖춘 생산시설을 갖추고 있다. 대부분 국내 제약회사는 영업부와 마케팅부가 혼재되어 있고 영업부 내에 ETC 사업부와 OTC 사업부로 구분되어 있다. 또한 의료기관 분류에 따라 종합병원, 준종합병원, 개인의원 담당자로 구분하기도 한다. 국내제약 영업사원은 주로 여러 개 품목을 담당하는 경우가 있어 제품에 대한 전문성은 다국적회사와 차이가 있을 수 있었지만, 상위 국내회사들의 영업조직은 다국적회사의 영업 조직과 유사하게 매우 전문성 있는 영업 조직으로 급변하고 있다.

5) 다국적 제약회사 영업마케팅 조직

Eli Lilly, Pfizer, Novartis, MSD, Astrazeneca, Sanofi, GSK 등 다국적 제약회사(pharmaceutical muti-national company)는 주로 국내에 생산조직은 없고 영업마케팅 조직만 있는 경우가 대부분이다. 영업조직은 주로 수평적 조직이며 전문적인 조직으로 구성되어 있다. 예를 들면 순환기계 약물 파트, 내분비계 약물 파트, CNS 약물 파트 등으로 구분되어 있다. 대부분 다국적 제약회사는 내분비계 약물 파트도 당뇨병, 갑상선, 골다공증 등 질환별로 보다 세분화된 조직을 갖추고 있어 국내회사 영업조직과 비교했을 때 더 전문적이라 할 수 있다. 또한 대부분 영업조직을 팀제로 운영하여 권한과 책임이 분명하기 때문에 보다 신속한 의사결정과 업무진행이 가능한 조직으로 구성되어 있다.

실전문제

- Needs vs Wants
- 제약영업 vs 제약마케팅
- 제약회사 영업마케팅 조직 세분화, 전문화하는 이유는?

CHAPTER

05 국내 제약회사의 경영전략

1) 윤리경영의 필요성

제약업계에 윤리경영이 확산되고 있다. 한국의 제약업계가 글로벌 제약시장에 성공적으로 진출하기 위해서는 약의 효능, 효과 못지않게 그 의약품을 만든 기업의 투명성이 강조되고 있다. 제약산업이 사람의 생명과 연관된 의약품을 다루는 만큼 다른 산업보다 높은 윤리의식이 필요하다는 인식이 강화되고 있다. 제약사의 윤리경영이 단순한 기업 이미지 개선이 아닌 필수적인 요소로 인식되면서, 업계 투명성 강화를 위한 요구도 높아지고 있는 상황이기에 한국제약협회(KPMA)와 한국다국적의약산업협회(KRPIA)는 국내 제약기업의 윤리경영 실천방안을 모색하고 지키기 위해 노력하고 있다.

전 세계적으로 공정경쟁의 자율규제를 장려하고, 위반행위를 대중에게 공개하는 등 투명성 제고에 대한 관심이 높아지고 있다. 제약업계와 보건의료 전문가 등 모든 이해당사자의 윤리기준이 높아져야 한다. 제약업계의 투명성 제고를 위해서는 제약사뿐 아니라 요양기관과 의료인의 참여가 필요하다. 자정 노력을 뒷받침하기 위해서는 관련자들의 합의에 의해 이루어진 지침을 마련하는 등 시스템구축이 절실하게 필요하다. 윤리적인 업무 수행은 필수지만, 업계에 통일된 행동강령과 예측 가능한 운영시스템 구축이 뒤따라야 자율행동강령의 실효성을 높일 수 있다. 한국제약협회(KPMA)와 한국다국적의약산업협회(KRPIA) 회원 대부분 회사들은 2015년 공정거래 관련 법규를 자율적으로 준수하기 위해 운영하는 준법시스템인 자율준수프로그램(compliance program, CP)을 선포하고 실천하고 있다. 더 나아가 2017년부터 상위 제약기업들은 준법경영 강화 및 부패방지

경영시스템을 도입하고 있다. ISO 37001 (ISO 37001: anti-bribery management systems)은 국제표준화기구(International Organization for Standardization, ISO)가 제시하는 표준에 따라, 조직에서 발생 가능한 부패 행위를 사전에 식별하고 통제하기 위해 고안된 부패방지경영시스템이다. 정부기관과 비정부기구, 기업체 등 다양한 조직이 반부패경영시스템 프로그램을 수립하고, 집행·유지하는데 도움을 주고자 고안된 부패방지 국제표준이다. 한국제약협회에 따르면 2019년 12월 현재 2017년 11월 한미약품을 첫 시작으로 2년 만에 ISO 37001 인증 제약업체가 38개 회사로 늘어났다. 일부 제약기업들은 스스로 부패방지 책임자와 내부 심사원 등으로 구성된 부패방지위원회를 구성하여 각 부서에서 발생할 수 있는 부패 리스크 식별 및 평가를 통해 부패방지경영시스템을 수립·실행·유지 및 개선하는 등 전사적인 노력을 기울이고 ISO 37001 인증을 통해 부패방지경영시스템이 기업문화로 정착될 수 있도록 정기적인 임직원 교육과 모니터링 등을 지속적으로 실시하고 있다.

'ISO 37001'과 'CP'의 차이점은 'CP'가 위에서 아래로 관리 및 통제하는 하향처리방식이라면 'ISO 37001'은 전 직원에게 역할과 권한, 책임이 부여되는 전사적 개념이라는 점에서 차이가 있다. 'CP'가 조직에 한정해 적용되는 시스템인데 반해 'ISO 37001'은 조직과 사업관계자 등 이해당사자를 포함한다는 점도 차이점인 것이다.

그림 1.8. ISO 37001(부패방지 경영시스템)의 주요 요구사항

윤리경영이란 막연히 기업은 도덕적이어야 한다는 생각에서 더 나아가 기업이나 종업원에 관한 도덕적 규범이나 규칙, 경영자의 올바른 가치관, 임직원의 정

직한 행동, 정당한 실행을 최우선 가치로 생각하며, 투명하고 공정하며 합리적인 업무 수행을 추구하는 경영 정신을 의미한다.

윤리경영은 글로벌기업과의 파트너십 비중이 높아지는 상황에서 필수조건이며 회사 생존문제로 직결된다. 불법 리베이트 영업은 당장의 매출에서는 효과를 볼 수 있지만 약가인하, 품목 허가취소까지 이어질 수 있고, 잘못하면 회사의 존립마저 위협할 수 있으므로 현대사회에서 제약사의 윤리경영은 선택이 아닌 필수라고 볼 수 있다.

표 1.1. CP와 ISO 37001의 차이점

CP	ISO 37001
Top down	Top Down & Bottom up(전사, 모든 부문, 전 직원에게 역할과 권한 및 책임 부여)
준법시스템	경영시스템(조직의 목표, 업무절차, 프로세스 수립이 필수 전제)
조직에 한정해 적용되는 시스템	조직과 조직의 사업관계자를 포함하는 시스템 (의약사, 의료기관, 대행사, 공무원 등 포함)
CP의 효과성 중시	경영시스템의 효율성 중시

2) CSR vs CSV

(1) 기업의 사회적 책임(Corporate Social Responsibility, CSR)

기업이 경제적 책임이나 법적 책임 외에도 폭넓은 사회적 책임을 적극적으로 수행해야 한다는 것을 말한다. 이는 기업 경영방침의 윤리적 적정, 제품 생산 과정에서 환경파괴, 인권유린 등과 같은 비윤리적 행위의 여부, 국가와 지역사회에 대한 공헌 정도, 제품 결함에 대한 잘못의 인정과 보상 등을 내용으로 한다.

국내 동아제약은 기업의 사회적 책임(CSR) 활동으로 재활용이 가능한 종이봉투와 무색투명 페트병 용기를 전면 도입하는 등 제약업계에 친환경 바람을 일으키고 있다. 동아제약은 친환경, 사회적 기여, 투명한 지배구조 등 비재무적 가치를 중시하는 경영을 위한 의사협의기구인 사회적 가치위원회를 신설하여 지난 1991년부터 29년간 약국에 공급해온 박카스 비닐봉투를 종이봉투로 전면 교체를 통하여 사회적 책임 활동을 하고 있다.

다국적기업 존슨앤존슨의 '타이레놀' 사례는 의약품은 사람의 생명과 직결되므로 안전한 제품을 공급하기 위한 기업의 사회적 책임을 잘 보여주는 사례다. '타이레놀'은 가장 유명한 해열진통제 중 하나이다. 1982년 누군가 의도적으로 타이레놀에 독성물질을 넣어 그 타이레놀을 먹은 7명이 사망하는 사건이 발생했다. 수사 결과 누군가가 소매 단계에서 고의로 약품을 오염시켰다는 사실이 밝혀져 지고, 독극물 주입이 시카고에서 이루어졌다는 것도 드러났다.

존슨앤존슨은 생산 과정에서 독성물질이 발견되었다는 누명을 벗었음에도 '타이레놀' 전 제품을 모두 회수하는 강력한 안전조치를 취한다. 이 과정에서 많은 비용이 소모되었다. 그럼에도 불구하고 존슨앤존슨은 안전성을 위해 과감히 유명브랜드를 몇 년간 접었다. 몇 년 후 다시 안전성이 보강된 '타이레놀'이 출시되었다. 그 당시 단기적으로는 손해를 봤지만, 지금은 미국과 전 세계에서 가장 안전한 해열진통제로 각인되어 옛 명성을 회복한 강력한 브랜드가 되었다.

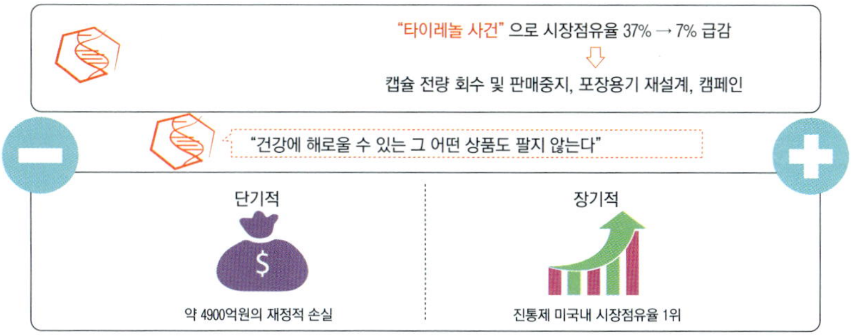

그림 1.9. 존슨앤존슨의 CSR 활동

(2) 기업의 공유가치 창출(Creating Shared Value, CSV)

기업이 수익 창출 이후에 사회공헌을 하는 것이 아니라 기업활동 자체가 사회적 가치를 창출하면서 동시에 경제적 수익을 추구하는 것이다. 이는 경제적, 사회적 여건을 개선시키면서 동시에 사업의 핵심 경쟁력을 강화하는 일련의 기업정책 및 경영활동으로, 기업의 경쟁력과 주변 공동체의 번영이 상호 의존적이라는 인식에 기반하고 있다.

유한양행의 유일한 박사는 1936년 개인 소유였던 유한양행을 법인체 주식회사로 전환했다. '사회 전체의 발전을 위해 기업을 성장시키는 것이 기업의 임무이며 책임'이라고 생각했기 때문이다. 이처럼 유한양행은 태초부터 사회적 가치를 창출하는 활동을 하며, 한국제약기업에 CSV 시스템을 최초로 구축시켰다.

표 1.2. CSR vs CSV

	CSR	CSV
목적	선행	투입 비용 대비 높은 사회, 경제적 편익
추진이유	기업의 독자적 판단	기업의 자원 및 전문지식을 이용해 사회, 경제적 가치를 동시에 추구
비즈니스 연계 여부	X	O
이익창출과의 관계 사례	이익창출행위와 별개	이익창출행위와 통합
사례	기부, 봉사활동	기업과 지역 협력

3) ESG 경영

ESG (environment, social, governance)란, 기업 활동에 친환경 경영, 사회적 책임경영, 지배구조 개선 등의 요소를 고려해야만 지속가능한 발전을 할 수 있다는 철학을 담고 있다. 최근 ESG 경영이 기업의 사회적 책임(CSR)을 넘어 의무로 자리 잡게 됐다. 제약바이오기업들 역시 ESG를 기업 경영의 한 요소로 받아들이고 있다.

기업의 영향력과 사회적 역할이 증가함에 따라 장기적 관점에서 친환경·사회적 책임·지배구조의 투명성이 지속가능한 발전을 위한 요소가 됐다. 세계적인 자산운용사에서는 ESG 요소를 투자의 중요 판단 기준으로 삼고 있으며 각국에서 ESG 전반에 걸쳐 제도화하는 추세이다.

ESG는 1987년 UN환경계획(UNEP)이 발표한 '우리 공동의 미래' 보고서에서 최초로 지속가능한 발전의 개념이 논의되기 시작했다. 이후 여러 글로벌 경제위기와 코로나19 대유행을 겪으면서 ESG는 기업 경영에 있어서 반드시 지켜야 할 의무가 됐다. ESG는 2050년 탄소 중립이라는 목표를 향해 가고 있다. 국내 상위 제약·바이오 기업을 중심으로 ESG가 미래 투자와 해외 수출·기업 이미지에 끼칠 영향을 고려해 선제적으로 적극 대응하고 있다. 현재까지 ESG가 경영에 직접적으로 끼치는 영향은 미비하지만 앞으로는 또 하나의 장벽이 될 것이라는 전망이다.

한국 ESG 기준원이 부여한 기준(2022년)에 따르면 제약바이오 업계에서 ESG 경영에 가장 앞선 곳은 삼성바이오로직스, SK바이오사이언스다. 이들 기업은 전체등급 A등급 이상을 부여받았으며 환경·사회·지배구조 모두 A등급 이상이다. 그 다음이 SK바이오팜, 동아쏘시오홀딩스, 동아ST다. 이들도 전체 등급은 A등급이지만 부분적으로 B등급을 부여받은 부문이 있다. 전통적인 제약회사들 중에서는 유한양행, 한미약품, 종근당, 대웅제약, 녹십자, 보령, 에스티팜, 영진약품, 한국콜마가 B+등급을 부여받았다.

환경 보호와 관련해 한미약품은 R/O 농축수 재활용으로 의약품 제조용수 사용량을 절감하고 있고, 일동제약은 UN 지원 SDGs 협회와 미세먼지 저감 캠페인 추진 협약을 체결했으며, 유한양행은 환경오염물질 배출을 법 기준의 20% 이내로 관리하고 있다. 또한 삼성바이오로직스는 온실가스를 줄인 친환경 사업장을 구축했고, 종근당은 2019년 업계 최초로 에너지경영시스템(ISO 50001) 인증을 받았다.

의약품 과대포장과 관련해서는 동아제약이 약국 공급 비닐봉투를 친환경 종이봉투로 전면 교체했고, 한미약품이 과대포장을 지양하는 그린경영을 실천하고 있으며, 한림제약은 일회용 포장용기 줄이기를 펼치고 있다. 폐의약품 처리와 관련해서는 동아쏘시오그룹이 폐의약품 수거 친환경차량을 도입했고, 한국GSK는 폐의약품 수거 장려 사내 캠페인을 실시하고 있다.

실전문제

- 제약산업의 윤리경영이 왜 필요한가?
- CP vs ISO 37001
- 제약회사들이 ESG 경영을 강조하는 이유는?

2 PART

제약영업마케팅의 STP 전략

CHAPTER 01

STP 전략

STP 전략은 시장을 세분화(segmentation)하고, 세분된 시장 중 표적시장(targeting)을 선정한 후 선정된 시장에서 어떤 위상에서 확보할 것인지 대안방안을 수립하는(positioning) 정의와 전략이다.

STP 전략은 고객의 욕구가 다양하다는 사실에 근거하고 있다. 고객분석과 경쟁자의 확인을 거친 후, 경쟁제품의 포지셔닝을 분석하고 이를 통해 자사의 포지셔닝을 개발하고 결정하는 경쟁우위 달성을 목적으로 고객의 마음 속 제품의 정확한 위치를 심어주는 과정을 의미한다.

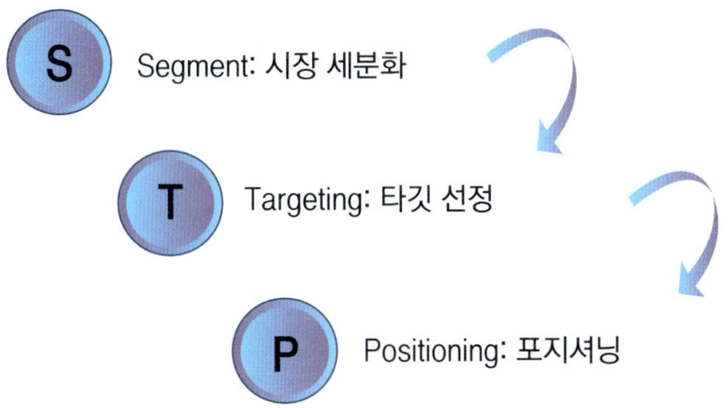

그림 2.1. 마케팅 프로세스 STP 전략

- **segmentation**

Segmentation이란 전체 시장을 비슷한 특징과 needs를 가진 특정 세부시장으로 나누고 분석하는 과정이다. 일반적으로 특정 세부시장에 있는 고객 그룹은 동일한 성향의 프로필, 공통의 needs와 wants를 가지고 있어 이론적으로는 특정 마케팅 활동이나 메시지에 유사한 반응을 보인다. 한 의약품이 경쟁할 수 있는 시장을 전체로 가져가지 않고 세분화해야 하는 이유는 결국 의사, 환자, 모든 이해 관계자들은 서로 다른 needs와 wants를 가지고 있고 모든 고객을 target으로 정하는 것은 회사의 자원에 한계가 있으며 차별화할 수도 없어 경쟁적 우위를 확보하는 데 어려움이 있기 때문이다. 마케팅 담당자들은 시장을 세분화함으로써 자신의 의약품이 최대의 효과를 보일 수 있는 시장을 개발하고 특정 고객에게 적합한 마케팅 활동을 효과적으로 진행할 수 있다. 이와 함께 지속적인 세분화 분석을 통해 아직까지 충족되지 못한 needs의 시장을 발견하고 개척할 수 있는 기회도 엿볼 수 있는 것이다.

무좀 치료에는 스테로이드 제제보다는 곰팡이를 없애는 항진균제를 써야 한다. 바이엘의 '카네스텐' 같은 무좀 치료제는 균의 성장을 억제하면서 무좀으로 손상된 피부의 회복을 돕는 데 효과적으로 빈번히 사용되었다. 그러나 손발톱 무좀은 그동안 치료를 하지 않았던 영역이다. 하지만 한독은 매니큐어 타입의 '로푸록스'를 업계 최초로 손발톱 치료제로 제품을 출시했다. 이는 손발톱 무좀 치료제라는 새로운 시장을 창출한 시장세분화 전략의 성공한 예이다. 최근에는 노바티스의 '라미실 원스' 동아ST의 '주블리아' 등 몇 가지 손발톱 치료제가 출시되었다.

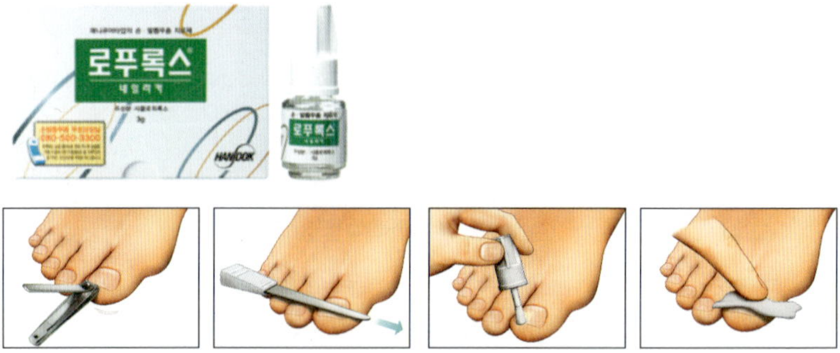

그림 2.2. 매니큐어 타입의 손발톱 무좀약

- **Targeting**

Targeting은 결정된 세분된 시장내의 고객 중 해당 의약품에 가장 잘 반응하고 우호적인 고객을 선택하여 이들에게 마케팅 노력을 집중하는 전략이다. 단일 시장이라 하더라도 회사는 모든 리소스를 모든 고객에게 쏟을 수 없기 때문에, 특정 세분시장 내에서 회사의 마케팅 메시지에 긍정적으로 반응하고 궁극적으로 해당 의약품을 적합하게 처방할 가능성이 있는 특정 그룹에 집중하는 것이 효과적이다. 이것이 곧 경쟁적 우위를 지속적으로 얻을 수 있는 방법이기도 하다.

❖ S&T → 줄탁동시(啐啄同時)

그림 2.3. 다층적 소비자의 다채로운 니즈

- **Positioning**

Positioning은 고객에게 인식되고자 하는 이상향으로 기업의 제품과 이미지가 인식되도록 마케팅 믹스를 사용하는 마케팅의 과정이다. 고객이 의약품의 속성과 특징, 의약품에 대한 느낌과 감정, 가격과 가치, 의약품이 줄 수 있는 솔루션 등에 대해 어떻게 생각하고 있는지 알아봄으로써, 해당 의약품의 포지션을 경쟁품과 비교해볼 수 있다. 이런 단계를 따라 만들어진 positioning map에서 중요하게 고려해야 할 사항은 어떤 속성들을 각 축으로 설정할지에 대한 부분이다. 회사에서 의도적으로 중요하게 생각하는 속성들을 설정할지, 고객들이 중요하다고 생각하는 속성들을 설정할지에 대한 신중한 의사결정이 필요하다. 어떤 의약품이 위치하고 있는 포지션은 마케팅의 전략과 메시지에 따라 결정될 수도 있지만, 실제적으로 의사들의 처방 경험에 따라 달라질 수도 있다. 회사에서 의도하는 포지션을 만들어가기 위해서는 구체적인 환자군, 환자의 삶의 질 개선, 환자의 순응도, 고객의 임상적 경험 및 의약품에 대한 지지, 회사의 이미지, 영업 담당자의 활동이 모두 통합되어 하나의 전략적인 메시지로 전달될 수 있도록 노력을 기울여야 한다.

또한, 주기적으로 브랜드 자산 평가(brand equity audit)를 실시하여 의약품이 원하는 포지션에서 지속적으로 경쟁적 우위를 보이고 있는지 확인하는 것이 중요하다. 그리고 회사에서 중요하게 생각하는 속성들이 고객 또한 중요하게 고려하는 속성인지 확인함으로써 해당 의약품의 positioning 전략이 해당 시장에서 잘 실행되고 있는지 주의 깊게 살펴보아야 한다.

CHAPTER

02 질환별 치료지침에 의한 STP 전략

〈의사들의 질병(당뇨병)치료제 처방 기준〉

- 나이, 성별, 당화혈색소, 인슐린 분비능, 공복혈당 수치, 식후혈당 수치, 유병기간, 성별, 비만도(BMI), 대사증후군 여부, 간기능 수치(LFT), eGFR 수치, 동반질환, 복용약물 등에 따라 치료제가 다르게 선택된다.
- 부작용 발생 가능성에 따라 약제의 선택이 다를 수 있다. 당뇨병 치료제 부작용 중 가장 위험한 것은 저혈당 발생이다. 저혈당 발생 가능성에 따라 당뇨약제 선택이 달라질 수 있다.
- 급여의약품, 비급여의약품에 따라 약제선택이 다를 수 있다.

1) 위험요인/연령(당뇨병)

당뇨병 치료는 연령, 가족력, 혈압유무, 비만도, 흡연유무, 음주량, 운동량에 따라 약제 처방이 다를 수 있다.

표 2.1. 당뇨병 위험도 체크 리스트

질문	문항		점수
1. 당신의 나이는?	35세 미만		0점
	35-44세		2점
	45세 이상		3점
2. 당신의 부모형제 중 한 명이라도 당뇨병환자가 있습니까?	아니오		0점
	예		1점
3. 당신은 현재 혈압약을 복용하고 있거나 혈압이 140/90 mmHg 이상인가요?	아니오		0점
	예		1점
4. 당신의 허리둘레는 얼마인가요?	남자	84 cm 미만	0점
		84-89.9 cm	2점
		90 cm 이상	3점
	여자	77 cm 미만	0점
		77-83.9 cm	2점
		84 cm 이상	3점
5. 당신은 현재 담배를 피우나요?	아니오		0점
	예		1점
6. 당신의 음주량은 하루 평균 몇 잔인가요? (술 종류 관계없이)	하루 1잔 미만		0점
	하루 1-4.9잔		1점
	하루 5간 이상		2점
총점			

※결과해석
점수가 높을수록 당뇨병 위험이 높아진다. 8~9점은 5~7점보다 당뇨병 발생 위험이 2배, 10점 이상일 경우 3배 이상 높아진다. 총점이 5점 이상일 경우 당뇨병이 있을 위험이 높으므로 혈당검사(공복혈당 또는 식후혈당)가 권고된다.
출처: 대한당뇨병학회, 당뇨병진료지침, 2023

- 노인의 약물관리

나이가 들수록 여기도 저기도 아픈 곳이 생기고 그로 인해 복용하는 약의 숫자가 늘어나고 있다. 어느 순간부터 시원찮은 곳이 생기고, 증상마다 약 하나씩만 처방받아도 5-6개의 약을 먹게 된다. 5개 이상의 약을 복용하는 것을 다제약물복용(poly-pharmacy)이라고 하는데, 이는 그 자체로 문제가 된다. 즉, 치료하려 더

먹은 약이 생명을 위협하는 poly-pharmacy의 함정일 수 있다.

건강보험공단 2017년도 노인실태조사를 보면, 우리나라 전체 노인 처방약 개수는 평균 5.3개이다. 3개 이상의 약을 먹는 노인은 약 60%이다. 5개 이상 약을 먹는 노인은 약 40%로 집계됐다. 이들은 비처방약물도 평균 0.2개 복용하고 있었다. 노인은 젊은 사람과 달리 신진 대사가 느리고, 약물에 민감해 같은 약을 먹어도 부작용이 일어날 가능성이 크다. 2021년 건강보험공단 자료를 보면, 연령군별 poly-pharmacy 비율은 55~64세가 1.95%, 65~74세 6.40%, 75~84세 13.35%, 85세 이상 13.55%였다.

서울아산병원 노년내과 정희원 교수에 따르면, 먹는 약이 5개가 넘으면 약으로 인한 문제를 겪을 확률이 상승하고, 처방약을 10개 이상 복용하면 부작용이 발생할 확률이 100%에 육박한다. 병을 치료하려 먹은 약이라도 어쩔 수 없이 부작용은 발생할 수 있는데 환자가 약 부작용을 의심하는 경우는 드물어 다른 병원을 방문하게 되고, 의사는 이전 병력·약력을 알지 못해 추가 처방을 하면서 '병 주고 약 주는' 연쇄 처방이 흔하게 일어난다고 했다.

의사가 처방할 때, 혹은 약사가 조제할 때 심평원의 의약품 안전사용서비스(Drug Utilization Review, DUR)를 이용하면 이런 문제를 해결할 수 있지만 한계가 있다. 우리나라에서 허가된 의약품 수는 약 3만 6,000개, 성분으로는 약 3,000개인데, 이 중 효능군 중복을 점검할 수 있는 성분은 386개뿐이다. 전체 의약품의 10분의 1 정도만 DUR을 이용해 오류를 발견할 수 있다.

DUR을 사용하더라도 동일 효능군이 아닌 유사효능군은 사실상 발견할 수 없고, 약물상호작용이 우려되는 조정이 필요한 약제도 모두 발견할 수 없다. 또한 여러 질환으로 병원에 다니는 환자는 약국도 여러 곳을 이용하는 경우가 많은데 환자의 이전 처방·조제 내역이 모두 공유되는 시스템은 존재하지 않아 환자가 기저 질환과 복용 중인 약을 얘기하지 않는 이상 약사가 약물 상호작용이 우려되는 약물을 조정하거나 유사 효능군을 검토할 수 있는 방법이 사실상 어려운 실정이다.

실전문제

- 노인의 약물관리가 중요한 이유는?
- 대증요법이 치료약물 수를 늘리나?
- 처방의약품 수가 늘어나는 이유는?
- DUR의 개선점은?
- 환자의 병원쇼핑을 막는 방안은?
- 건강기능식품이 의약품에 미치는 영향은?

2) 성별(Gender)

성차의학(sex/gender-specific medicine)은 질병에 따른 남녀 간 차이를 고려해 치료하는 개념이다. 성별에 따라 질환의 증상이나 약물 효과 등이 다를 수 있다는 것을 바탕으로 진단과 치료 약물 등에서 성별 차이를 고려해야 한다는 것이다. 그동안 의학계에서는 구체적인 발병 메커니즘이나 치료에 있어 키 170 ㎝, 몸무게 65 ㎏의 성인 남성을 표준치로 제시해 왔고, 여성 신체의 특이성과 성 차이를 충분히 고려하지 않아 문제가 발생되기도 했다.

남녀 유전자 차이가 우리 온몸의 세포에 아주 다양하게 존재하고 광범위하게 영향을 미친다는 사실이 의학계에 보고된 이후 표준화된 치료는 오히려 여성과 남성에게 위험 요소가 될 수 있다. 예를 들면 심근경색, 협심증 등의 관상동맥질환의 경우에도 남녀에 따라 발생 원인이 다르고 양상이 다르므로 진단을 하는데 있어서도 더욱 면밀히 관찰하여야 한다. 이런 부분을 더욱 정교하게 보고 진단 과정에서 이러한 차이가 고려된다면 평균이 아닌, 개개인의 특성을 고려하는 맞춤 의학으로 더 빠르고 정확하게 질환을 진단하고 치료할 수 있다.

심혈관질환은 주로 남성 질병으로 간주되어 여성 심혈관질환의 진단과 치료를 지연시켰다. 특히 허혈심장질환(ischemic heart disease, IHD)은 미국과 유럽 여성의 가장 큰 사망 원인으로 꼽히지만, 임상 표준이 남성 중심으로 만들어져서 여성은 진단 지연이나 오진으로 치료 시기를 놓치기도 했다. 이후 성별 차이를 임상의학에 적용하면서 남성 골다공증과 여성 심혈관질환의 진단율을 높이고 치료를 획기적으로 개선했다.

남성과 여성은 평균 수명이나 사망률에서도 큰 차이를 보인다. 통계청 자료에 따르면 국내 기대수명의 경우 여성 86.5세, 남성 80.5세(2020년 기준)로 큰 격차를 보였고 사망 원인도 남성은 폐렴과 자살, 간 질환 등이, 여성은 알츠하이머와 고혈압성 질환, 코로나19 등이 상대적으로 높았다.

남녀별 수명의 차이는 성호르몬이나 성염색체와 같은 생물학적 요인에 의해 나타나는 성별에 따른 기관의 구조나 기능 차이에서 비롯된다. 특히 남녀 모두 사망 원인 1위가 암이지만, 암 발생률, 유병률, 예후 등은 성별에 따라 상당한 차이가 있는 만큼 정확한 진단과 치료를 위해서는 성별 특성을 반영한 분석과 연구가 반드시 필요하다.

표 2.2. 약동학적 요소와 이에 영향을 미치는 생리학적 남녀 차이

약동학적 요소		남녀 차이
생체이용률 (Bioavailability)	위산 분비	M>W
	위장관 운동	M>W>P
신체조성 (Body composition)	BSA (body surface area)	M>P>W
	장기 크기	M>W
	장기 혈류	골격근이나 간 등으로의 혈류는 남성에서 크다. 지방조직으로의 혈류는 여성에서 크다.
	체수분	M>P>W
	혈장량	P>M>W
	체지방률	W>M
약물 분포 (Distribution)	분포용적 (volume of distribution)	친수성 약물: M>W 친지질성 약물: W>M
약물 배설 (Drug excretion)	신장 혈류 사구체여과율 (GFR)	M>W M>W

GFR. glomerular filtration rate: M. 남성: P. 임신여성: W, 여성

실전문제

- 여성의 콜레스테롤 수치가 완경 이후에 오르는 이유는?

(1) 성차의학은 편향성의 사례

① 불면증

미국에서 수면제 '졸피뎀' 복용 후 교통사고가 늘어 조사해보니 유독 여성 운전자와의 연관성이 확인된 것이다. 이후 연구에서 '졸피뎀'의 약물 농도가 전반적으로 여성에서 30~40% 정도 높고, 복용 후 4시간이 지나 운전해도 차량이 흔들리는 정도가 심하다는 점 등의 부작용이 밝혀지면서 미국식품의약국(FDA)은 여성의 '졸피뎀' 복용에 대해 용량 감량을 권고하는 경고문을 넣도록 조치했다. '졸피뎀' 은 지방에 잘 흡수되는데, 여성이 남성보다 체내 지방을 더 많이 가지고 있어, 여성의 몸에 더 오래 남아 있게 된다. 또한 여성은 콩팥 크기가 남성에 비해 작아 같은 용량의 약을 먹었을 때 콩팥을 통한 약물 배출 속도가 느려지며, 남성보다 만성적인 증상을 더 많이 호소하는 경향이 있다. 결국 같은 양을 복용해도, 더 많은 약을 복용하게 되어 약물 간 상호작용에도 더 자주 노출된다.

② 남성골다공증

골다공증은 여성에서 많이 발생하나 남성에서도 골다공증은 생각보다 흔하고, 진단이 늦은 만큼 심각한 상태로 발견되는 경우가 많다. 남성의 경우 폐경 후 여성과는 달리 노화나 호르몬의 변화가 아닌 생활 습관, 영양 상태, 다양한 질환과 약물 등과 관련하여 발생하는 이차성 골다공증이 약 60%를 차지한다. 국민건강 영양조사에 따르면 우리나라 70대 이상 남성의 18%가 골다공증을 가지고 있다. 하지만 실제 골다공증에 대해서 치료를 받는 사람은 이러한 환자의 16.2%에 불과한 실정이다.

왜 남녀에서의 약의 부작용은 다를까?

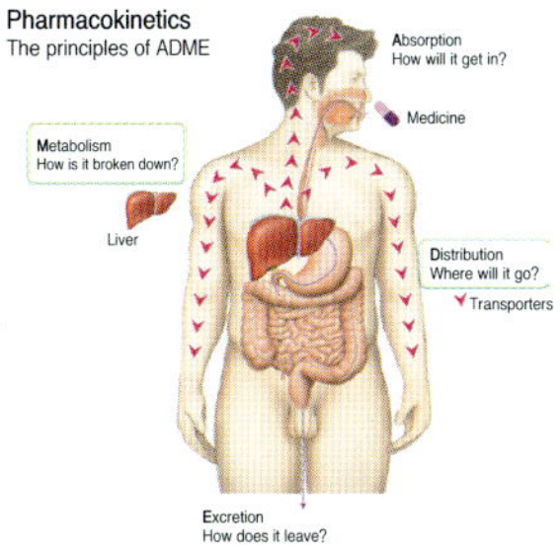

'여성은 몸집 작은 남성이 아니다'

부작용 발현의 남녀 차이는 생리적인 차이에서 기인

약동학적 차이

- 졸피뎀과 같은 약은 친지질성을 나타내는데, 여성이 남성보다 체내 지방을 더 많이 가지고 있으므로 이러한 친지질성 약물은 여성에서 더 오래 유지됨
- 여성호르몬은 간을 통해 대사되는 약물에 영향을 줄 수 있으며, 신장의 크기가 여성이 더 작으므로 신장을 통해 배출되는 약물의 배출 속도가 느림

약력학적 차이

- 남녀의 심장 박동에도 차이가 있어서, 시사프라이드와 같은 약은 이러한 EKG 리듬에 영향을 주어 여성에서 더욱 치명적인 부정맥을 유발할 수 있음

그 외 남녀 차이

- 여성은 남성보다 만성적인 증상을 더 많이 호소하는 경향이 있으며 따라서 더 많은 약을 복용하는 경향이 있고, 이로 인해 약물 간의 상호작용에도 더욱 자주 노출됨

그림 2.4. 약물: 남녀 차이

출처: 분당서울대병원 성차의학연구소

③ 관상동맥질환

관상동맥 질환은 관상동맥을 통해 공급되는 산소의 양이 심근이 요구하는 양보다 적어져서 발생하는 질환이다. 심근 허혈은 있지만 심근의 괴사가 없는 협심증과 심근 괴사를 동반하는 심근경색으로 분류할 수 있다. 심근경색과 협심증 등이 관상동맥질환이다. 근육이 괴사하거나 혈관이 좁아져 심장의 움직임이 둔해지는 것이다. 과거에는 관상동맥질환이 남녀 간 발생 양상이나 경과가 크게 다르지 않은 것으로 알려졌지만, 현재는 대규모의 여러 임상 연구를 통해 남성과 여성 간 차이가 큰 것으로 밝혀졌다. 남성의 경우는 좁아진 동맥의 파열이 관상동맥질환을 일으키는 주원인이지만, 여성은 혈관에 미세한 염증(미란)으로 인한 결손이 생기는 것이 주요 원인이다.

표 2.3. 심장 질환 기저 남녀 차이

심장 질환 기전 남녀 달라 …	Plaque Rupture vs. Plaque Erosion	
- 여성의 관상동맥질환은 병태 생리 및 경과가 남성과 매우 다름. - 급성관동맥 증후군 발생 시에도 죽상동맥경화반의 파열보다는 미란이 주 기전인 경우가 많음. - 각종 심혈관질환 관련 임상 시험에서 여성의 참여율은 약 20-30%로, 임상 시험의 결과가 여성에게 대표성이 있느냐는 의문이 끊임없이 제기됨.	Plaque Rupture	Plaque Erosion
	• Large necrotic core • RBC-rich red thrombus • Lack of collagen • Occlusive thrombus • 남성에 흔함	• Less necrotic core • Platelet-rich white thrombus • Rich in hyaluronan • Non-occlusive thrombus • 여성에 흔함

출처: 김나영 분당서울대병원 성차의학연구소장

인간		침팬지
23쌍	염색체수	24쌍
2억~5억개	정자수	수십억개
사용	언어·도구	극히 제한적

그림 2.5. 남녀의 유전자 차이는 1%, 인간과 침팬지의 차이는 불과 1.2%이다.
출처: 분당서울대병원 성차의학연구소

실전문제

- 남녀의 유전자 차이?
- 인간과 침팬지 DNA 차이?
- 졸피뎀 사건 후 임상시험 대상자의 변화는?

3) 유병기간

당뇨병이 진단된 순간 췌장의 β-cell 기능은 이미 50% 정도 감소된 상황이라고 본다. 이런 결과로 인해 당뇨병 치료는 유병기간에 따라 당뇨치료 약제가 다르게 처방될 수 있다. 70세인 당뇨 환자가 30세에 당뇨병이 발생했다면 유병기간이 40년이 되지만, 60세에 발병되었다면 10년이 되기 때문에 10년 된 환자와 40년이 된 환자는 다르게 치료한다.

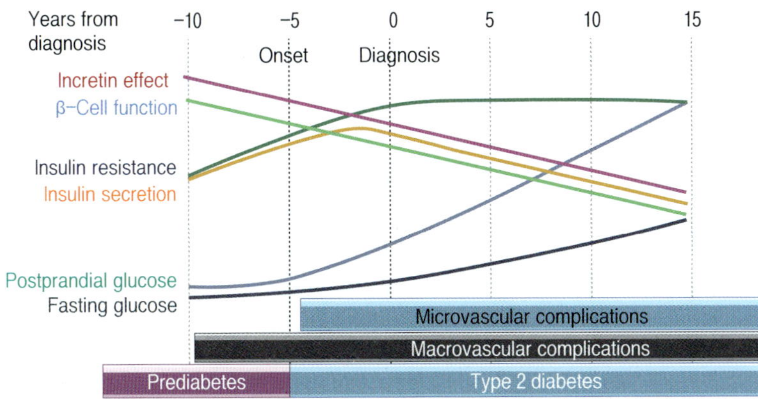

그림 2.6. Type 2 diabetes mellitus 진행 과정
출처: Ramlo-Halsted BA et al. Prim Care. 1999;26:771-789.

4) 비만도

서양인과 동양인의 비만도가 다르지만 당뇨병 발생 원인 중 하나인 비만도에 따라 당뇨치료제 선택이 다를 수 있다.

표 2.4. 한국인에서 체질량지수와 허리둘레에 따른 동반질환 위험도

분류*	체질량지수 (kg/m²)	허리둘레에 따른 동반질환의 위험도	
		<90cm(남자) <85cm(여자)	≥90cm(남자) ≥85cm(여자)
저체중	<18.5	낮음	보통
정상	18.5~22.9	보통	약간높음
비만전단계	23~24.9	약간 높음	높음
1단계 비만	25~29.9	높음	매우 높음
2단계 비만	30~34.9	매우 높음	가장 높음
3단계 비만	≥35	가장 높음	가장 높음

*비만전단계는 과체중 또는 위험체중으로, 3단계 비만은 고도비만으로 부를 수 있다.
출처: 대한비만학회 비만 진료지침 2022

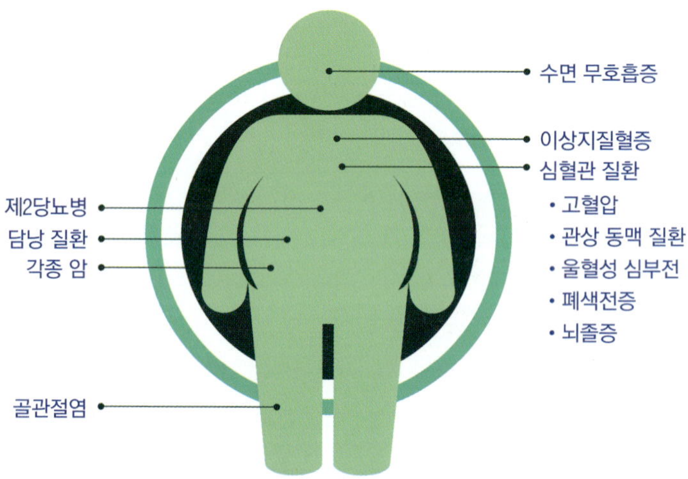

그림 2.7. 비만은 다양한 질병을 동반한다.

❖ 비만은 다양한 질병을 동반한다.

비만으로 인해 심혈관질환을 포함한 여러 가지를 동반한 질환이 발생할 수 있다. 비만은 2형 당뇨병, 이상지질혈증, 고혈압, 지방간 등 만성질환뿐 아니라 수면 무호흡증, 골관절염 그리고 직장암, 유방암 등 암과 관련이 있다. 정신건강 측면에서도 비만 환자는 비만에 대한 사회적 편견과 낙인에 노출돼 삶의 질에 부정적

영향을 받아 우울증으로 이어질 수 있다. 그러므로 비만은 단순히 체중만 관리하는 것에서 나아가 전반적 치료가 필요한 질환으로 인식해야 한다.

비만을 질병으로 인식하고 체중이 점점 더 늘어 동반질환이 나타날 때까지 기다리기보다 초기부터 약물치료를 시작해 비만을 관리하는 것이 중요하다.

생활습관 교정이 비만 관리의 가장 기본이지만, 이것만으로는 비만이 완전히 관리되지 않는다.

실제 다이어트나 운동으로 체중을 줄일 수 있지만, 이를 통해 호르몬이 변화하면 전반적인 대사 속도가 저하돼 체중이 다시 증가할 가능성이 있다. 그러므로 생활습관 교정과 함께 약물치료를 병행하는 것이 장기적 체중 감량 측면에서 효과적이라고 할 수 있다.

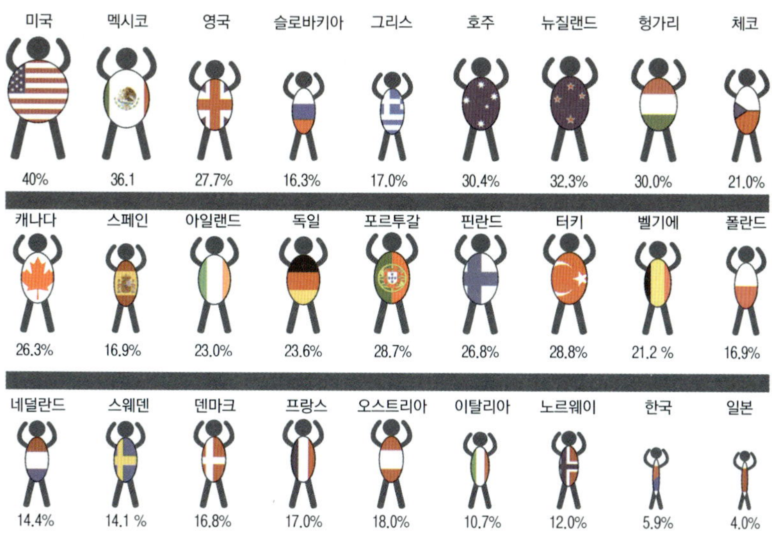

그림 2.8. 국가별 obesity (BMI ≥30 kg/m2) 비율(출처: OECD, 2018)

※ 서양인 정상 BMI: 26~28 /동양인 정상 BMI: 23~24

❖ 서양인과 동양인 차이

인종에 따라 대사효소의 활성도가 다르다. 즉 약물의 반응이 다를 수 있다.

표 2.5. 서양인과 동양인의 대사효소 활성도 차이

	백인	아프리카계 미국인	아시아인
NAT2, slow acetylator	40–70%	50–60%	10–15%
CYP2D6/null (PM)	6–10%	5%	1%
CYP2C19/null (PM)	2%	4%, 18%	12–23%
CYP2C9/het/low (PM)	14–37%	0–8%	0–1%
beta-2 adrenergic receptor (codon 16)	37%	49%	59%

PM: poor metabolizer

EGFR TKI (epidermal growth factor receptor, tyrosine kinase inhibitor)는 2003년 3월, 아스트라제네카가 게피티닙(gefitinib) 성분의 EGFR TKI를 '이레사(iressa)'라는 상품명으로 진행성 비소세포 폐암에서 백금제제 항암제와 '도세탁셀' 치료에 실패한 경우 사용하는 3차 치료제로 조건부 승인을 받았다. 이 당시 적응증은 EGFR 유전자 변이가 있는 질환이 아닌 비소세포 폐암 전체 환자의 치료를 위한 것이었다. 1일 1회 250 mg을 경구 복용하는 형태로 출시된 '이레사'는 진행성 비소세포폐암 치료에서 항암화학요법의 한계를 극복한 첫 번째 표적 치료제였다. '이레사'는 exon 19 deletion과 exon 21의 L858R 유전자 돌연변이를 가진 EGFR 변이에 대해 효과가 있는 약물이다.

승인의 조건을 제거하는 조건으로 실시한 3상 임상시험에서 '이레사'는 세포독성 항암제 대비 유효성을 증명하지 못하여 2005년 FDA는 승인을 취소했다. 이러한 상황은 몇 가지 중요한 과학적 사실에 입각한다. '이레사'는 EGFR의 유전자 변이가 있는 비소세포 폐암에서만 효과가 있다는 것이 승인 이후 보고됐으며, 그때까지는 막연히 이 약이 아시아인이면서 여성, 그리고 비흡연자인 경우 효과가 좋은 것으로 알려졌다. 그러므로 승인의 조건을 제거하기 위해 승인 후 3상 임상시험 대상 환자들을 EGFR 상태로 선정하지 않고 이전 치료 경력만으로 등록했다. 당연히 결과는 세포독성 항암제보다 열등한 결과를 보였다. 미국에서 승인이 취소되었음에도 불구하고 아시아 국가들에서는 이 약에 의한 임상적인 이득을 보는 환자들이 많았으므로 승인이 취소되지 않았고 오히려 많은 임상시험이 아시아인들 대상으로 진행되는 결과를 낳았다. 이후 EGFR 유전자 변이가 있는 환자들을 대상으로 시행한 임상시험들은 모두 좋은 결과를 가지고 왔고 미국에서도 EGFR 유전자 변이, 특히 exon 21의 L858R, exon 19의 결손이 있는 환자에서 임상적 이득이 있는 임상시험 결과, 2015년 1차 치료제로 다시 승인을 받게 되었다.

'이레사' 개발 과정은 바이오마커에 의해 선택된 환자들에서만 듣는 약에 대한 과학적 사실을 뒤늦게 인지하여 승인과 승인 취소의 과정을 겪은 후 다시 승인되는 결과를 가지고 왔다. 이후 유명해진 말은 "표적 항암제는 표적이 문제가 되어 생긴 암환자에서만 듣는다(Targeted therapy works only in targeted population)."는 것이다.

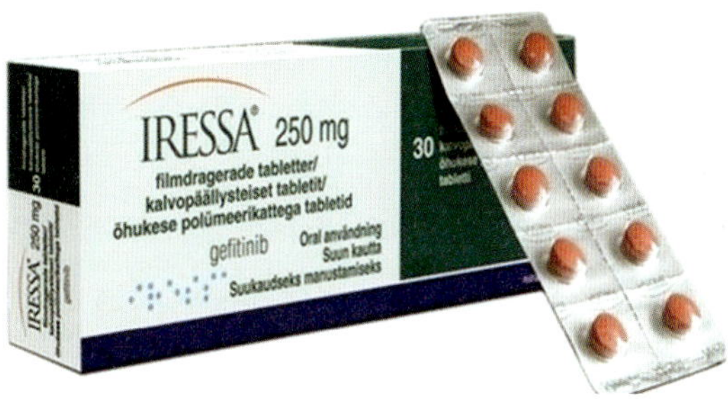

그림 2.9. 아스트라제네카 IRESSA

5) 신장기능

신장의 기능에는 사구체 여과, 세뇨관 분비, 세뇨관 재흡수 등의 여과 기능을 비롯하여 내분비 및 대사적 기능이 포함된다. 하지만 일반적으로 '신기능'이라는 용어는 신장이 얼마나 효율적으로 혈액을 여과하는가에 대한 개념으로 많이 사용된다. 사구체여과율(glomerular filtration Rate, GFR)은 사구체의 기능, 특히 그 여과 기능을 나타내는 중요한 지표로, 신기능을 평가하는 좋은 지표가 된다.

사구체여과율은 전반적인 신기능을 평가하는 가장 좋은 지표이다. 사구체 여과율의 감소율로 만성콩팥병(chronic kidney disease, CKD)의 합병증 발생 위험뿐만 아니라, 말기신질환으로의 진행을 예측할 수 있다. 또한 신질환 환자에서 약물의 치료효과를 극대화하고 잠재적인 독성을 피할 수 있도록 신장으로 배설되는 약물의 용법·용량을 개인별로 조절할 필요가 있을 경우에 사구체여과율이 이러한 개인별 용법·용량 조절에 있어 중요한 변수가 된다.

다수의 약물은 신장을 통해 배설되며, 신장질환이 있는 경우 약물의 약동학 및 약력학에 변화가 생겨 신기능 저하 정도에 따라 약물 배설이 감소할 수 있다. 따라서 상용량을 투여하더라도 약물이 체내에 축적되어 신장 및 그외 장기에 부작용을 유발할 수 있다. 그러므로 신장질환 환자의 약물 치료 시 약물의 선택과 투여량 조절 등에 주의해야 한다. 실제로 의약품 허가사항(사용상의 주의사항)의 투여 금기 또는 주의사항에 신장질환 환자가 명시되는 경우가 많다. 또한 신장질환 합병증 치료를 위해 많은 약물을 동시에 투여하는 경우가 많으므로 약물 상호작용에 대한 정보가 필요하다.

(1) 메트포르민(metformin)

당뇨병치료제인 '메트포르민'은 주로 신장으로 배설되며, 노화와 신기능의 변화와 밀접한 관련이 있다. 신장애 환자를 대상으로 한 약동학 연구를 근거로 고령의 환자에서의 주의사항이 다음과 같이 반영되었다. 이 약은 대부분 신장으로 배설된다고 알려져 있으며, 부적절한 신기능을 갖는 환자에서는 심각한 약물 부작용의 위험이 있기 때문에, 정상적인 신기능을 가진 환자에게만 사용하도록 한다. 고령화는 간기능 및 신기능 감소(간기능 저하 시 젖산의 대사능이 떨어져 유산산증이 나타날 수 있다)와 관련이 있으므로, 이 약은 연령이 증가함에 따라 주의하여 투여해야 한다. 용량 결정에 있어 주의하고, 조심스럽고 정기적인 신기능 모니터링에 기초하여야 한다. 일반적으로 고령자에게는 이 약의 최대 용량을 투여하지 않는다.

(2) SGLT2 억제제(sodium glucose cotransporter 2 inhibitor)

신장에서 포도당 재흡수를 억제해 소변으로 포도당을 배출시켜 혈당을 낮춘다. 정상 성인의 경우 하루 180 g의 포도당이 신장에서 여과되고, 이는 SGLT라는 수송체에 의해 근위세뇨관에서 모두 재흡수되어 혈류로 되돌아간다. SGLT는 근위세뇨관 앞부분에 위치한 SGLT2와 뒷부분에 위치한 SGLT1으로 구성되어 있는데, SGLT2가 포도당 재흡수의 90%를 담당한다. 정상 혈당일 때는 여과된 포도당이 모두 재흡수되지만, 혈당이 일정 수치를 초과하면 소변으로 포도당이 배출된다. 그런데 혈당이 지속적으로 높은 당뇨병 환자는 SGLT1과 SGLT2의 발현이 증가하면서 근위세뇨관 세포의 증식이 일어나 여과된 포도당의 재흡수가 정상 상태보다 늘어나 혈당 조절이 잘 안된다. 이때 SGLT2 억제제는 근위세뇨관에서 포도당이 재흡수되어 혈류 내로 들어가는 것을 막아 포도당이 소변으로 배출되도록 돕는다.

이러한 SGLT2 억제제의 기전은 인슐린 비의존적으로 혈당 강하 효과를 나타내기 때문에 베타세포의 기능 장애와 인슐린 저항성에 큰 영향을 받지 않는다. 인슐린에 의존해 혈당을 낮추면 인슐린이 감소하게 되고, 베타세포에도 영향을 줄 수 있어 추후 혈당 조절이 어려워질 가능성이 있다. 하지만 SGLT2 억제제는 인슐린 분비능이 저하되어 있는 상황에서도 혈당을 감소시킬 수 있는 것이다. 또한 소변으로 포도당을 배출시키기 때문에 인슐린 저항성을 개선하고 포도당 독성을 개선해 베타세포의 기능을 보존하는 데도 기여한다.

SGLT2 억제제를 복용하면 소변으로 포도당이 배출되는데, 이로 인해 몇 가지 부작용이 생길 수 있다. 이런 이유로 소변의 양이 늘면서 수분 배출도 늘어나기 때문에 탈수 증상이 나타날 수 있다. 따라서 땀을 많이 흘리거나 탈수 증상에 취약한 고령자 등은 물을 충분히 섭취하는 것이 좋다. 부작용으로는 질염이나 요로감염 등 생식기 염증 질환의 가능성이 커질 수 있다. 소변의 당도가 높아지면서 요로·생식기 주변에도 당도가 높아져 진균 등 곰팡이가 잘 증식할 수 있기 때문에 특히 여성은 환자에서 주의해야 한다.

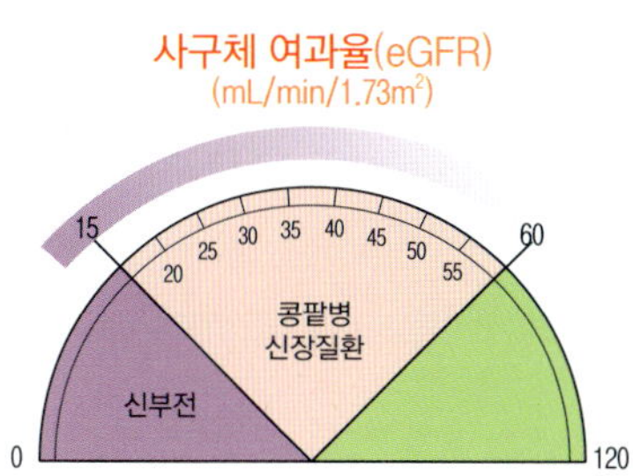

만성 콩팥병이란 사구체 여과율이 60ml/min/1.73m 이하로 감소하여 3개월 이상 지속된 상태

콩팥 기능의 감소는 비가역적이며 진행성입니다.
즉, 사구체 여과율은 나이가 들어가며 지속적으로 저하됩니다.
질병이 없는 건강한 사람도 10세 씩 나이 들어감에 따라 10%정도씩 저하되어 갑니다.

단계	단계 설명	사구체여과율(eGFR) (mL/min/1.73m²)	증상
1	단백뇨 등 신손상 증거	90 이상	특이증상 없음. 혈뇨, 단백뇨
2	경한 신기능 감소단계	60~89	증상은 없으나 혈액검사 이상(크레아티닌 수치)
3	중등도 신기능 감소단계	30~59	피로, 식욕감소, 가려움증
4	심한 신기능 감소단계	15~29	빈혈증상, 피로, 식욕감소, 가려움증 악화
5	말기신부전 단계(투석)	15 미만	수면장애, 호흡곤란, 가려움증, 구토

그림 2.10. 사구체 여과율

출처: www.hihealth.co.kr

표 2.6. 신기능에 따른 당뇨약제

eGFR (mL/min/1.73 m²)	CKD1-2 ≥ 60	CKD3a 59-45	CKD3b 44-30	CKD4 29-15	ESKD < 15
Metformin			최대용량 1000 mg/일 이하, 새로 시작하지 않음	금기	
Meglitinides					
Repaglinide					주의
Mitiglinide					주의
Nateglinide					금기
DPP-4 inhibitors					
Sitagliptin	100 mg		50 mg	25 mg	
Vildagliptin	100 mg[1]	50 mg			
Saxagliptin	5 mg[2]		2.5 mg		
Linagliptin			5 mg		
Gemigliptin			50 mg		
Teneligliptin			20 mg		
Alogliptin	25 mg[1]	12.5 mg		6.25 mg	
Evogliptin			5 mg		
Anagliptin		200 mg		100 mg	자료 없음
SGLT2 inhibitors					
Dapagliflozin	10 mg		심부전 및 신장이득(≥25)[3]		새로 시작하지 않음
Empagliflozin	10 mg/25 mg		심부전 및 신장이득(≥20)[3, 4]		새로 시작하지 않음
Ertugliflozin	5 mg	자료 없음			
Ipragliflozin	50 mg	자료 없음			
Sulfonylureas					
Gliclazide			주의		
Glimepiride			주의		
Glipizide			주의		
Alpha-glucosidase inhibitors					
Acarbose				금기	
Voglibose				자료 없음	
Thiazolidinediones					
Pioglitazone					
Lobeglitazone					
GLP-1 receptor agonists					
Liraglutide					자료 없음
Dulaglutide					

(파란색) 용량조절 불필요

1) eGFR 50 mL/min/1.73 m² 용량조절 불필요

2) eGFR > 45 mL/min/1.73 m² 용량조절 불필요

3) 이 사구체여과율 범위에서는 혈당강하효과는 제한적임.

4) 1일 10 mg 용량 사용.

CKD, chronic kidney disease; **ESKD**, end-stage kindney disease.

출처: 대한당뇨병학회, 당뇨병진료지침,2023

(3) 당뇨병 동반 신장질환

당뇨병은 소변으로 당이 나온다 해서 이름이 붙여진 질환이다. 어원에서도 알 수 있듯이 신장과 당뇨병은 밀접한 관계를 갖고 있다. 당뇨병이 있는 사람은 높은 혈당 수치로 인해 신장의 사구체가 손상될 수 있으며, 알부민이 소변으로 배출될 수 있다. 이는 시간이 지나면서 신장 기능의 점진적인 손실로 이어진다. 만성 신장질환(CKD)은 제2형 당뇨병에서 발생하는 매우 흔한 합병증 중 하나이자 심

혈관 질환의 독립적인 위험 요소다. 만성 신장질환의 주요 원인에는 당뇨병, 고혈압, 사구체신염 3가지가 꼽히는데, 그중에서도 당뇨병이 국내 말기신부전 원인 질환의 약 50%를 차지하고 있다.

환자들의 삶의 질 측면에서도 당뇨병으로 인한 만성신장질환 환자들의 삶의 질이 제일 낮은 것으로 나타났다. 만성 신장질환은 진행성 질환이지만 말기신부전 직전까지 특이적 증상이 없어 인지하기 어렵다. 말기신부전 상태가 되면 생명을 유지하기 위해 투석이나 신장이식이 필요하기 때문에 사회적 경제적으로 부담이 클 뿐만 아니라 환자의 삶의 질 측면에도 큰 영향을 준다. 따라서 제2형 당뇨병 환자의 경우, 신장손상 및 신장 기능 검사 등을 통해 정기적으로 모니터링을 할 필요가 있으며, 조기 진단과 적절한 치료로 신장병의 진행을 늦추고 심혈관 질환 위험을 낮추는 것이 중요하다.

제2형 당뇨병과 관련된 만성 신장질환은 전 세계 많은 국가에서 신부전의 가장 흔한 원인으로 꼽히며 실제 당뇨병 환자의 약 40%는 만성 신장질환으로 진행된다. 제2형 당뇨병을 동반한 만성 신장질환 환자에게 사용할 수 있는 치료제는 만성 신장질환의 진행을 지연시키는 약물은 안지오텐신전환효소 억제제(ACE inhibitor), 안지오텐신II수용체 차단제(ARB) , SGLT-2 억제제 그리고 2023년에 바이엘 코리아의 '케렌디아(finerenone)'가 제2형 당뇨병 동반 신장질환(chronic kidney disease with type 2 diabetes) 치료에 허가되어 사용되고 있다. '케렌디아'는 신장의 염증과 섬유화 억제에 직접적으로 관여하는 새로운 기전을 통해, 제2형 당뇨병 동반 만성 신장질환 환자의 만성 신장질환 진행을 늦추고 심혈관 합병증 위험을 낮추는 효과를 입증했다.

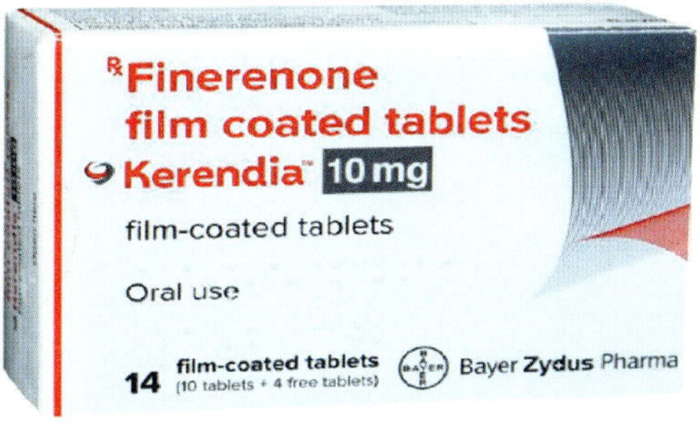

그림 2.11. 바이엘코리아 케렌디아

6) 간기능

간은 약물 대사에 가장 중심적인 역할을 담당하는 장기이다. 간질환이 있는 경우 약물의 정상적인 대사와 배설 등이 저해될 수 있으며, 약물 사용으로 인한 간 손상(drug-induced liver injury) 위험이 높아지기도 한다. 그러므로 간질환 환자에게 약물치료를 실시할 때 약물 선택과 투여량 조절 등에 각별히 주의해야 한다. 특히, 우리나라의 경우, 간암, A형 및 B형 간염 등 간과 관련된 질환이 국민 건강과 수명에 큰 영향을 주고 있으며, 급격한 인구 고령화 및 생활 습관의 변화에 따라 간 질환에 대한 적절한 관리와 주의가 보다 요구되고 있다.

❖ 간질환 환자에 대한 약물 투여 시 일반 지침

간질환 환자에게 안전하게 약물을 투여하기 위한 다음과 지침을 제시한다.

① 간질환 환자에게는 특이한 적응증이 없는 한 약물의 사용을 금한다.
② 가능하다면 주로 신장으로 배설되는 약물을 투여한다.
③ 간기능 검사로는 약동학의 변화를 정확히 예측할 수 없다.
④ 투여 약물의 약동학과 독성에 친숙하여야 하고, 투여 시에는 독성 증상을 주의 깊게 관찰한다.
⑤ 용량은 필요에 따른 최저 용량으로 하나 또한 약효를 가질 수 있는 충분한 용량을 투여한다. 이를 위해서는 약효의 적정성과 부작용의 유무를 자주 임상적으로 평가하여 용량을 적정화할 필요가 있다. 안전 영역이 좁은 약물을 투여할 때는 약물의 혈중 농도를 측정할 것을 고려한다.
⑥ 간질환에서는 약동학의 변화뿐만 아니라 약역학 및 부작용에 대한감수성의 변화에 의해서도 독성이 발현될 수 있다는 점도 숙지하여야 한다.
⑦ 작용 시간이 긴 약물을 선택할 때는 주의한다.
⑧ 특히 투여 초기에 간질환의 발생이나 악화 여부를 주의 깊게 관찰한다.
⑨ 투여 기간은 가급적 단기간으로 한다.

표 2.7. 간기능 검사 항목 별 정상수치

간기능 검사 항목	설명	정상수치
총단백 (total protein)	총단백은 혈청 내 모든 단백질을 합한 것으로 90%가 간에서 합성되는데 간의 합성 능력이 감소하는 경우 중증 간질환이나 이상단백혈증, 전신의 영양 상태를 알 수 있는 중요한 검사입니다.	6.6~8.7 g/dL
알부민 (albumin)	알부민은 간에서만 생성되는데 총단백질의 25%를 차지하며 간 조직이 파괴되어 간경변 발생 시 알부민 혈중 농도가 감소합니다.	3.5~5.2 g/dL
총빌리루빈	간은 담즙을 만들어 배출하는데, 간세포가 파괴되어 세포의 수가 줄어들면 담즙 배설 기능에 장애가 생겨 혈중 빌리루빈 수치가 증가합니다. 황달의 진단에 중요 한 검사입니다.	0.3~1.7 mg/dL
AST (SGOT), ALT (SGPT)	간세포 내에 존재하는 효소로 간세포가 파괴되거나 손상을 받으면 혈중 농도가 증가합니다.	0~40 IU/L
r-GTP (감마지티피)	음주에 민감하게 반응하는 것으로 알코올에 의한 간 장애의 지표가 되며, 약물의 과다 복용 등에도 상승될 수 있습니다. 간, 담도계 질환(폐쇄성 황달, 담관 종양, 담석 등)에서 많이 상승합니다.	0~56 IU/L(남) 0~38 IU/L(여)
ALP (알칼리성 포스파타아제)	담즙이 간세포에서 잘 배출되지 못해 주로 간, 담도의 이상, 뼈의 질환이 있을 경 우 증가합니다.	40~120 IU/L

출처: www.hihealth.co.kr

7) 부작용 발생 가능성

당뇨병 치료제 선택은 여러 가지 부작용에 따라, 특히 저혈당 발생 가능성에 따라 당뇨약제 선택이 달라질 수 있다. 인슐린주사뿐만 아니라 경구용 혈당강하제(oral glycemic agents, OHA)를 복용할 때 가장 주의해야 할 부작용은 바로 저혈당이다.

저혈당은 상황에 따라 치명적일 수 있기 때문에 당뇨병 환자라면 저혈당 증상을 미리 알아두고 증상이 나타났을 때 적절하게 대응할 수 있어야 한다. 저혈당이 발생하면 땀이 나거나 손 떨림 증상이 나타나고, 현기증 혹은 가슴 두근거림 등의 증상이 나타난다. 심한 경우에는 경련이나 발작이 일어날 수도 있다. 당뇨 증상이 나타났다면 사탕이나 단 음료 등을 즉시 섭취하도록 해야 한다. 만약, 환자가 의식이 없다면 즉시 병원 응급실로 이동해야 한다.

일반적으로 인슐린과 인슐린 분비 촉진제인 설포닐우레아(sulfonylurea), 메글리티나이드(meglitinide) 외 다른 약물들은 상대적으로 저혈당 발생 확률이 낮은 편이지만, 혈당조절을 위해 약물을 2가지 이상 병용해 복용 중이라면 저혈당 발생 위험이 커지기 때문에 주의가 필요하다. 이외에도 약물을 복용하기 전 제품 설명서나 제품별 허가 정보 등을 통해 자세한 정보를 확인해 부작용 발생 가능성을 줄이는 것이 중요하다. 또한, 부작용 증상이 나타나면 즉시 약물 복용을 멈추고, 가까운 병원이나 약국에 방문해 의사나 약사에게 진단받은 후 적절하게 조치해야 한다.

중증의 간, 신기능 장애 환자와 설사, 구토 등 위장장애 환자들은 약물 복용을 신중히 고려해야 하는 이유는 간이나 신장 기능이 저하되면 약물의 대사와 배설 기능이 떨어져 저혈당을 일으키거나, 설사, 구토 같은 위장장애의 경우 식사량 부족으로 저혈당 증상이 나타날 수 있기 때문이다.

표 2.8. **경구용 혈당 치료제 부작용**

종류	부작용
비구아나이드(biguanide)	오심(메스꺼움), 구토, 식욕감퇴, 금속 맛 등
설포닐우레아[설폰요소제,sulfonylurea, SU]	저혈당, 체중 증가, 관절통, 요통 등
메글리티나이드(meglitinide)	저혈당, 체중 증가, 변비, 상기도 감염 등
치아졸리딘디온(thiazolidinedione, TZD)	체중 증가, 부종, 골절, 심부전 등
알파-글루코시다제 억제제 [a-glucosidase inhibitor, a-GI)	복통, 설사, 복부에 가스가 차는 느낌, 방귀 등의 위장관계 증상 등
DPP-4 억제제(DPP-4 inhibitor)	메스꺼움, 구토 등의 위장관계 부작용
SGLT-2 억제제 (SGLT-2 inhibitor)	비뇨생식기 감염, 다뇨증 등

8) 급여의약품, 비급여의약품

급여의약품, 비급여의약품에 따라 약제선택이 다를 수 있다. 급여의약품은 환자가 부담하는 금액은 의료기관마다 다르다. 개인 의원에서 외래 진료를 받을 경우 30%, 대학병원에서 진료 받을 경우 50%를 본인이 지급하고 나머지는 국민건강보험공단에서 지급한다. 물론 입원진료나 특정 약제는 다른 적용으로 본인부담금액이 달라질 수 있다. 비급여의약품은 환자 본인이 100%로 지급하게 된다(실손보험에 가입한 환자의 경우는 실손보험사가 지급하는 경우도 있다).

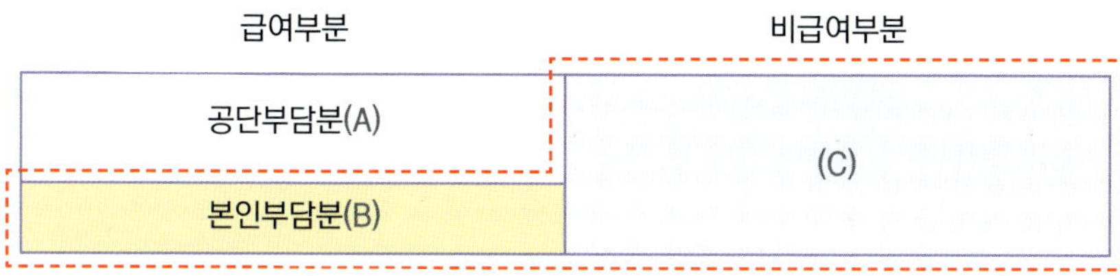

* 국민건강보험공단 부담분 : A
* 보험사 실손의료비담보 보장부분 : B+C

그림 2.12. 실손보험사 보장부분

이런 이유로 급여의약품, 비급여의약품에 따른 처방이 달라질 수 있다. 당뇨병 약제는 환자 개개인별로 약물 계열별, 계열 간 다양하게 처방되고 있고, 보험기준에 따라 2제, 3제 처방이 달라질 수 있다.

표 2.9. 당뇨병 약물 보험기준

구분		Metformin	Sulfonylurea	Meglitinide	α-glucosidase inhibitor	Thiazolidinedione	DPP-4 inhibitor	SGLT2 inhibitor			
								Dapagliflozin	Ipragliflozin	Empagliflozin	Ertugliflozin
Metformin			인정	인정	인정	인정	인정	인정	인정	인정	인정
Sulfonylurea		인정		X	인정	인정	인정	인정	인정	인정	인정
Meglitinide		인정	X		인정	인정	X	X	X	X	X
α-glucosidase inhibitor		인정	인정	인정		X	X	X	X	X	X
Thiazolidinedione		인정	인정	인정			인정	X	X	X	X
DPP-4 inhibitor		인정	인정			인정		X	X	X	X
SGLT2 inhibitor	Dapagliflozin	인정	인정	X	X	X	X				
	Ipragliflozin	인정	인정	X	X	X	X				
	Empagliflozin	인정	인정	X	X	X	X				
	Ertugliflozin	인정	인정	X	X	X	X				

*2023년 5월 기준
출처:대한당뇨병학회

- **비만약을 off label 처방하는 이유는?**

오프라벨(off-label)은 의약품의 적응증이 규제당국으로부터 허가받지 않았으며, 허가사항에 기재되어 있지 않은 경우를 말한다. 오프라벨 처방이란 의사가 허가사항이 아닌 적응증에 대하여 의약품을 처방하는 것이며, 임상적인 상황에서 합리적이고, 적절한 경우에 한해 합법적인 것으로 규정된다.

이는 개념적으로 허가의약품, 비허가의약품, 오프라벨의약품으로 구분된다. 허가의약품은 적응증, 용량, 투여경로 등이 규제당국으로부터 허가를 받아 의약품 허가사항에 기재되어있는 용도로만 처방, 사용되는 것을 의미한다. 비허가의약품은 의약품이 규제당국으로부터 허가받지 않은 경우이다. 오프라벨의약품은 의약품이 규제당국으로부터 허가를 받았으나 적응증, 용량, 투여경로 중 어느 하나라도 허가사항에 기재되어있지 않은 용도로 사용되는 경우를 의미한다. 오프라벨의약품 사용은 소아, 임산부, 노인 등 취약환자와 에이즈와 같은 희귀질환자, 암환자 등 특정 환자에게서 많이 사용되고 있다. 소아환자의 80%, 암환자의 56%, 에이즈환자의 81%가 적어도 한 가지 이상의 의약품을 오프라벨로 처방받고 있으며, 약효군별로 보았을 때 항정신병용제, 항간질약, 항우울제 등 신경정신계의약품에서 오프라벨 처방이 다빈도로 이루어지고 있다.

임상 현장에서는 의약품이 허가된 이후, 사용 경험이 증가하면서 적응증의 범위가 확대될 수 있다. 새로운 적응증에 대해서는 임상시험을 통해 허가를 받는 것이 정당하지만, 희귀질환 또는 취약환자들을 대상으로 한 임상시험은 윤리적 문제, 환자모집의 어려움 등의 이유 때문에 쉽지 않다. 또한 오래된 약물이나, 특허가 만료되어 시장에서 경쟁력이 떨어진 경우에도 대규모 임상을 진행할만한 경제적 유인이 적다. 이러한 환경에서 오프라벨에 대한 유효성은 더욱 검증하기가 어려워졌으며, 안전성 측면에서도 관리되지 않았고, 경제적으로도 비급여로 환자에게 부담을 지우게 되는 등 지속적인 악순환이 발생되어 왔다.

대부분 의약품의 시판 전 임상시험에서는 연구결과의 타당성을 높이기 위하여 제한된 인구집단, 짧은 관찰기간, 좁은 노출범위 및 엄격한 연구대상 선정기준을 적용하고 있으며, 이러한 시판 전 임상시험의 한계로 인하여 시판 단계에서 의약품 허가사항에 기재되어 있는 안전성 및 유효성에 관한 정보는 매우 제한적인 정보일 가능성이 크다. 따라서 시판 후에 지속적으로 의약품의 새로운 적응증이나 부작용에 관한 정보가 파악되어야 한다. 즉, 오프라벨 의약품 사용은 임상진료 환경에서 새로운 적응증을 발견하는 임상의학의 발전 속도가 규제당국에서 허가를 받는 속도보다 더 빠르기 때문에 발생하는 시간적 간격 때문에 발생하는 현상이다. 일반적으로 오프라벨로 약물을 처방하는 이유는 의약품의 용량, 환자의 연령, 투여경로, 적응증의 이유다. 직접 소아, 노인을 대상으로 한 임상시험은 윤리적인 이유로 인하여 수행하기 어렵기 때문에 시판 전에 수행된 임상시험에서 확보하지 못한 정보를 근거로 연령에 따른 용량을 결정하게 되어 실제 환자 진료 시 오프라벨의약품 사용이 발생한다. 희귀의약품의 경우는 제약사 입장에서 임상시험을 통해 규제당국으로부터 허가를 받고, 시장에서 얻는 이득이 임상시험에 소요되는 비용보다 크지 않기 때문에 오프라벨 상태로 의약품이 계속 사용되고 있다. 오프라벨은 허가사항에 기재되어 있는 표준치료가 실패하여 환자가 치료를 요구하거나, 진료의사가 새로운 치료를 시도하고 싶은 상황에서도 사용할 수 있다.

일라이릴리의 '마운자로(tirzepatide)'가 체중 감량 효과로 오프라벨(off label)로 처방되었다가 비만 치료제로 2023년 11월에 미국 식품의약국(FDA)가 정식 승인했다. FDA는 비만한 성인의 체중 관리를 위해 개발한 당뇨병치료제 '마운자로'를 비만치료제로 승인했다. '마운자로'는 2022년 5월 당뇨병 환자의 혈당조절 개선을 위한 식이요법과 운동요법의 보조제로 FDA의 허가를 받은 데 이어 두 번째 적응증을 획득한 것이다. 일라이릴리는 '젭바운드(zepbound)'라는 제품명으로 출시한다.

'마운자로'는 인슐린 분비 자극 펩타이드(glucose-dependent insulinotropic polypeptide, GIP) 수용체와 글루카곤 유사 펩타이드-1(glucagon-like peptide-1, GLP-1) 수용체에 모두 작용한다. 해당 치료제는 인슐린 분비 촉진, 인슐린 저항성 개선, 글루카곤 분비 감소 등을 통해 식전과 식후 혈당 감소를 유도한다. SURMOUNT-3, 4 임상3상 탑라인 결과에서도 '마운자로'는 2형 당뇨병이 없는 비만 또는 과체중이면서 체중 관련 동반질환이 있는 성인의 체중을 20% 이상 줄였다.

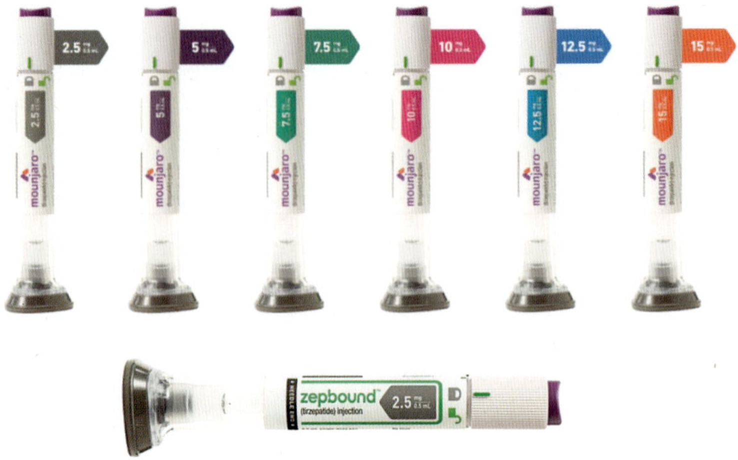

그림 2.13. 일라이릴리 '마운자로' '젭바운드'

ISSUE

비만치료제 급여화 해야 하나?

2023년, 의약계에서 비만치료제가 화두가 되었다.

기존 치료제보다 상당한 체중 조절 효과를 보고한 비만 신약들이 해외 규제당국의 허가를 받았고 테슬라 CEO인 '일론머스크'가 체중감소 효과를 봤다는 회기적인 비만 약이라 불리며 의료진과 비만 환자뿐 아니라 일반인의 뜨거운 관심을 받았다.

이런 가운데 국내 비만 학계는 비만치료제 급여화를 주장하고 있다.

국내에서 비만 관리가 미용 목적으로 인식되고 있지만, 비만은 '만성질환'이라 엄연히 '치료'가 목적이므로 치료제 급여화가 필요하다는 것이다. 예방적 측면에서 고도비만이 아닌 일반 비만도 만성질환으로 인정해 비만치료제를 급여화해야 한다는 입장이다.

2019년 비만대사수술(bariatric surgery)이 고도비만 치료에 급여화 되었지만 2023년 현재 국내 임상에 도입된 비만치료제 중 급여가 이뤄진 약제는 없다. 비만대사수술은 체중 조절 효과와 안전성이 입증됐고 사회경제적 비용을 감안하면 비용 대비 효과가 크다는 근거로 비만이 치료가 필요한 질환임을 인지하고 비만 인구의 의료비 지출을 줄이기 위해 급여화 했다.

의학계는 비만 인구 증가에 따라 향후 국민 건강에 미칠 영향을 고려해 비만치료제 급여화가 필요하다고 주장한다. 하지만 비만이 사회적 문제이고 이를 해결하고자 정책적 노력이 이뤄져야 할지라도 비만치료제에 건강보험을 적용하는 것은 여러 가지 문제를 야기할 수 있다.

급여를 기다리는 항암제, 희귀질환치료제 등 중증 질환 치료제가 있는 만큼 한정된 건보재정 내에서 비만치료제를 급여화하는 것은 논란이 될 것이 자명하다. 또한 학계가 비만이 질환이라 강조해도 비만치료제 급여화 시 미용 목적으로 치료받는 사람이 많아져 의료자원 낭비로 이어질 수 있다.

비만을 사회적 문제로 인식해야 한다면, 전체 비만 환자를 대상으로 비만치료제를 급여화 하는 것보다 치료가 반드시 필요하지만 치료 사각지대에 놓인 비만 환자에 대한 선별적 급여화를 논의해야 한다.

비만대사수술을 받아야 하지만 수술에 대한 부담감이 있거나 수술 후 약물로 추가 체중 관리가 필요한 환자, 만성질환을 동반한 고도비만 환자 등 생활습관 개선에 더해 추가 치료를 받아야 하는 환자가 해당 될 수 있다. 또한 경제적 부담으로 치료받지 못하는 의료급여 수급권자인 비만 환자에 대한 선택적 급여화 논의가 이뤄져야 한다. 학계에서는 비만 관리는 미용 목적이라는 인식이 우리 사회에 만연한 가운데 비만은 생활습관 개선만으로는 비만을 조절하기 어렵고 치료를 동반해야 한다는 사회적 공감대를 이끌면서 정말 비만치료제가 필요한 환자가 치료 혜택을 받을 수 있도록 급여화를 주장해야 한다.

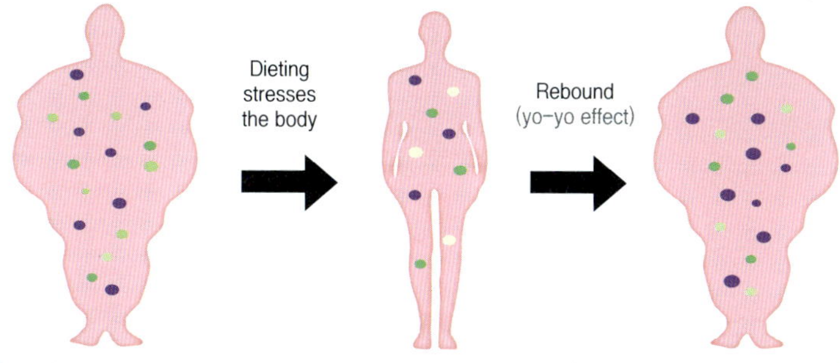

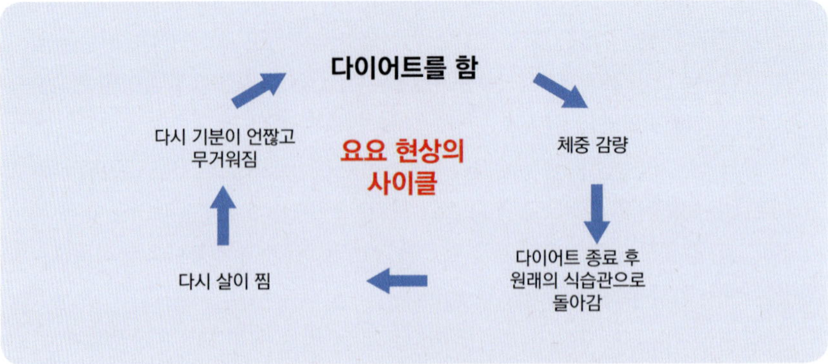

실전문제

- off label 처방이 증가하는 질환은?
- 탈모치료 급여화 해야 하는가?
- 우리나라에서는 왜 비만을 질병으로 취급하지 않는가?

CHAPTER 03

제약영업마케팅의 STP 전략 사례

1) 리더십의 법칙(The Law of Leadership)

리더십의 법칙은 최초의 영역을 찾아 리더가 되는 것이 더 좋은 제품을 만드는 것보다 더 효과적이라고 말하고 있다. 마케팅에 있어 그 무엇보다도 효과적인 것은 시장의 선점에 있다. 아무리 좋은 뒤늦게 제품을 만든다고 하더라도 이미 소비자에게 최고라 인식되고 있는 제품을 밀어내고 그 자리를 차지한다는 것은 쉽지 않다. 그래서 최초가 될 수 있는 영역을 창출해내어 그 영역 안에서 리더가 될 수 있는 방법을 찾는 것이 무엇보다 중요하다. 예를 들어, 진통제라는 단어보다 '타이레놀'이라는 이름이 우리에게 더욱 친숙하다. 이는 브랜드가 이미 보통 명사화되어 우리에게 인식되었기 때문이다.

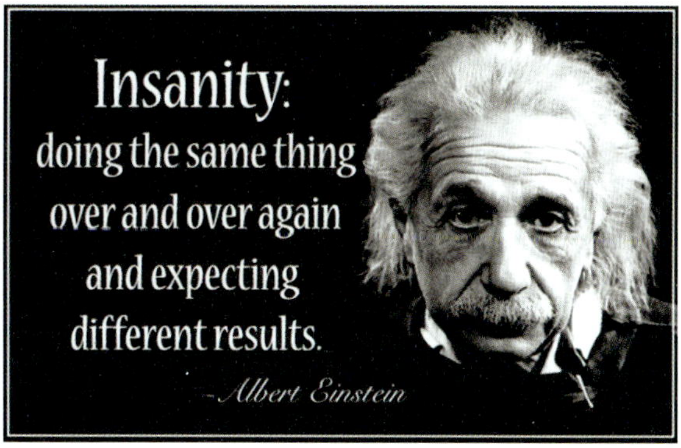

그림 2.14. Albert Einstein

각각의 class에서 처음으로 출시한 의약품을 first in class라고 한다. first in class 역시 최초로 출시하여 시장을 선점하기 때문에 후발 품목은 first in class 시장을 추월하기가 어려운 것이 현실이다. 글로벌 제약시장뿐만 아니라 국내 제약시장에서도 발기부전치료제(erectile dysfunction, ED) 'viagra'는 발기부전치료제 시장에서 first in class이다. 이는 두 번째로 출시된 'cialis', 세 번째로 출시된 'levitra' 그리고 국산 신약으로 개발된 'zydena', 'mvix'보다 훨씬 독보적으로 경쟁우위를 유지하고 있다. 하지만 다양한 마케팅 전략으로 first in class 제품보다도 성공한 제품들도 있다.

표 2.10. 신약개발 전략별 특징 및 장단점

	First in Class	Fast-Follower	Late Follower
특징	혁신신약 3N: New Target, New Mechanism, New Compound ex) Viagra	First in Class가 시장에 출시된 후 두번째 혹은 세번째 신약. 일반적으로 치료적 유용성이 First in Class 보다 향상됨 ex) Cialis, Levitra	같은 계열에서 3번째 이상으로 출시된 약물 ex) 자이데나,엠빅스
장점	성공시 시장지배력 매우 크고, 특허권으로 장기간 독점 가능	개발성공률 높고, 비용이 비교적 적게 소요됨	개발성공률 높고, 비용 적게 소요됨
단점	성공확률 낮고, 매우 많은 비용 및 기간 소요됨	First in Class에 비해 차별성을 갖기 어렵고, 특허획득 어려울 수 있음	특허권 획득 어렵고, 시장에서의 생명력 짧을 수 있음
기타	Clinical Efficacy, Safety profile이 확고하지 않을 경우 Fast-Follower에 의하여 시장을 빼앗길 여지가 매우 큼	First in class와의 차별화 및 특허획득이 관건임	기존의 약물과 뚜렷하게 구분되는 장점 필요. 기존약물의 제네릭의 발매 등의 위험요소 고려하여 신속한 시장진입이 필요함

출처: 제약산업학, 제약산업학 교재편찬위원회

실전문제

- First in class vs Fast follower

2) 신약 재창출(Drug repositioning)

통상적으로 신약개발 과정은 질병에 대한 작용점 선정, 약물 스크리닝, 약물 최적화 등의 신약 연구단계와 전임상, 임상 1, 2, 3상 시험 및 FDA 심사, 등록 등 개발단계의 복잡한 과정을 거치게 되며, 일반적으로 10~15년의 오랜 기간과 평균 10억 달러 이상의 자금이 소요되는 과정으로 알려져 있다. 한편, 최근 들어 생물학, 약학, 독성학 및 의학 등 신약개발 관련 학문 분야의 급격한 발전으로 약물에 대한 작용기전의 이해와 이를 통한 다양한 약물 작용 및 독성에 대한 이해도가 높아지고 있다. 그리고 이러한 기술의 발달이 신약개발의 효율성을 높여 줄 것으로 기대하고 있다.

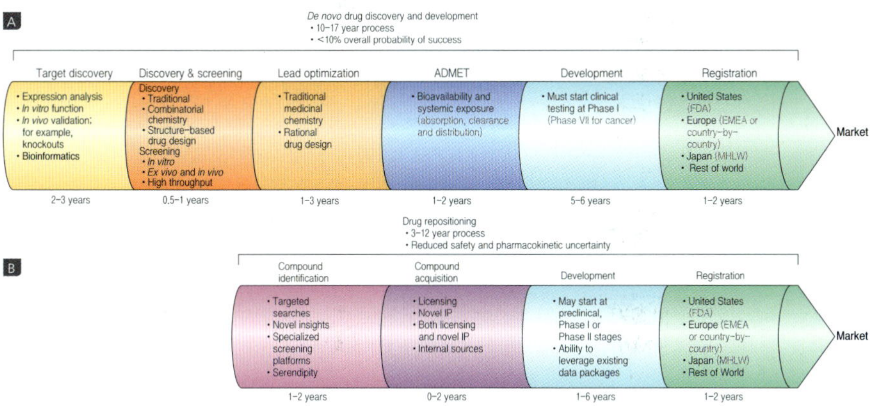

그림 2.15. 일반적 신약개발과 Drug repositioning 기술 적용에 의한 신약개발 효율성

그러나 이러한 기대와는 달리, 최근의 의학 관련 기술의 발달이 보다 높은 수준의 약물안정성과 예측가능성의 요구로 이어져서, 아직까지는 개발 비용 증가의 원인이 되고 있는 실정이다. 물론 앞으로 꾸준한 기술의 발달과 보다 많은 정보의 축적이 궁극적으로는 신약개발의 효율화를 이룰 수 있을 것으로 판단된다. 하지만, 이러한 과도기적 비효율성을 극복하고 기존 약물의 가치를 높이는 방법으로써 최근 신약재창출(drug repositioning) 기술이 관심을 받고 있다.

Drug repositioning 기술은 시장에서 이미 판매 중이거나 임상단계에서 안전성 외의 이유로 산업화에 실패한 약물들의 새로운 의학적 용도를 개발하는 신약 개발의 한 방법이다. 따라서 이미 안전성이 검증된 약물을 활용하여 비용 절감 및 개발 기간의 단축을 이룰 수 있다는 장점이 있다. drug repositioning을 사전적으로 정의하자면, 약물의 구조를 바꾸지 않고 새로운 적응증을 찾아 용법이나 용량 등을 바꾸는 정도의 변화 과정이다. 하지만 최근에는 약물의 제형 또는 일부 화학 구조를 변경시킴으로써 약물의 전달 속도, 약효, 안전성의 향상 등을 꾀하는 경우도 drug repositioning의 범주에 포함시키는 추세이다. 한편, 기존 약물의 구조나 제제, 용도 등을 일부 변형시켜 약물 전달속도, 약효, 안정성 등의 향상을 통해 얻어지는 약물을 통칭 개량신약이라고 하는데, drug repositioning은 새로운 적응증의 창출이라는 관점에서 개량신약과 구별되어 독립적인 신약개발 전략으로 간주되고 있다.

지금까지는 drug repositioning에 의한 신약개발은 의도된 신약개발 전략이라기보다는 우연한 발견(serendipity)에 의한 경우가 대부분이었다. 최근에는 대단히 계획적인 시스템의 활용으로, 임상의학 및 첨단 생물학적 정보에 기반한 새로운 개념의 drug repositioning 기술이 시도되고 있다. Celgene사는 1957년 임신부의 입덧 완화를 위해 출시되었다가 기형아 출산 등의 부작용으로 1961년에 시장에서 퇴출되었던 'thalidomide'를 이 약물의 작용기전을 기반으로 다발성 골수종 및 한센병 치료제로 1998년 FDA 허가를 받아 현재까지 사용하고 있다. 또한, Pfizer는 협심증과 고혈압치료제로 개발 중이던 'sildenafil'과 'minoxidil'을 각각 발기부전 치료제와 대머리 치료제로 적응증을 전환하여 개발함으로써 새로운 블루오션형 치료제 시장을 개척하였다.

표 2.11. drug repositioning 신약개발

drug	original indication	new indication
Amphotericin B	Fungal infections	Leishmaniasis
Aspirin	Inflammation, pain	Antiplatelet
Bromocriptine	Parkinson's disease	Diabetes mellitus
Finasteride	Prostate hyperplasia	Hair loss
Gemcitabine	Viral infections	Cancer
Methotrexate	Cancer	Psoriasis, rheumatoid arthritis
Minoxidil	Hypertension	Hair loss
Raloxifene	Cancer	Osteoporosis
Thalidomide	Morning sickness	Leprosy, multiple myeloma
Sildenafil	Angina	Erectile dysfunction, pulmonary hypertension

실전문제

- Drug repositioning에 의한 신약개발은 증가할까요?
- Drug repositioning으로 성공한 제품은?

3) 경쟁자 repositioning

강력한 경쟁 브랜드가 있는 경우, 경쟁 브랜드를 다른 위치로 옮기려는 시도를 할 수 있다. 대표적인 예로 '타이레놀'이 있다. 타이레놀은 '위장장애, 위궤양, 천식, 알러지, 철 결핍성 빈혈 등이 있다면 아스피린을 드시기 전에 의사와 상의하십시오.'라는 광고를 통해 아스피린을 부담 없이 복용할 수 있는 좋은 진통제의 위치에서 위궤양이나 천식 등이 있는 사람은 복용하기 곤란한 브랜드로 위치를 옮겨 놓았다. 그리고 그 자리에 '타이레놀'을 positioning했다. 그렇게 진통제 시장을 특정 경우에는 조심해야 할 아스피린과 어떤 경우에도 복용이 가능한 '타이레

놀'로 해열진통제 시장을 repositioning시켜 '타이레놀'은 환자들에게 보다 안전하게 복용할 수 있는 해열진통제로, 또한 다양한 제제의 개발로 남녀노소 많은 소비자에게 안전한 해열진통제로 인식시켰다.

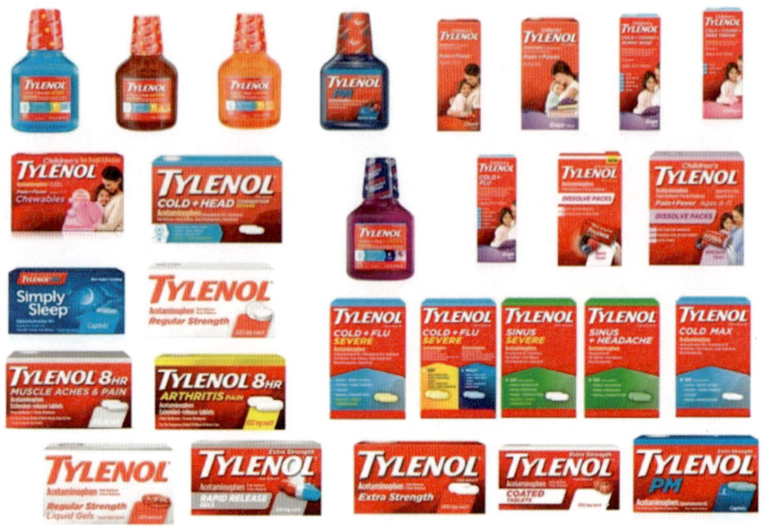

그림 2.16. 타이레놀의 다양한 제제

실전문제

- 해열진통제 vs 소염진통제 vs 마약성 진통제
- 한국얀센의 'ultracet'은 어떻게 STP했을까?

4) 시장세분화와 positioning

Positioning은 시장세분화와 밀접한 관계가 있다. positioning은 시장세분화를 소비자의 인식이라는 시장으로 끌어온 개념으로 보면 된다. 우리가 차지해야 할 시장이 외부에 별도로 존재하는 어떤 것이 아니라 소비자의 인식이라는 한정된

공간이고 그 안에서 다른 브랜드와 어떻게 경쟁할 것인가를 생각하는 것이 positioning이다. 시장세분화의 무게중심이 시장에 있다면 positioning은 소비자의 인식과 제품의 상대적 위치에 있다. 실제 사례를 ㈜한국 다케다제약의 골다공증치료제인 '에비스타'를 통하여 살펴보자. ㈜한국 다케다제약의 골다공증치료제인 '에비스타(selective estrogen receptor modulator, SERM)'는 산부인과를 주 타겟층으로 완경 후 여성 환자의 골다공증치료에 적합하고 더불어 유방암과 골절 위험을 줄인다는 활동으로 완경 후 여성 호르몬 'estrogen' 결핍 환자에게 적합한 약제라는 근거자료로 positioning을 하고 있다.

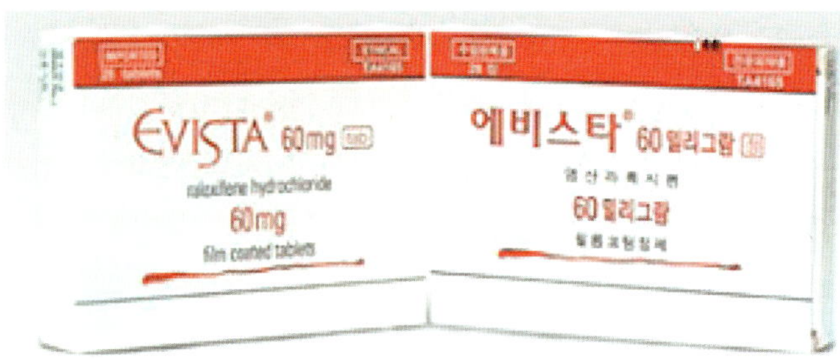

그림 2.17. 골다공증치료제 '에비스타'

실전문제

- 골다공증 치료제 '에비스타'는 어떻게 STP했나요?

5) First Mover & Fast follower

First mover는 새로운 제품이나 기술을 빠르게 따라가는 전략으로, fast follower와 다르게 산업의 변화를 주도하고 새로운 분야를 개척하는 창의적인 선도자를 말한다.

(1) First Mover 전략

❖ OTC → ETC

First mover는 새로운 분야를 개척하는 사람이나 기업을 뜻하는 말로서 먼저 주도적으로 움직여 시장을 개척하는 선구자, 개척자로 창의성과 기술력을 바탕으로 새로운 분야를 개척해 선점하는 전략이다.

손발톱 무좀치료제(onychomycosis) 중 동아ST '주블리아(성분명 에피나코나졸: efinaconazole)'는 항진균제로 손발톱무좀치료 전용으로 사용한다는 점에서 시장을 세분화(segmentation)하였고, 국내에서 바르는 제형으로는 유일하게 전문의약품으로 허가받았는데(targeting), 특히 기존의 바르는 약들이 모두 OTC 제품인 반면에 '주블리아'는 ETC로 의사의 처방이 필요한 약이다. 그동안은 환자들이 광고만 보고 약을 구입하여 사용하다가 효과가 없어 치료를 중단하는 경우가 많았지만, '주블리아'는 의사의 정확한 진단과 관리를 받을 수 있어 치료를 중단하는 비율이 낮다. 결국 치료하기 힘들었던 손발톱무좀이 이제는 치료할 수 있는 질환으로 인식이 바뀌고 있다(positioning).

'주블리아'는 경구제 수준의 높은 치료율을 보이기 때문에 기존 국소제에서는 경험하지 못한 우수한 치료 효과를 경험할 수 있다. 그 결과 진료를 하는 의사들도 인정할 수 있었고, 그동안 치료가 어려웠던 손발톱 무좀 치료제에 가장 기본이 되는 약물로 자리매김할 수 있었다.

First in class가 아닌 대부분 국산 신약들은 first in class 제품보다 시장에서 성공하려면 first mover 전략이 최적이다.

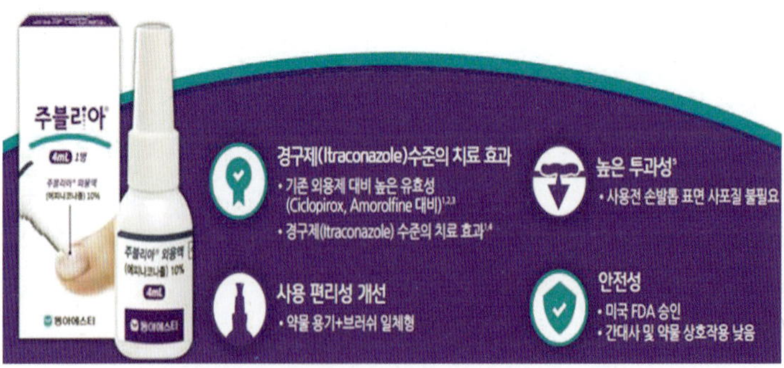

그림 2.18. 주블리아 First Mover 전략 사례

(2) Fast follower 전략

First in class 혹은 first mover가 개발한 제품이나 기술을 빠르게 따라가 가격, 품질에서 이를 개선 및 발전시켜 제품을 내놓는 전략을 me-too 전략 또는 벤치마킹(benchmarking) 전략이라고 한다. 우리나라 제약기업 대부분은 제네릭의약품 비중이 높아 최소 비용으로 최대 효과를 낼 수 있는 fast follower 전략을 사용하고 있다.

실전문제

- First Mover vs Fast follower
- Fast follower가 First in class, First Mover와 경쟁 시 마케팅 전략은?
- 동아ST의 손발톱 무좀치료제(onychomycosis) '주블리아'는 어떤 STP 전략으로 성공했는가?

6) 약물전달시스템(Drug Delivery System, DDS) 활용 STP 전략

약물전달시스템(Drug Delivery System, DDS)은 약물 방출 속도를 조절하거나 약물을 목표 부위에 효율적으로 전달하는 방법으로, 의약품의 부작용을 최소화하고 효능과 효과를 극대화하는 기술과 시스템을 활용하여 환자를 차별화하는 전략이다.

(1) 약품 제형에 따른 분류

의약품 제형은 약물이 생체에 투여되어 기대하는 효과를 얻으려면 목적에 적합한 형상과 성질을 구비한 것으로 가공된 것이거나, 의약품으로써 통용할 수 있는 형식을 갖춰야 한다. 원료의약품 그대로 환자에게 직접 투여하면 용량이나 의약품의 안전성과 유효성을 보장할 수 없다. 그래서 약물 그대로 체내에 투여되는 경우는 거의 없고, 여러 가지를 고려하여 정제, 주사제, 캡슐제, 산제, 패취제, 액제 등 다양한 형태의 제형으로 제조된 후 사용된다. 이렇게 약물을 포함한 제형으로 만드는 것을 제제화(pharmaceutical manufacturing)라고 하며, 이렇게 제조된 제제가 소비자에게 공급된다.

의약품은 형태에 따라 여러 가지 제형으로 분류되고 있으나 개개의 제형들은 반듯이 형태로써 결정되는 것이 아니고, 각 제제의 조제방법, 적용부위, 적용방법, 그리고 배합성분에 따라 분류된다.

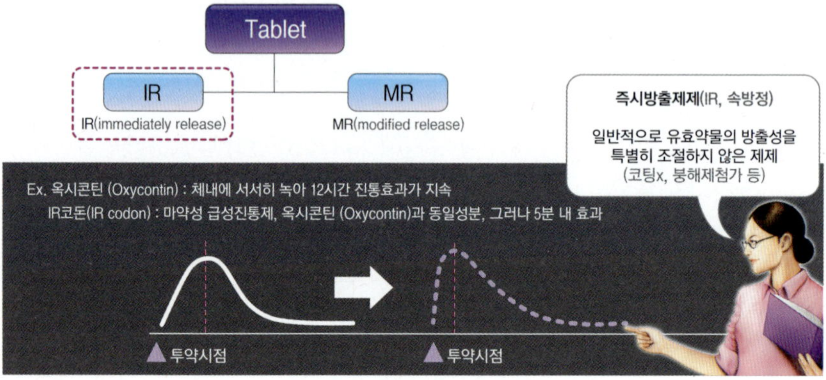

그림 2.19. 제형의 변경

실전문제

- 서방형 제제 vs 속방형 제제
- TID vs BID vs QD
- Daily 제제 vs Weekly 제제 vs Monthly 제제
- 단일제 vs 복합제

(2) 복약순응도를 높이기 위한 다양한 제형

'도네페질'은 알츠하이머형 치매에 효과를 나타내는 치매치료제이다. 뇌에서 기억, 인지기능에 중요한 역할을 하는 신경전달물질인 아세틸콜린이 정상적으로 유지되도록 하여 인지기능 개선에 도움을 준다. 치매의 진행을 막을 수는 없지만

진행을 늦출 수 있는 '도네페질'은 환자의 편의성을 향상시키기 위해 다양한 제형과 용량을 개발하고 있다.

'도네페질'은 기본용량은 5 mg, 10 mg, 최근에는 3 mg, 23 mg 용량을 개발했다.

제형은 대부분 정제, 캡슐제 이지만 최근에는 구강붕해정, 패치제, 액제, 산제로 다양한 제제로 출시되어 치료 선택권이 확대되고 있다.

특히 액상형과 산제의 장점은 기존 경구용 정제·필름제형 등과 달리 중증 연하곤란 또는 고령층 환자에 대한 복약 편의성이 높다.

액상형 알츠하이머 치료제에 관심을 갖고 라인업을 확장하고 있는 제약사로는 'JW중외제약'을 들 수 있다.

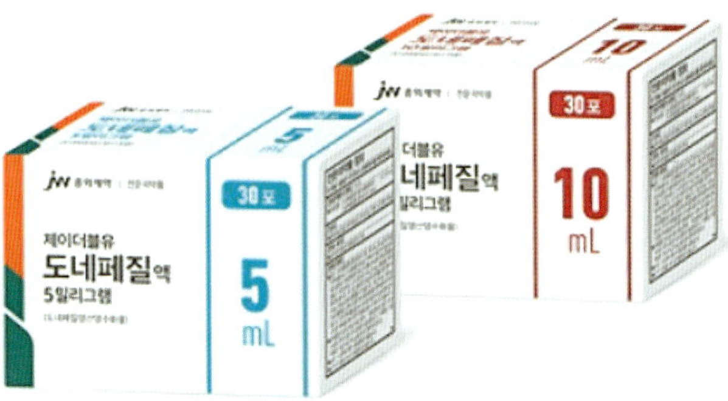

그림 2.20. 도네페질 액제
출처:JW중외제약

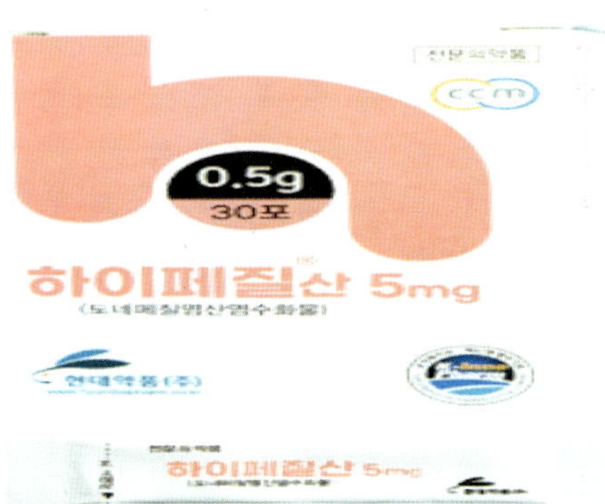

그림 2.21. 도네페질 산제
출처:현대약품

‘현대약품’은 지난해 2022년에 산제형 알츠하이머형 치매치료제 '하이페질산'을 출시했다. 도네페질 성분 치매치료제로는 국내 최초의 산제 제형이다.

‘하이페질산’은 지난해 식약처로부터 경증부터 중증까지 모든 단계의 치매 환자가 복용할 수 있는 치매 치료제로 품목 허가를 받은 제품으로 용량은 5 mg와 10 mg 2종으로 구성됐다.

파우더 형태로 개발된 이 제품은 물·주스 등에 녹여서 복용할 수 있어 약을 삼키기 어려워하거나 약물 복용을 꺼려하는 환자들에게 유용하다.

(3) 약물방출 속도에 따른 분류

서방형은 정제가 포함하고 있는 주약물을 천천히 방출해서 일정한 혈중농도를 유지할 수 있도록 설계된 제품이다. 당뇨약, 고혈압약, 이상지질혈증약과 같이 매일 약을 복용해야 하는 경우 하루에 세 번 복용하는 것은 환자의 입장에서 상당히 어렵고 불편한 일이다. 이러한 경우에 서방형 제제 기술을 도입하여 약물이 하루종일 일정한 속도로 방출되도록 조절하여 하루에 한 번만 복용해도 되는 약물이 개발되어 환자의 복약순응도를 높였다. 미래에는 제제 기술의 발달로 인하여 한 달에 한 번, 일 년에 한 번, 평생에 한두 번 복용할 수 있는 약이 개발될 것으로 기대된다. 서방형 제제는 다음과 같은 종류가 있다.

- **SR** [sustained (slow)-release preparation]: 일반적인 서방형 제제로, 치료 용량의 약물이 장시간 방출(딜라트렌, 디트로딘, 유로프리 등)
- **CR** (controled-release preparation): 방출제어형 제제로, 원하는 시간 동안 치료 혈중농도 유지(니페론, 테그레톨, 클란자, 에필렙톨, 에이자트 등) 가능
- **ER** [(XL, XR), extended- release prepration], PR (prolonged release), RA (repeat action): 반복형 방출 제제로, 일정 시간 간격(층별 용해 시간 차이 이용)으로 치료약물 농도 방출(타이레놀 ER, 클래리시드 ER, 다이아벡스 ER)
- **OR** (optimized-release prepration), OROS (osmotic release oral delivery system): 최적화 제제로, 삼투압에 의해 서서히 방출
- **GR** (gastric retention prepration): 위내 저류 제제
- **IR** (immediate release): 빠르게 방출되는 제형

- **HR** (hyper-release): 빠르게 방출되는 제형

❖ OD!FS® (Oral dissolving in a few seconds) **마이크로그래뉼 제형이란?**

입 안에 넣는 즉시 빠르게 용해되며 약물의 쓴맛을 차폐하여 편안하게 먹을 수 있는 OD!FS® 는 모든 연령층에 적합한 새로운 개념의 의약품 제형이다.

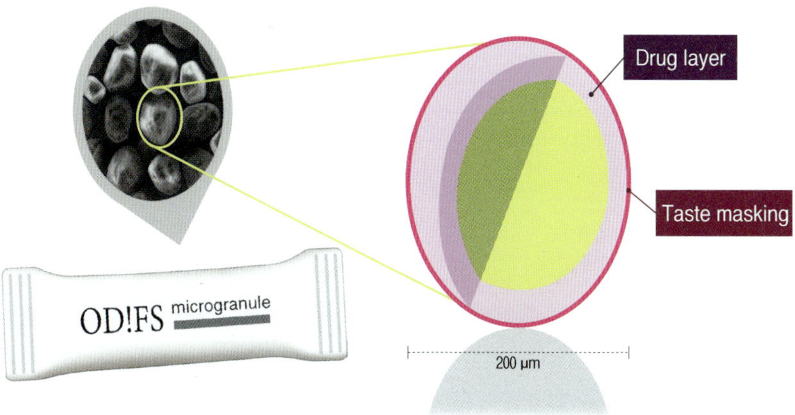

그림 2.22. OD!FS® (Oral Dissolving in a Few Seconds)
출처: Corepharm Bio

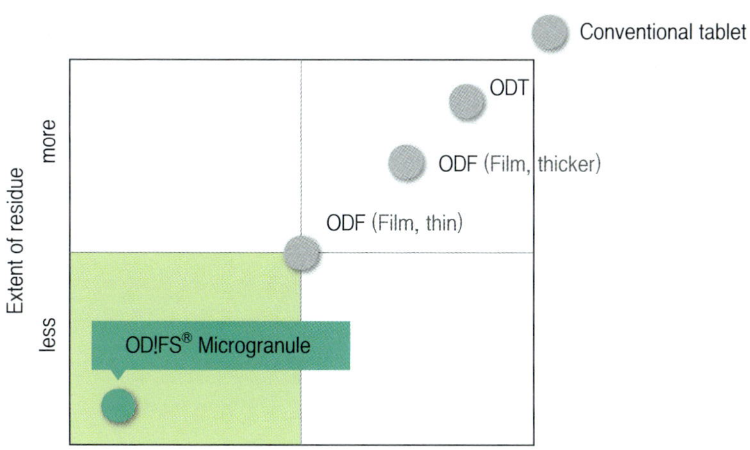

그림 2.23. OD!FS® (Oral Dissolving in a Few Seconds)

실전문제

- ODIFS® (Oral Dissolving in a Few Seconds) 마이크로그래뉼 제형의 장점은?
- 마이크로그래뉼 제형으로 차별화 할 수 있는 질환은?

(4) 투여경로에 따른 의약품의 분류

일반적으로 우리 몸에 투여된 약물은 여러 종류의 효소와 호르몬의 영향을 받고, 복잡한 생리학적 과정을 거쳐 혈류로 들어간다. 혈류를 통해 치료 부위에 도착하여 약효가 발휘되는 것이다. 그러므로 약물을 개발할 때 연령에 맞게 효과적으로 약효를 전달하고 약물의 부작용을 줄이며 약의 효능 및 효과를 극대화할 수 있도록 약물의 제형과 투여경로 등을 디자인한다. 임상시험을 할 때 효능, 효과, 부작용을 고려하여 해당 약물의 인체 내 전달 방법을 최적화한다. 약물의 안전성과 유효성을 적절히 전달하기 위한 다양한 제형 개발과 환자의 순응도(compliance rate)를 개선시킨 제제가 개발되었다. 약물전달시스템(drug delivery system, DDS)을 활용한 개량신약은 기존 약물을 기반으로 효율성을 향상시킨다는 점에서 신약 개발 못지않게 중요한 부분이다. 오리지날 신약의 가치를 뛰어넘는 개량신약의 탄생을 가져오기도 한다. 자가면역질환 치료제 '램시마IV'는 병원에 누워 2~4시간 투여하는 정맥주사 형태이다. 이를 간편하게 빨리 맞을 수 있도록 투약 편의성을 개선하여 피하주사(subcutaneous injection, SC) 형태로 개발한 제품이 셀트리온의 자가면역질환 치료제 '램시마SC'이다.

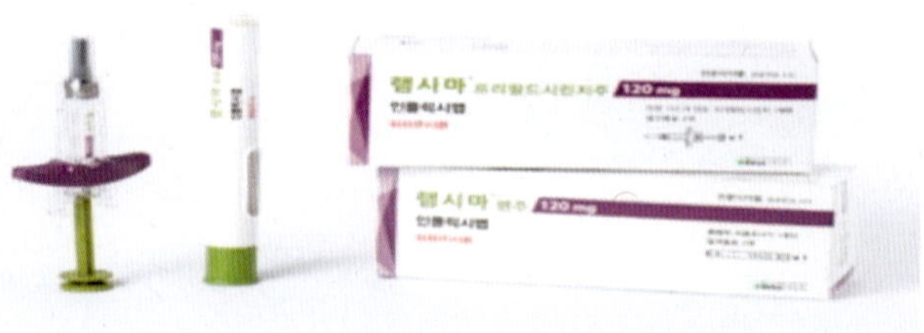

그림 2.24. 셀트리온 램시마 SC

실전문제

- 최근 자가면역질환 치료제 '램시마IV' 와 '휴미라IV'가 '램시마SC', '휴미라SC'로 개발에 성공했다. 환자에게 가장 큰 장점으로 작용하는 점은?

- 설하투여

설하투여는 혀 밑에 투여하는 방법이다. 급성 협심증 발작의 예방과 치료에 쓰이는 nitroglycerin 설하정은 혈관을 확장시켜 심장에 혈액과 산소의 공급을 증가시켜주어 협심증 발작(흉통)을 치료, 예방하는 역할을 한다. 대표적인 약을 'nitrobid', 'adalat'이 있다.

- 비강 분무용(nasal spray) 치료제

중증도 이상의 우울증 환자에게 '자살 사고'가 있다면, 자살을 방지하기 위해 반드시 그에 맞는 신속한 치료가 필요하다. 하지만 경구용 항우울제 등의 약물 치료는 최소 2~3주부터 효과가 나타나기 때문에, 자살 위험성(suicidality)이 높은 환자에게 신속한 대안이 되지 못했다. 그런데 '스프라바토'는 투약한 지 약 4시간 이후 치료 효과가 바로 나타났다. 또한 통계적으로 하루, 즉 약 24시간 만에 우울 증상과 자살 충동성이 유의미하게 감소하는 것으로 보고됐다. 이는 자살 관련 사고가 있는 환자에게 빠른 효과를 보이는 치료제로 환자의 우울증 증상이 자살로 연결되는 과정을 막을 수 있는 치료제가 실제 임상에서도 도입된 것이다.

중증 주요 우울장애 → 자살시도 증상: 복용 초기에 빠르게 증상 완화

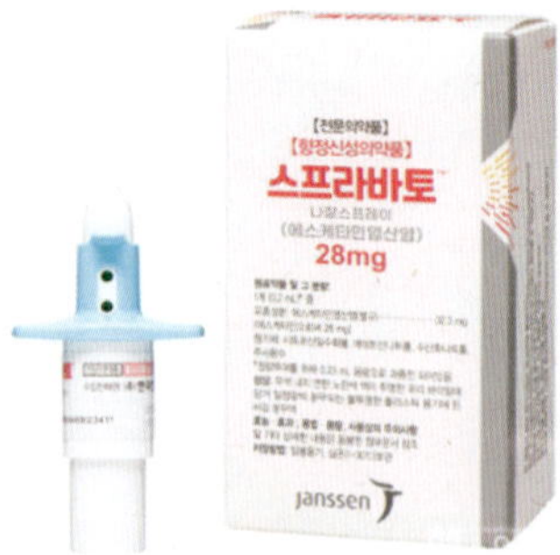

그림 2.25. 얀센 'spravato nasal spray' 에스케타민 염산염

실전문제

- 약물의 흡수가 빨라야 하는 질환은?
- 뇌종양, 치매 치료제는 BBB 투과율이 낮아 약물의 흡수율이 매우 낮다. 개선 방법은?

7) 용량변경 STP전략

(1) ETC → OTC

펙소페나딘 성분 제제에는 30 mg과 120 mg, 180 mg 세 가지 용량이 있다.

- 일반의약품인 120 mg의 경우 알레르기비염의 증상 완화에 허가
- 전문의약품인 180 mg은 알레르기 피부질환(만성 특발 두드러기)과 관련된 증상의 완화에 허가
- 30 mg은 6~11세의 소아를 위한 전문의약품으로 허가

이 같은 상황에 유유제약은 '펙소지엔' 60 mg 용량의 일반의약품을 허가 받은 것으로, 꽃가루 알레르기 또는 기타 상기도 알레르기로 인한 증상의 일시적 완화를 위해 사용하도록 허가했다(실질적으로는 신장애 환자의 용량조절에 활용할 수 있다). 기존 120 mg 또는 180 mg 제형의 경우 신부전 환자는 시작 용량으로 1

일 1회 60 mg을 투여하도록 하고 있는데, 이 경우 60 mg 제형이 없어 전문의약품인 30 mg 용량으로 처방을 받아야만 했다.

그림 2.26. 유유제약 펙소지엔

(2) 기존용량 → 저용량

이상지혈증치료제로 사용되는 로수바스타틴칼슘 성분은 5 mg, 10 mg, 20 mg 가 주로 사용된다. 주로 10 mg, 20 mg 가 사용되고 초기 사용 용량은 5 mg이다. 일본 후생성은 서구인에 비해 작은 체형을 가진 동양인에 로수바스타틴 2.5 mg 제품을 초기 용량으로 추천하고 있고 한국에서도 일본인과 체형이 비슷하다는 이유로 저용량이 요구되는 상황을 파악하여 로수바스타틴 2.5 mg 제품을 출시하였다.

- 한미 로수바스타틴의 2.5 mg(저용량): 국내 최초로 허가
- 로수바스타틴의 2.5 mg(기존 용량): 5 mg, 10 mg, 20 mg
- 에제티미브 복합제: '로수젯정 10/2.5 mg'의 시판 승인

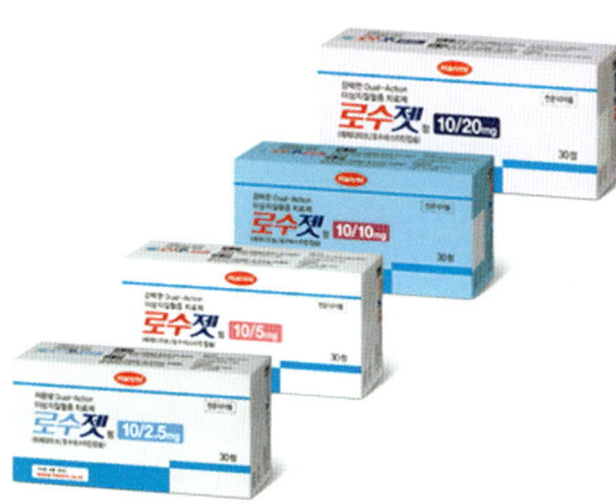

그림 2.27. 로수젯의 다양한 용량

(3) 기존용량 → 고용량

사노피의 '플라빅스정' 75 mg (clopidogrel bisulfate)은 심장마비나 수술 이후에 혈전이 생성되는 것을 억제해주는 항혈소판제(antiplatelet drug)이다. '플라빅스정'의 특허만료로 국내 회사에서 각각 다른 수십 개의 상품명으로 발매되고 있다. 그중 삼진제약은 기존의 clopidogrel 75 mg의 경우 급성 관상동맥 증후군 환자의 스텐트 시술 전 초기 부하용량으로 4정을 복용하는 불편함을 해소하기 위해 clopidogrel 300 mg을 출시하여 시장 차별화를 시도했다.

- 삼진제약, 항혈소판제 clopidogrel 300 mg(고용량)
- 삼진제약, 항혈소판제 clopidogrel 75 mg(기존 용량)

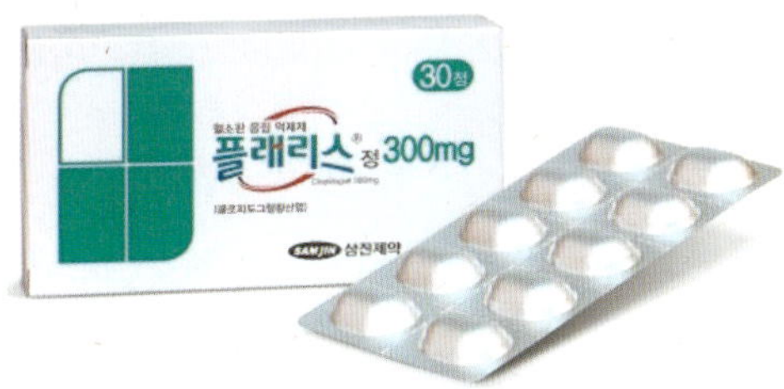

그림 2.28. 플래리스의 고용량 300mg

(4) 제형의 크기 줄이기

제형의 크기를 줄여 복용 편의성을 향상시키고, 이를 통해 순응도를 높여 제품의 차별화를 하는 방법도 있다. 복약순응도는 약제 개수, 정제 형태, 복약 횟수 등에 따라 크게 달라지며 이 중 약제 크기는 목의 통증, 불쾌감 야기 등 순응도를 저하시키는 큰 요인이다.

복약순응도는 복약 횟수와 복용 약제의 개수가 많은 만성질환 환자들의 삶의 질과 직결되는 문제이다. 안전성과 복약편의성을 모두 갖춘 제품들은 환자들 약제 선택 폭을 넓히고 삶의 질을 개선하고 있다.

- **동아ST가 자체 개발한 DPP-4 저해제 계열의 당뇨병 치료제 '슈가메트 서방정(5/1000 mg)'**

이는 슈가논(성분명: evogliptin)과 메트포르민의 복합제다. 동아ST는 2017년에 환자들의 편의성을 높이기 위해 슈가메트 서방정 5/1000 mg의 길이를 12%, 부피를 15% 가량 축소했고, 2023년에 기존 대비 정제의 길이를 DPP-4 저해제와 메트포르민 복합제 중 가장 짧은 19.4 mm로 축소했으며, 두께를 17% 가량 줄였다. 또한 유선형 모양으로 변경하여 환자들의 복약순응도를 높이고 있다.

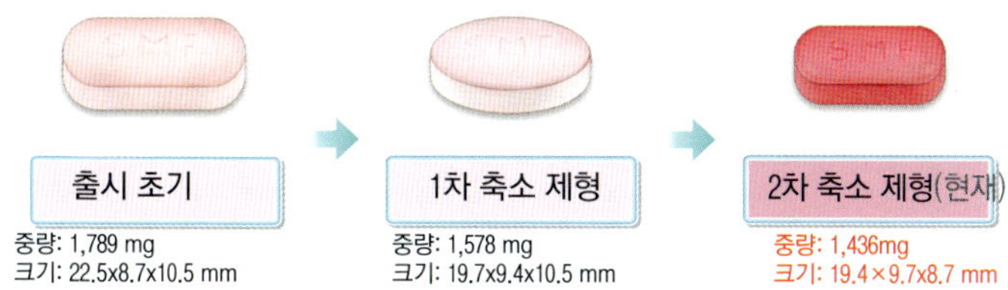

그림 2.29. 동아ST 슈가메트 1차, 2차 제형 축소
출처:동아ST

- **종근당의 '텔미트렌'**

이는 정제 사이즈를 축소한 텔미트렌 40 mg, 80 mg 제품이 복용 약물이 많은 고혈압 환자들의 복용 편의성을 높여 타 경쟁제품과 차별화하고 있다. 또한 이상지질혈증 치료제 '리피로우 20 mg, 40mg, 80mg' 제형을 축소해 리뉴얼 출시했다. 리뉴얼 출시된 제품은 기존 제형 대비 20 mg과 80 mg은 28%, 40 mg은 49%까지 사이즈가 축소되어 우수한 효과와 더불어 환자의 복약순응도를 개선한 약물이다. 모든 용량 성상을 타원형으로 일원화하고 분할선을 추가하여 환자 복약 편의성을 증대하고 있다.

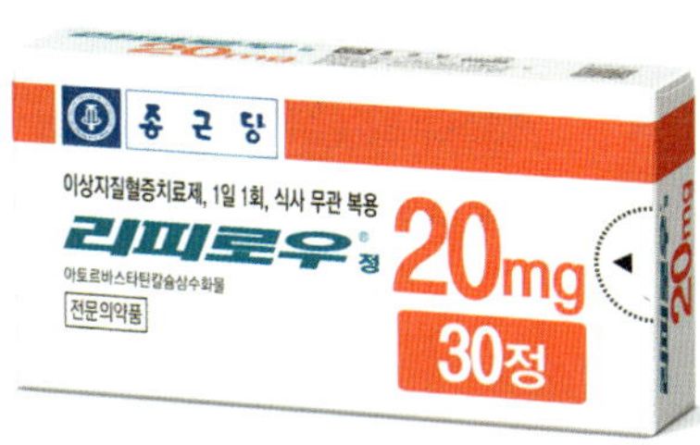

그림 2.30. 종근당 텔미트렌 정제사이즈 축소

실전문제

- 저용량 도네페질 3 mg 허가 시 임상시험 기준은?
- 저용량 로수바스타틴 2.5 mg 허가 시 임상시험 기준은?
- 고용량 클로피도그렐 300 mg 허가 시 임상시험 기준은?

8) 복합제 개발 전략

(1) 고혈압치료제

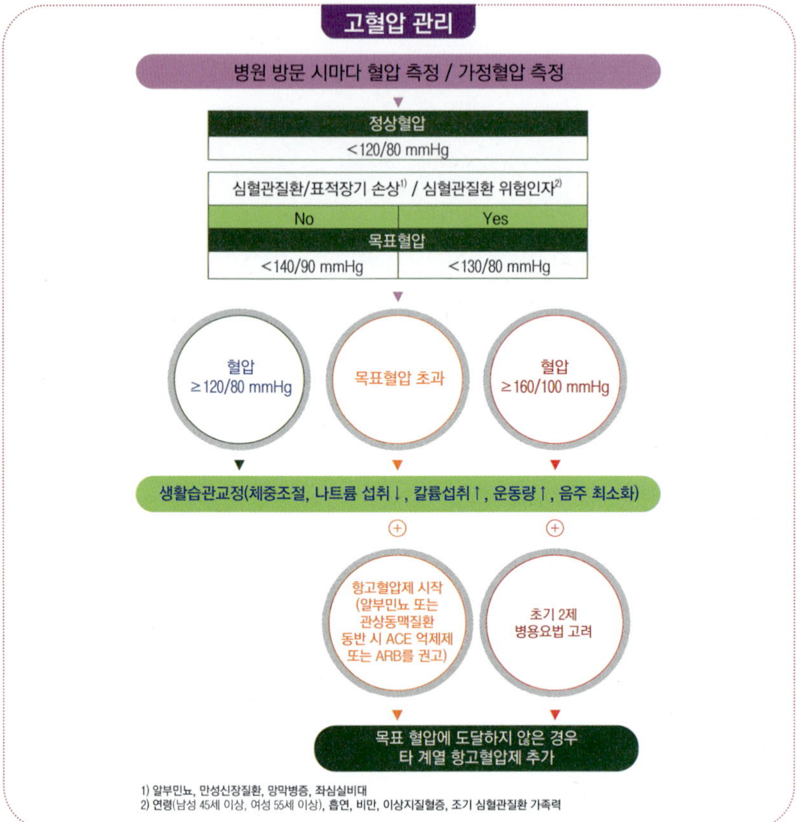

그림 2.31. 고혈압 관리
출처:대한당뇨병학회, 당뇨병진료지침, 2023

대부분의 고혈압 환자는 혈압 조절을 위해 한 가지 이상의 고혈압 약을 처방받는데, 고혈압 전체 치료환자의 60%가 두 종류 이상의 고혈압 약을 복용하고 있는 것으로 나타났다. 또 세 종류 이상의 고혈압 약을 복용하는 환자도 16.3%에 달한다. 연구 결과에 따르면, 고혈압약제의 경우 여러 개별약제를 병용하는 것보다 복합제 복용 시 환자의 복약순응도가 36%나 개선됐다. 복약순응도 개선 때는 고혈압환자의 사망 위험도 29% 감소했다. 이 같은 상황을 감안해 의료진도 단일제제 각각을 처방하기보다 두 종류 이상의 성분을 한 제제에 담은 복합제 처방을 확대하고 있다. 고혈압 치료에 있어서 복합제의 장점은 높은 복약 순응도(compliance rate)에 있다. 복합제는 여러 성분을 하나의 제형에 담고 있기 때문에 약물 개수를 줄여 환자 만족도가 높고, 가격 면에서도 단일제 여러 개를 복용하는 것보다 저렴하다. 복합제를 복용하는 것은 단일제를 여러 개 복용하는 것보다 순응도와 비용효과 측면 모두에서 환자 만족도가 높기 때문에 혈압 조절률도 높아진다. 이런 이유로 고혈압 복합제 개발이 활발히 이뤄지고 있다. 고혈압 치료제 시장 내 복합제의 점유율도 50%를 넘어섰다. 특히, 고혈압과 이상지질혈증을 동반한 고혈압 환자 수도 증가하면서 안지오텐신Ⅱ 수용체 차단제(ARB) + 칼슘채널차단제(CCB) + 스타틴(statin) 조합의 약물 시장 규모가 성장하고 있다.

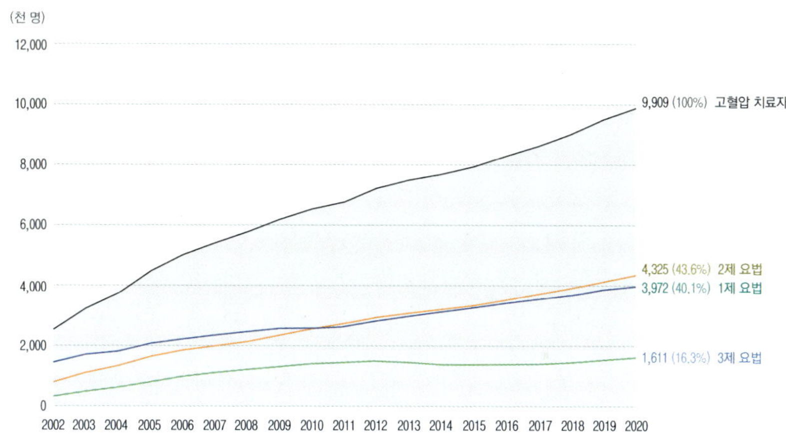

그림 2.32. 고혈압 약제 처방 변화(20세 이상)

출처: 국민건강보험 빅데이터 2002-2020

Korea Hypertension Fact Sheet 2022, 자료에 의하면, 고혈압환자의 35.6%만 단독 치료하고, 그외에는 고혈압치료제와 이상지질혈증치료제를 병용투여받거나, 혹은 고혈압치료제 + 이상지질혈증치료제 + 당뇨병치료제를 처방받는 것으로 조사됐다. 즉, 고혈압환자의 약 60%는 2제, 3제 요법으로 치료받고 있다.

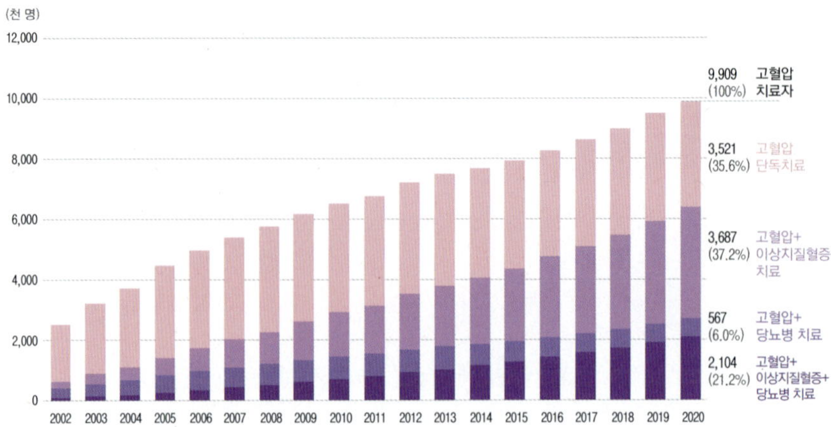

그림 2.33. 고혈압과 이상지질혈증 및 당뇨병 동반 치료 변화
출처: 국민건강보험 빅데이터 2002-2020

실전문제

- 고혈압 치료제 중 ARB 시장이 늘어나는 이유는?
- 복합제 처방이 늘어나는 이유는?
- 고혈압 치료제 중 복합제 처방이 가능한 조합은?
- 당뇨병 치료제 중 복합제 처방이 불가능한 조합은? 이유는?

(2) 이상지질혈증(dyslipidemia) 치료제

이상지질혈증(dyslipidemia)을 고LDL 콜레스테롤혈증(≥ 160 mg/dL이거나 지질강하제를 복용 중), 고중성지방혈증(≥ 200 mg/dL), 저HDL 콜레스테롤혈증(< 40 mg/dL) 중 하나 이상에 해당하는 경우로 정의하면 이상지질혈증의 유병률은 38.4%로 고콜레스테롤혈증의 유병률보다 약 2배 높다. 남자의 이상지질혈증 유병률은 20대에는 26.6%로 시작하여, 30대에는 40.8%, 40대부터 60대까지는 50% 이상으로 높게 유지되다가 70대 이후에는 다시 감소한다. 반면 여자의 이상지질혈증 유병률은 20대부터 40대까지는 남자에 비하여 매우 낮게 유지되다가 50대에 41.1%로 급격하게 증가하고, 60대에는 55.4%, 70대에는 52.5%로 남자보다도 높은 유병률을 보인다(그림 2.33).

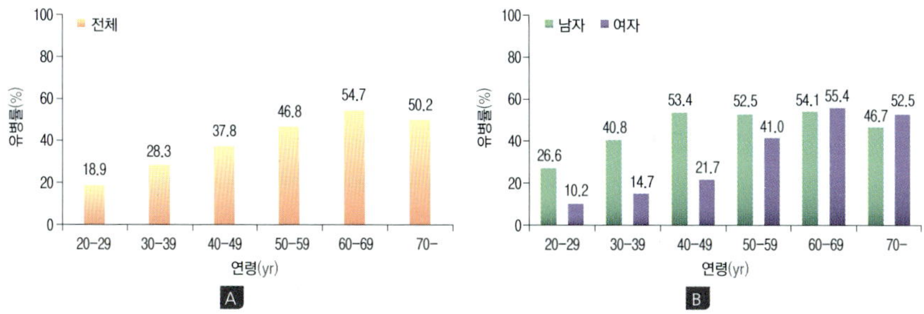

그림 2.34. 성,연령에 따른 이상지질혈증 유병률
출처: 국민건강영양조사 2016-2018

비만이나 당뇨병, 고혈압과 같은 동반질환 유무에 따라서도 이상지질혈증의 유병률에는 큰 차이가 있다. 한국지질동맥경화학회에서 발간한 <Dyslipidemia Fact Sheet in Korea 2020>에 따르면 20세 이상 성인에서 체질량지수(body mass index, BMI)가 증가할수록 이상지질혈증 유병률이 선형적으로 증가하여 BMI 25 kg/m2 이상인 사람의 53.7%가 이상지질혈증을 가지고 있다. 당뇨병도 이상지질혈증 유병률과 관련성이 높다. 당뇨병이 없는 사람에서 이상지질혈증의 유병률은 36.8%인 반면, 당뇨병이 있는 사람에서는 이상지질혈증의 유병률이 69.2%에 달한다. 당뇨병 환자의 LDL 콜레스테롤 치료 목표수치인 LDL 콜레스테롤 100 mg/dL를 넘는 경우를 이상지질혈증에 포함하면, 당뇨병 유병자의 86.4%가 이상지질혈증을 가지고 있다.

고혈압 환자의 이상지질혈증 유병률도 56.6%로 고혈압이 없는 사람의 31.3%에 비하여 크게 높았으며, 고혈압 환자의 LDL콜레스테롤 치료 목표인 LDL 콜레스테롤 130 mg/dL 이상인 경우를 이상지질혈증에 포함하면 이상지질혈증 유병률이 68.3%로 조사됐다(그림 2.34).

그림 2.35. 비만, 당뇨병, 고혈압 여부에 따른 이상지질혈증 유병률

실전문제

- LDL콜레스테롤을 낮추면 낮출수록 유익한가?
- 여성에서는 왜 완경 후 LDL콜레스테롤 수치가 높은가?
- statins을 복용하면 당뇨병 유병률이 증가하는가?
- 시판 중인 statins 중에서 당뇨병 유병률이 가장 낮은 statins은?

(3) 당뇨병치료제

당뇨병 치료는 한 가지 계열의 약보다는 서로 다른 계열의 약으로 치료하는 것이 목표 혈당에 도달할 확률이 높아 한 가지 약물의 용량을 늘리는 것보다 다른 약제를 병용으로 치료하고 있다. 결국 많은 수의 약을 복용하게 되어 환자의 복약 편리성을 높이는 복합제 처방의 비중이 높아지고 있다.

'메트포르민' 단독요법으로 제2형 당뇨병 관리가 되지 않는 환자들이 늘면서, 2개, 3개 이상의 성분을 복합한 복합제 시장이 급격하게 늘어나고 있다. 당뇨병 치료제는 체내 포도당 흡수를 억제하거나, 인슐린 분비를 촉진하는 방식으로 혈당을 낮추는 역할을 한다. 하지만 당뇨병 환자들은 오랜 기간 섭취해온 약을 비롯해 고혈압, 고지혈증 등의 동반질환을 앓게 돼 의약품 복용량이 늘어날 수밖에 없다. 당뇨병은 탄수화물 대사를 조절하는 인슐린 분비가 부족해 생기는 대사 질환이다. 당뇨병을 환자는 혈중 포도당 농도가 높아져 발생하는 다양한 합병증 등으로 고통 받는다. 합병증이 있는 당뇨 환자를 위해 한 알에 다양한 성분을 담은 복합제가 대거 등장하고 있다.

2023년 4월부터 당뇨병 치료제의 병용 투여에 대한 급여조건이 확대되면서 아래와 같은 조합의 3제 복합제가 새롭게 탄생될 것으로 예상된다.

- 메트포르민 + DPP-4 억제제 + SGLT-2 억제제
- 메트포르민 + TZD(치아졸리딘디온) + DPP-4 억제제

표 2.12. 심혈관 위험도에 따른 LDL 콜레스테롤 및 non-HDL 콜레스테롤의 목표치

위험도	LDL 콜레스테롤 (mg/dL)	non-HDL 콜레스테롤 (mg/dL)
관상동맥질환[1]*	< 55	< 85
죽상경화성 허혈뇌졸중 및 일과성 뇌허혈발작* 경동맥질환* 말초동맥질환* 복부대동맥류* 당뇨병(유병기간 10년 이상 또는 주요 심혈관질환 위험인자 또는 표적장기손상을 동반한 경우)[2]	< 70	< 100
당뇨병(유병기간 10년 미만, 주요 심혈관질환 위험인자가 없는 경우)	< 100	< 130
중등도 위험군(주요 심혈관질환 위험인자† 2개 이상)	< 130	< 160
저위험군(주요 심혈관질환 위험인자† 1개 이하)	< 160	< 190

*LDL 콜레스테롤 기저치 대비 50% 이상 감소시키는 것을 동시에 권고
†연령(남자 245세, 여자 >55세), 조기 심혈관질환 발생 가족력, 고혈압, 흡연, 낮은 HDL 콜레스테롤 수치 (<40mg/dL)
1) 급성심근경색증은 기저치 LDL 콜레스테롤 농도와 상관없이 스타틴을 투약
2) 표적장기손상(알부민뇨, 만성콩팥병[추정사구체여과율 60 mL/min/1.73m2 미만], 망막병증, 신경병증, 좌심실비대) 또는 3개 이상의 주요 심혈관질환
위험인자를 동반한 당뇨병의 경우: LDL 콜레스테롤 목표치 <55 mg/dL 선택적 고려 가능
출처:한국지질동맥경화학회, 이상지질혈증 진료지침, 2022

표 2.13. Lipid-lowering efficacy and pharmacologic characteristics of statins

		Lovastatin	Pravastatin	Simvastatin	Atorvastatin	Fluvastatin	Rosuvastatin	Pitavastatin
Daily dose (mg)		20-40	10-40[1]	20-40	10-80	20-80	5-20[2]	1-4
LDL-C reduction (%)	24-28	20	20			40		1
	30-36	40	40	20	10	80		2
	39-45	80		40	20		5-10	4
	46-52				40-80		20	
Metabolism		CYP3A4	Sulfonation	CYP3A4	CYP3A4	CYP2C9	CYP2C9	Glucuronidation (Partial CYP2C9)
Protein binding (%)		>95	43-67	95-98	98	98	88	>99
Half-life (h)		2-4	2-3	1-3	13-30	0.5-3	19	12
Hydrophilicity		-	+	-	-	-	+	-
Elimination		Hepatobiliary	Hepatobiliary	Hepatobiliary	Hepatobiliary	Hepatobiliary	Hepatobiliary	Hepatobiliary
Renal elimination fraction (%)		10	20	13	<2	<6	28	15

1) 40-80 mg in Caucasian countries
2) 5-40 mg in Caucasian countries
출처: 한국지질동맥경화학회, 이상지질혈증 진료지침 5판, 2022

9) Big data 활용 STP 전략

베노플러스겔은 진통·소염 정맥류상 부종(부기), 표재성(표면에 있는) 정맥염, 사고 시 외상(상처), 운동 시 부상(타박상), 건초염(힘줄윤활막염)에 효능과 효과가 있으며 상처나 감염된 부위에 1일 수회 엷게 바른 후 피부를 가볍게 문질러 주어 통증을 경감해주는 약이다. 제약업계 처음으로 big data를 영업에 활용해 조사해보니 의외로 멍이 들 때 마땅한 치료제가 없어 계란마사지나 냉·온찜질하는 것으로 조사되어 '베노플러스겔'을 '멍 치료제'로 positioning하여 2012년 어린이 상처치료제 '베노플러스겔'의 매출을 전년 대비 50% 가까이 끌어올렸다.

그림 2.36. 베노플러스겔 Big data활용 Positioning전략

10) 신환 창출하는 방법

새로운 질환으로 내원하는 환자를 신환이라 하는데, 이런 경우 의사에 따라서는 신환이 한 달에 한 명도 없는 경우도 적지 않다. 그러면 어떻게 하면 신환을 창출할까? 필자가 생각하기에는 항상성(homeostasis) 유지에 변화가 있으면 질병이 생길 가능성이 있다고 생각한다. 이런 이유로 충분한 문진 시간을 통해 환자의 최근 변화를 파악하는 것이 중요하다. 즉, 체온의 변화, 체중의 변화, 혈압의 변화, 수면 시간의 변화 등은 혈액검사 없이도 문진을 통해서 바로 알 수 있다. 이를 통해 변화의 요인을 파악하면 혈액검사 등 추가적으로 필요한 검사를 통해 새로운

환자를 창출할 수 있게 된다.

예를 들어 급격한 혈압 변동성(BP variability), 혈당 변동성(Glucose variability), 지방질 변동성(Lipid variability), 체질량지수 변동성(BMI variability) 등을 상담과 검사를 통해 파악하여 변화가 있으면 약을 변경하거나 추가해야 하는 상황이 발생한다. 이런 상황을 환자에게 인지시키는 방법이 신환을 창출하는 방법 중 하나이다. Selling model part의 SPIN Q을 통하여 신환을 창출하는 방법도 하나의 대안이 될 수 있을 것이다.

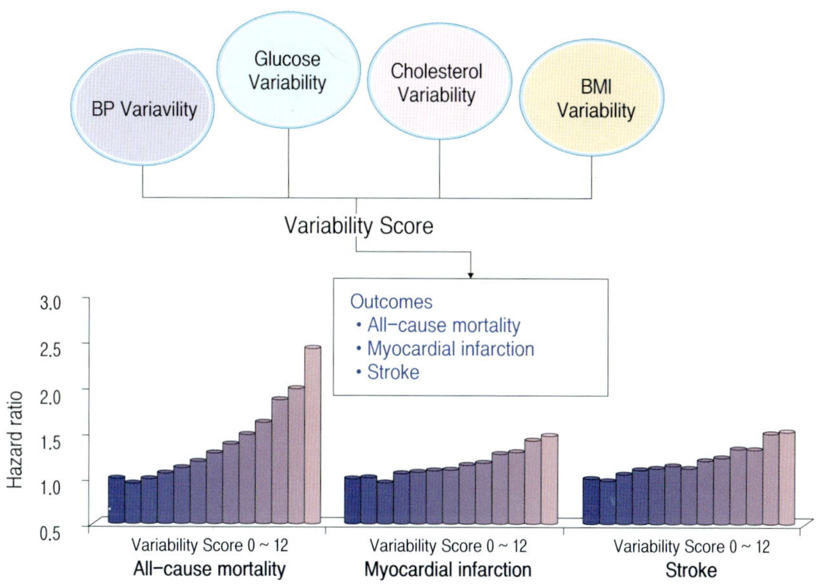

그림 2.37. 다양한 Variability의 위험성
출처: Alzheimers Res Ther. 2018; 10: 110.

CHAPTER 04

실무 적용하기: 당뇨병 치료제

1) 당뇨병

(1) 당뇨병 치료제 선택 기준

당뇨병을 치료하기 위해서는 가족력, 개인의 나이, 성별, eGFR, LFT 결과, 동반질환 유무, 당뇨병 유병기간, BMI, 흡연, 생활습관 등 다양한 요인을 고려하여 인슐린을 포함하여 다양한 약제가 필요하다. 당뇨병을 치료하는 의사들은 본인 환자의 적절한 치료를 위하여 항상 고민한다. 의사들이 생각하는 당뇨병의 치료 목표(aims of treatment of diabetes)는 무엇일까?

당뇨병 치료의 목표는 첫째, 만성질병(chronic disease)으로 합병증을 막고, 둘째, 현재 진행되는 질병(progressive disease)의 확산을 막는 것이다. 결국은 목표 혈당에 얼마나 도달하느냐가 매우 중요하다. 이를 위해 인슐린을 포함한 다양한 class와 class 간 많은 종류의 신약이 개발되고 있다.

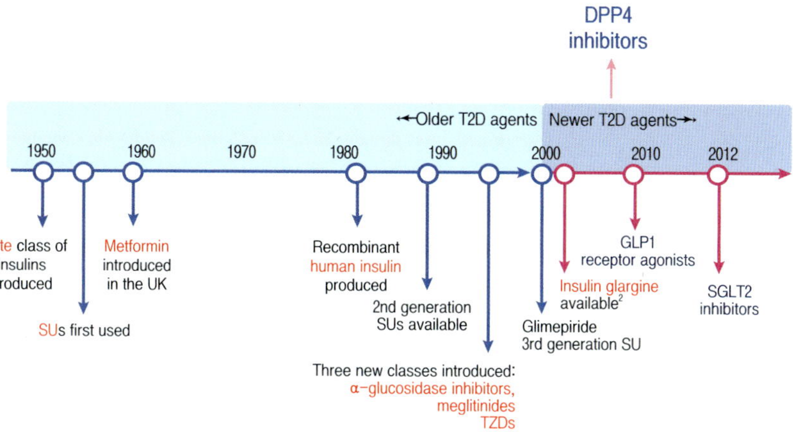

그림 2.38. Evolution of T2D agent

출처: Kirby. Br J Diabetes Vasc Dis 2012;12:315-20

(2) 당뇨병치료제

① 당뇨병

포도당(glucose)은 우리 몸이 사용하는 가장 기본적인 에너지원으로 혈액 속에 존재하는 포도당을 혈당이라고 한다. 혈당은 인슐린(insulin)과 글루카곤(glucagon)이라는 두 가지 호르몬에 의해 일정한 수준으로 유지된다. 인슐린은 췌장(이자)의 베타세포에서 만들어지는 호르몬으로, 혈액 내의 포도당이 필요한 세포에서 사용될 수 있게 세포 안으로 전달하여 혈당을 감소시키는 역할을 한다. 글루카곤은 췌장의 알파세포에서 생산되는 호르몬으로, 혈당이 기준치 이하로 내려갈 경우 간에서 글리코겐(glycogen)을 포도당으로 분해하거나 탄수화물이 아닌 물질에서 포도당을 합성하여(포도당 신합성, gluconeogenesis) 혈당을 증가시키는 역할을 한다.

혈당이 정상적으로 조절되지 못하여 기준치 이상의 높은 농도로 존재할 때 당뇨병으로 진단 받는다. 정상 혈당일 때는 소변으로 포도당이 배출되지 않지만 고혈당일 때는 소변으로 배출되기 때문에 소변 중에 당이 있는 질환이라는 의미인 당뇨병이라는 이름이 붙여졌다. 지속적인 고혈당은 시력 이상, 신장 기능 이상, 말초신경병증과 같은 미세혈관 합병증과 심혈관, 뇌혈관, 말초혈관 질환과 같은 대혈관 합병증을 유발한다.

당뇨병은 크게 제1형(인슐린 의존성) 당뇨병과 제2형(인슐린 비의존성) 당뇨병이 있으며 그 외에 임신성 당뇨병 등이 있다. 제1형 당뇨병은 인슐린을 분비하는 췌장의 베타세포가 파괴되어 발생하며 소아 당뇨병 혹은 인슐린 의존성 당뇨병이라고 말한다. 인슐린을 분비하지 못하기 때문에 인슐린 주사에 의해서만 혈당조절이 가능하며, 주로 소아나 청소년기에 발병하지만 모든 연령층에서 발병이 가능하다. 이는 전체 당뇨병의 약 5%를 차지하고 있다. 제2형 당뇨병은 인슐린이 분비되기는 하지만 그 양이 충분하지 않거나, 분비되는 인슐린이 정상적으로 사용되지 못해서 생기는 경우로 인슐린 비의존성 당뇨병이라고도 한다. 이는 전체 당뇨병의 약 95%를 차지하고 있으며 치료 방법으로 경구용 혈당강하제와 인슐린 주사가 사용된다.

- **당뇨병 기준**
  - 당화혈색소 6.5% 이상
  - 8시간 이상 금식 후 혈장포도당 126 mg/dL 이상
  - 75 g 경구포도당부하 2시간 후 혈장포도당 200 mg/dL 이상
  - 당뇨병의 전형적인 증상(다뇨, 다음, 설명되지 않는 체중감소)이 있으면서 무작위 혈장포도당 200 mg/dL 이상

- **당뇨병전단계 진단기준**
  - 공복혈당장애: 공복혈장포도당 100-125 mg/dL
  - 내당능장애: 75 g 경구포도당부하 2시간 후 혈장포도당 140-199 mg/dL
  - 당화혈색소: 5.7 - 6.4%

② 당화혈색소(HbA1c)

팔의 정맥에서 혈액을 채취하여 검사를 시행하며 공복 여부와 상관없이 검사가 가능하고, 혈당 상태를 판단하는데 편리하여 널리 사용되고 있다. 이는 지난 2~3개월 동안의 혈당의 평균치를 평가하는 것으로 당화된 A1c형 혈색소의 농도를 측정하여 시행하는 검사이다. 혈중 포도당 수치가 높을수록 당화혈색소는 높

아진다. 이 검사는 당뇨를 진단받은 사람에게 일정 시간 동안 혈당이 얼마나 잘 조절되고 있는지를 평가하는데 도움을 준다.

다른 혈당 검사는 식이, 흡연, 커피, 운동 등 음식이나 환경으로 인해 혈당이 변하여 검사결과가 부정확할 수 있는데 비해 당화혈색소 검사는 최근의 운동이나 음식 섭취에 영향을 받지 않기 때문에 혈당 조절을 평가하는 유용한 기준으로 사용되고 있다. 검사 시기는 최초로 당뇨를 진단받았을 때, 그리고 치료 중에는 1년에 2~4회 이상 검사하게 되며, 당뇨로 의심할 수 있는 증상이 있을 경우에도 검사한다.

③ 당화알부민(glycated albumin, GA) 검사

혈액 속 알부민이라는 단백질이 얼마나 당화됐는지 확인하는 검사이다. 알부민은 혈액 속에 있으면서 여러 영양 성분을 온몸으로 운반한다. 당화된 알부민이 많을수록 혈당 조절이 잘 안된다고 볼 수 있다. 당화혈색소 검사와 비슷한 원리이다. 알부민의 수명은 약 2주로, 혈색소(1~2개월)보다 짧다. 그래서 당화알부민 수치로는 최근 2주간의 혈당을 평가할 수 있다. 장기간이 아닌 비교적 단기간의 혈당 상태를 파악해야 하는 환자나, 만성신부전이나 빈혈이 있어서 혈소판 수명이 짧은 환자에겐 당화혈색소 검사가 부정확할 경우 이런 당뇨 환자에게는 당화알부민 수치 검사를 권고할 수 있다.

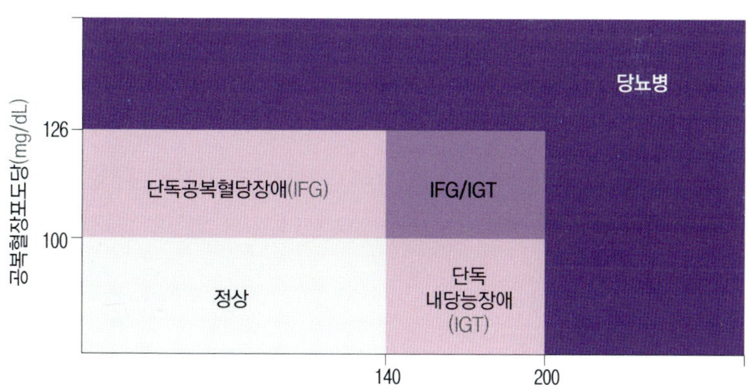

그림 2.39. 공복혈장포도당과 경구포도당부하 후 2시간 혈당을 기준으로 한 당대사 이상의 분류(IFG, impaired fasting glucose; IGT, impaired glucose tolerance)
출처:대한당뇨병학회, 당뇨병진료지침, 2023

실전문제

- 당뇨병 진단기준은?
- 제1형 당뇨병 vs 제2형 당뇨병?
- 당뇨병치료제 진료지침

2023년 당뇨병 진료지침은 2형 당뇨병의 약물치료를 혈당 조절을 중심으로 선택하는 경우와 동반 질환을 고려하여 약물을 선택하는 2가지 경우로 나누어서 접근한다. 당뇨병은 미세혈관 및 대혈관 합병증을 예방하기 위해 혈당을 적극적으로 조절하는 것이 중요한데, 강력한 혈당강하 효과가 필요한 경우 주사제를 포함한 치료를 우선하도록 강조하고 있다. 이와 관련하여 최신 진료지침에서는 GLP-1 수용체 작용제(glucagon like peptide-1 receptor agonist, GLP1 RA)에 대한 권고 정도가 높아지고 있어서 기저인슐린 치료가 우선이 아닌 GLP-1 수용체 작용제 치료를 같이 고려하고, 혈당조절 강화를 위해 GLP-1 수용체 작용제와 기저인슐린을 병용할 수 있다고 강조한다. 혈당조절이 잘 안 되는 경우 GLP-1 수용체 작용제나 인슐린 치료를 미루지 말고 적극적으로 고려하도록 한 것이다. 동반 질환을 고려하여 약물을 선택하는 경우, 예를 들어 심부전을 동반했을 때에는 심혈관 이익이 입증된 SGLT2 억제제(sodium-glucose co-transporter 2 inhibitors, SGLT2 inhibitors)를 포함한 치료를 우선으로 고려하며 ASCVD (atherosclerotic cardiovascular disease)를 동반했을 시에는 심혈관질환에 이익이 입증된 SGLT2 억제제나 GLP1 수용체 작용제를 포함한 치료를 우선으로 고려한다. 또한 알부민뇨가 있거나 GFR이 감소한 경우 SGLT2 억제제를 포함한 치료를 우선으로 고려한다.

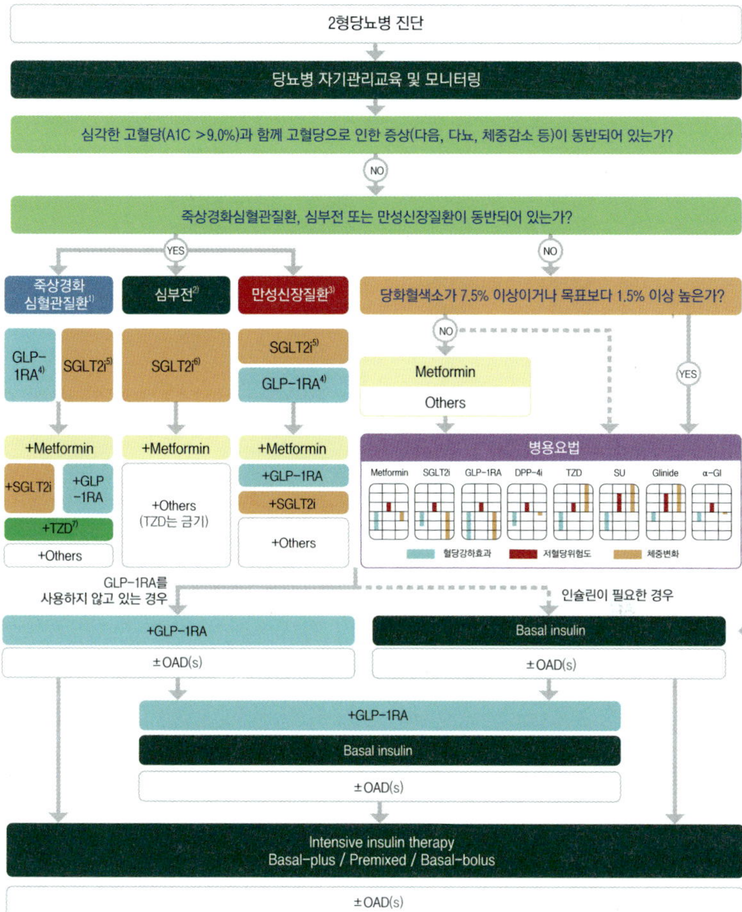

1) A history of an acute coronary syndrome or myocardial infarction, stable or unstable angina, coronary heart disease with or without revascularization, other arterial revascularization, stroke, or peripheral artery disease assumed to be atherosclerotic in origin
2) Current or prior symptoms of heart failure (HF) with documented HF with reduced ejection fraction (HFrEF, LVEF ≤40) or HF with preserved ejection fraction (HFPEF, LVEF >40)
3) eGFR<60 mL/min/1.73 m^2 or urine albumin-creatinine ratio ≥30 mg/g
4) Dulaglutide, liraglutide, semaglutide
5) Dapagliflozin, empagliflozin
6) Dapagliflozin, empagliflozin, ertugliflozin
7) Pioglitazone

α-GI, alpha-glucosidase inhibitors; DPP-41, dipeptidyl peptidase-4 inhibitor; GLP-1RA, glucagon-like peptide-1 receptor agonist; SGLT2i, sodium-glucose cotransporter 2 inhibitors; OAD, oral antidiabetic drug; SU, sulfonylurea; TZD, thiazolidinedione

그림 2.40. 2형당뇨병 약물치료

출처: 대한당뇨병학회, 당뇨병 진료지침 2023

※ 당뇨병의 인지율, 치료율은 고혈압, 고지혈증등과 비슷하지만 조절률이 매우 낮은 30% 미만이다.

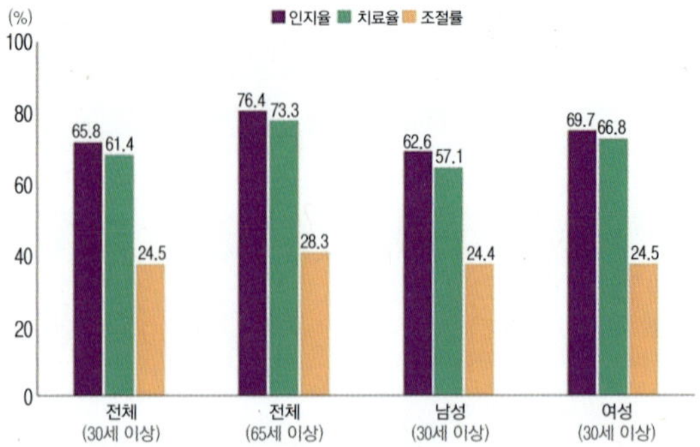

당뇨병 유병자: 공복혈당이 126 mg/dL 이상이거나 의사로부터 당뇨병을 진단받았거나 당뇨병약제로 치료 중이거나 당화혈색소가 6.5% 이상인 경우
당뇨병 인지율: 당뇨병 유병자(당화혈색소 기준) 중 의사로부터 당뇨병 진단을 받은 분율
당뇨병 치료율: 당뇨병 유병자(당화혈색소 기준) 중 현재 당뇨병약제로 치료 중인 분율
당뇨병 조절률: 당뇨병 유병자(당화혈색소 기준) 중 당화혈색소가 6.5% 미만인 분율

그림 2.41. 당뇨환자의 인지율, 치료율, 조절율

출처: 대한당뇨병학회, 당뇨병진료지침, 2023

실전문제

- 우리나라 당뇨병 환자 비율은? 증가할까요? 감소할까요? 이유는?
- 당뇨병 진단 기준은?
- 당뇨병 치료지침에 의하여 치료해도 고혈압, 고지혈증보다 조절률이 낮은 이유는?
- 우리나라 인슐린 주사 치료율은? 미국당뇨병 환자 인슐린 치료율은?
- 우리나라 인슐린 주사 치료율이 미국당뇨병 환자 인슐린 치료율보다 낮은 이유는?
- KDA, ADA, EASD 당뇨병 진단기준이 조금씩 다른 이유는?
- 젊은 환자와 고령의 환자의 목표 혈당은 같은가? 다른가? 이유는?
- 한국인은 서양인에 비하여 왜 식후 혈당이 높은가?
- 공복혈당이 높아지는 이유는?
- BMI 수치가 높으면 왜 당뇨 유병률이 높을까?
- BMI 30 이상 인구비율(서양인 약 30% vs 동양인 약 5%)은 서양인이 매우 높은데 동양인과 서양인의 당뇨 유병률이 비슷한 이유는?
- 당뇨병환자들은 유병기간이 길어지면 대부분 왜 약을 추가해야 하나요?
- 췌장의 β cell 기능이 저하된 당뇨환자에게 적절한 제제는?
- 당뇨병을 초기에 적극적인 치료를 해야 하는 이유는?
- 당뇨약제 SIZE 차별화 마케팅 전략은?

2) 경구용 혈당강하제(OHA)

경구용 혈당강하제(oral hypoglycemic agent, OHA)는 제 2형 당뇨환자의 혈당조절을 위해 식사요법 및 운동요법의 보조제로 투여된다. 인슐린 작용 및 분비 감소 개선, 포도당 흡수 조절 등을 통해 혈당을 조절한다. 경구용 혈당강하제에는 여러 계열의 약물이 있으며, 단독 혹은 다른 기전의 약물과 병용해서 사용된다.

(1) 종류별 특징 및 약리작용

경구용 혈당강하제는 제2형 당뇨병 환자의 인슐린 감수성과 인슐린 분비 감소 개선, 포도당 흡수 조절 등을 통해 혈당을 조절하기 위해 복용하는 약물로, 다양한 종류가 있다. 환자의 체중, 연령, 동반 질환 등을 고려하여 약물 선택이 이루어진다. 한 가지 약물의 단독투여로 혈당이 조절되지 않는 경우 약리기전이 다른 2~3가지 약물을 병용 투여한다. 각 종류별 특징과 약리작용은 다음과 같다.

① biguanide

간에서 포도당의 생성(포도당 신합성, gluconeogenesis)을 억제하고 근육에서 포도당의 흡수 및 이용을 증가(인슐린 감수성 개선)시키며, 소장에서 포도당의 흡수를 감소시켜 혈당을 조절한다. 제2형 당뇨병 치료에 있어서 1차 선택 약제이다. 인슐린 분비를 촉진하지 않기 때문에 단독으로는 저혈당을 유발하지 않고 체중감소, 고지혈증 개선 효과가 있어 비만이나 대사 증후군이 동반된 당뇨병 환자에게 유용하다. 심혈관계질환 감소 효과가 입증되어 있으며, 장기간 사용되어 오면서 안전성이 입증되어 있다.

② sulfonylurea

대표적인 인슐린 분비촉진제로 glimepiride, gliclazide 등은 췌장의 베타 세포에서 인슐린 분비를 촉진하여 혈당을 조절한다. 20년 이상 장기간 사용되어 온 약물로 혈당 강하 효과가 강력하다. 췌장의 베타세포에서 인슐린 분비기능이 남아있는 경우에 효과적이므로, 당뇨병이 오래되어 인슐린 분비기능이 저하된 환자의 경우 효과가 없다. 저혈당이 흔히 나타날 수 있으므로 저혈당을 피하기 위하여

가능한 저용량으로 시작해서 단계적으로 증량하며, 약물 복용 후 식사를 거르지 않도록 한다.

③ meglitinide

인슐린 분비촉진제로 작용기전이 sulfonylurea와 비슷하게 췌장의 베타세포 자극을 통해 인슐린 분비를 촉진하여 혈당을 조절한다는 점은 같지만, 작용하는 수용체가 sulfonylurea와는 다르며, sulfonylurea보다 빠르게 효과를 나타내지만 작용 지속시간이 짧다. nateglinide, repaglinide 등이 있다. sulfonylurea보다 빠르게 효과를 나타내고(10분 이내) 지속시간이 짧아 용법 조절이 자유롭고, 불규칙적인 식사습관을 가진 환자들이 복용하기 편하다. sulfonylurea와 비교하여 저혈당의 부작용이 낮다는 장점이 있지만 작용 지속시간이 짧아 식사 때마다 복용해야 한다.

④ thiazolidinedione

당과 지질의 대사와 연관된 인슐린-반응성 유전자의 전사를 조절하는 세포핵 수용체인 PPAR-γ (peroxisome proliferator-activated receptor-gamma)를 자극하여 체내 근육 및 지방의 인슐린 감수성을 개선한다. 대표적인 약물로는 pioglitazone, lobeglitazone 등이 있다. 이는 인슐린 분비에 영향을 미치지 않으므로 단독으로 사용 시 저혈당을 유발하지 않는다.

⑤ α-glucosidase inhibitor

소장에서 탄수화물을 단당류로 분해시키는 알파-글루코시다제라는 효소를 억제하는 acarbose, voglibose 등이 있다. 탄수화물의 소화 및 흡수를 억제하므로 식후 혈당이 조절되지 않는 경우 유용하며 매 식전에 복용한다. 단독으로 사용 시 저혈당을 유발하지 않는다. 포도당의 장내 흡수를 지연시켜 탄수화물을 포함한 음식의 섭취 이후 혈당 상승을 억제한다.

⑥ DPP-4 inhibitor

음식물 섭취 시 위장관에서 분비되는 인크레틴(incretin)이라는 호르몬은 혈당에 의존적으로 인슐린과 글루카곤의 분비를 조절하여 혈당을 조절한다. DPP-4 억제제는 인크레틴을 분해하는 DPP-4 (dipeptidyl peptidase-4)라는 효소를 억제하여 인슐린 분비를 증가시키면서 혈당을 조절한다. DPP-4 억제제의 예로 sitagliptin(자누비아®), vildagliptin(가브스®), linagliptin(트라젠타®), gemigliptin(제미글로®), evogliptin(슈가논®) 등이 있다. 다른 인슐린 분비 촉진제와 다르게 혈당 의존적으로 인슐린의 분비를 촉진하므로 단독으로 사용 시 저혈당 위험이 낮고 체중은 증가시키지 않는다.

⑦ SGLT-2 inhibitor

신장에서 포도당의 재흡수에 대해 SGLT-2 (sodium/glucose co-transporter 2)를 선택적으로 억제한다. 이는 소변으로의 포도당 배출을 증가시켜 혈당 상승을 억제한다. 이런 기전으로 혈당뿐만 아니라 체중을 조절하고, 나아가 혈압까지 낮춘다. SGLT-2 억제제는 2형 당뇨병 치료제로 사용되면서 특히 동반질환으로 심부전이나 만성신장질환을 가진 환자에게서 효과를 보이며, 현재 당뇨병이 없는 환자에서 심부전이나 신장질환 진행을 예방하기 위해 사용하는 약제로 dapagliflozin, empagliflozin 등이 있다. 인슐린 비의존적으로 혈당 감소효과를 가지며, 단독으로 사용 시 저혈당 발생 위험이 낮다.

(2) 용법

경구용 혈당강하제는 종류가 매우 다양하고 환자 개개인에 따라 복용법과 용량에 차이가 날 수 있으므로 약물의 정확한 용법은 전문가의 처방에 따른다.

인슐린 분비 촉진제인 sulfonylurea, meglitinide, α-glucosidase inhibitor는 식사 30분 전 또는 식사 직전에 복용하는 것이 권장된다. 인슐린 분비 촉진제의 경우 너무 이른 복용은 저혈당을 유발할 수 있으므로 피하도록 한다. 메트포르민은 식사 직후에 복용 시 메스꺼움, 설사 등의 위장관계 부작용을 줄일 수 있다. 그 외의 약제들은 하루 중 매일 같은 시간에 식사와 무관하게 복용할 수 있다.

(3) 부작용

경구용 혈당강하제 복용 시 가장 주의해야 할 부작용은 저혈당이다. 인슐린 분비 촉진제인 sulfonylurea, meglitinide를 제외한 다른 약제들은 비교적 저혈당의 발생 위험이 낮지만 혈당 조절을 위해 2가지 이상의 약제를 복용하는 경우 저혈당 발생 위험이 증가될 수 있다. 그 외 약물별 대표적인 부작용은 다음과 같다.

① biguanide: 식욕감퇴, 오심, 구토, 금속 맛, 복부 팽만감, 설사(복용초기 20~30%) 등의 소화기 장애, 젖산산증(lactic acidosis) 등

② sulfonylurea: 저혈당, 체중증가, 관절통, 관절염, 요통, 기관지염 등

③ meglitinide: 체중증가, 저혈당, 변비, 상기도 감염, 부비동염 등

④ thiazolidinedione: 체중증가, 부종, 드물게 빈혈, 골절, 심부전 등

⑤ α-glucosidase inhibitor: 복통, 설사, 가스가 차는 느낌, 방귀 등의 위장관계 증상 등

⑥ DPP-4 inhibitor: 메스꺼움, 구토 등의 위장관계 부작용, 드물게 인후염, 식욕저하 등

⑦ SGLT-2 inhibitor: 비뇨생식기 감염, 다뇨증 등

그 외 상세한 정보는 제품설명서 또는 제품별 허가정보에서 확인할 수 있다. 약물 복용 후 부작용이 발생하면 의사, 약사 등 전문가에게 알려 적절한 조치를 취할 수 있도록 한다.

표 2.14. 혈당강하제의 종류와 특징

	작용기전 및 복용법	체중 변화	저혈당 (단독)	당화혈색소 감소 (단독)	주의점
Biguanides Metformin	- 간에서 당신생성 감소; 말초 인슐린민감성 개선 - 저용량으로 시작하여 점차 증량 - 식사와 함께 투약	없음 또는	없음	1.0-2.0%	• 주의: - 유산산증, 소화장애(설사, 구역, 구토, 복부팽만, 식욕부진, 소화불량, 변비, 복통), 비타민 B, 결핍 - 요오드조영제를 사용하는 검사 시: 동맥투여 시 신장기능과 무관하게 당일부터 48시간까지 중단하고, 신장기능 평가 후 재개. 정맥투여 시 중등증 신장장애 (eGFR 30-60)를 동반한 경우 당일부터 48시간까지 중단하고, 신장기능 평가 후 재개 • 금기: 신장장애(eGFR <30), 급성 및 만성 대사산증
SGLT2 inhibitors Dapagliflozin Empagliflozin Ipragliflozin Ertugliflozin Enavogliflozin	- 신장에서 포도당 재흡수 억제; 소변으로 당 배설 증가 - 식사에 관계없이 복용	감소	없음	0.5-1.0%	• 주의: - 케토산증, 체액량 감소, 요로성 패혈증 및 신우신염, 회음괴사성근막염(Fournier's Gangrene), 생식기 진균감염 - eGFR 〈45인 경우 혈당강하효과 감소 • 금기: 투석
GLP-1 receptor agonists Exenatide Liraglutide Dulaglutide Semaglutide Lixisenatide	- 포도당의존 인슐린 분비 증가; 식후 글루카곤 분비 감소; 위배출 억제 - 식후혈당 개선 - 식사와 관계없이 피하주사 (일 1-2회 또는 주 1회)	감소	없음	0.8-1.5%	• 주의: 췌장염, 급성신장손상, 중증 간장애, 신장장애, 중증위마비를 포함한 중증 위장관질환(권장되지 않음), 당뇨병망막병증, 급성담낭질환 • 금기: 갑상선수질암 또는 MEN2의 과거력 또는 가족력
DPP-4 inhibitors Sitagliptin Vildagliptin Saxagliptin Linagliptin Gemigliptin Alogliptin Teneligliptin Anagliptin Evogliptin	- 인크레틴(GLP-1, GIP) 증가; 포도당의존 인슐린 분비 증가; 식후 글루카곤 분비 감소 - 식후혈당 개선 - 식사에 관계없이 복용	없음	없음	0.5-1.0%	• 주의: 췌장염, 중증의 관절통, 물집유사물집증(linagliptin, vildagliptin), 심부전으로 인한 입원 위험 증가(saxagliptin)
Sulfonylureas Gliclazide Glipizide Glimepiride Glibenclamide	- 췌장 베타세포에서 인슐린 증가 분비 증가 - 식전 복용	증가	있음	1.0-2.0%	• 주의: 저혈당 위험이 높은 환자에서 주의해서 사용, 용혈성 빈혈(G6PD deficiency 환자)

	작용기전 및 복용법	체중 변화	저혈당 (단독)	당화혈색소 감소 (단독)	주의점
Thiazolidi-nediones Pioglitazone Lobeglitazone	- 근육, 지방조직 인슐린 민감성 개선; 간에서 당신생성 감소 - 식사에 관계없이 1일 1회 복용	증가	없음	0.5-1.4%	• 주의: 심부전악화, 부종, 골절위험 증가 • 금기: NYHA Class III/IV 심부전, 활동성 방광암 (pioglitazone)
Alpha-glucosidase inhibitors Acarbose Voglibose	- 상부위장관에서 다당류 흡수 억제 - 식후혈당 개선 - 하루 3회, 식사 직전 복용	없음 또는 감소	없음	0.5-1.0%	• 주의: 소화장애(복부팽만감, 방귀 증가, 묽은 변, 배변 횟수 증가 등), 급성간염 • 금기: 소화흡수장애를 동반한 만성장질환
Meglitinides Repaglinide Nateglinide Mitiglinide	- 췌장 베타세포에서 인슐린 증가 있음 분비 증가 - 식후혈당 개선 - 하루 2-4회, 식사 직전 복용			0.5-1.5%	• 금기: 겜피브로질과 병용투여 금기(repaglinide)

출처:대한당뇨병학회, 당뇨병진료지침, 2023

실전문제

- 당뇨환자들에게 대부분 의사들이 처음 처방하는 것은 무엇인가요?
- 인슐린 저항성을 개선시키는 약제는?
- 당뇨약제 metformine의 1일 복용량은?
- 당뇨약제 metformine 중 가장 작은 크기의 제품은?
- SU 제제의 장점, 단점은?
- SU 제제를 장기적으로 복용하거나, 인슐린을 장기적으로 투여할 경우 체중이 증가하는 이유는?
- TZD 제제의 장점, 단점은?
- SGLT2-I 제제의 장점, 단점은?
- 남성보다 여성 당뇨환자에게 좀 더 신중하게 처방하는 제제는? 이유는?
- BMI 수치가 높은 환자에게 처방될 수 있는 당뇨약제는?

3) GLP-1 유사체

GLP-1 RA (glucagon-likepeptide-1receptor agonist, GLP-1 RA)는 음식 섭취

시 위장관의 L세포에서 분비되는 incretin 호르몬으로, 포도당 농도에 의존적으로 인슐린 분비를 촉진하고 글루카곤 분비를 억제한다. 그러나 체내에서 생성되는 GLP-1은 dipeptidyl peptidase-4 (DPP-4)에 의해 수분내 빠르게 분해되어 활성을 잃게 된다. GLP-1 RA (GLP-1 receptor agonist)는 DPP-4에 의해 가수분해되지 않는 GLP-1 유사체로 만들어진 제제이다. GLP-1 수용체는 췌장 β, α, δ 세포, 췌관, 신장, 폐, 심장, 면역세포, 말초 및 중추 신경계 등에 존재하며, GLP-1 RA는 GLP-1 수용체가 존재하는 여러 조직에서 다양한 효과를 나타낸다. GLP-1 RA 종류는 심혈관질환 예방효과가 인정된 GLP-1 RA는 liraglutide, semaglutide, albiglutide, dulaglutide이고, 신장보호 효과가 있다고 보고된 제품은 liraglutide, semaglutide, dulaglutide이다. GLP-1 RA는 효과적인 혈당강하뿐만 아니라 체중감소 효과, 심혈관 보호 효과, 신장 보호 효과 등이 알려지며 임상적으로 중요성이 커지고 있다. 또한 GLP-1 RA는 중성 지방을 감소시키고, HDL-cholesterol을 증가시키는 효과도 있다.

(1) 작용기전

GLP-1은 경구로 섭취한 음식이 소화, 흡수될 때 위장관 상피의 L-세포에서 분비되어 췌장에서 포도당 의존적으로 인슐린 분비를 촉진시키고 글루카곤 분비를 억제한다. 또한 중추신경계에 작용하여 식용억제 및 체중감소 효과가 있으며, 위배출시간을 지연시켜 식후혈당의 과도한 상승을 막고 포만감을 지속시킨다. 체내에서 생성되는 GLP-1은 DPP4에 의해 수 분 내에 빠르게 분해되어 활성을 잃지만, GLP-1 RA는 DPP4에 의해 분해되지 않도록 개발되었다.

GLP-1 RA가 우수한 혈당 강하 효과, 체중 감소 효과, 낮은 저혈당 위험, 심혈관계 보호 효과, 신장 보호 효과를 지속적으로 보여주어, 최신 진료지침에서는 GLP-1 RA에 대한 권고 정도가 높아지고 있다. 미국당뇨병학회에서는 metformin 단독 치료로 혈당조절 목표에 도달하지 못하여 2차약제 선택 시 환자의 동반질환 등을 고려하여 약제를 선택하도록 권고하는데, 죽상경화성심혈관질환(atherosclerotic cardiovascular disease, ASCVD)이나 만성신장질환(chronic kidney disease, CKD)의 동반 여부를 확인하여 ASCVD가 동반된 환자에서는 유익한 심혈관질환 임상연구 결과가 증명된 GLP-1 RA나 SGLT2 억제제를 사용하도록 권고하고 있다. 이외에도 저혈당을 최소화하고자 할 때 선택할 수 있는 약제 중 하나, 체중 감량을 해야 할 경우 선택할 약제 중 하나로도 GLP-1 RA를 권고하였다. 또한 2형 당뇨병 환자에서 주사제 고려 시 가능한 인슐린보다 GLP-1 RA를 우선하도록 권고하였다.

(2) 혈당 강하 효과

GLP-1 RA는 HbA1c를 0.5~1.0% 감소시킨다. 속효성(short-acting) GLP-1 RA는 위 배출을 지연시켜 식후혈당 강하 효과가 크며, 지속형(long-action) GLP-1 RA는 식전혈당 강하효과가 크고 HbA1c 감소 효과가 더 크다. 이 약제는 포도당 의존적으로 인슐린과 글루카곤의 분비를 조절하므로 저혈당 발생위험이 낮고, 식욕 억제 효과를 통한 체중 감소 효과가 있다.

(3) 부작용

GLP-1 RA는 오심, 구토, 설사 등 위장관계 부작용과 비용 측면에서 단점이 있으나 혈당 강하 효과가 우수하고, 저혈당의 위험이 적다. 체중감소의 이점, 심혈관계 보호 효과 및 신장 보호 효과를 나타내어 단독요법 또는 경구약제 및 기저인슐린과 병용요법으로 2형 당뇨병 환자의 치료에 유용하게 사용할 수 있으며, 특히 죽상경화성 심혈관 질환을 동반한 환자에서 우선적으로 고려할 수 있다.

실전문제

- GLP-1 RA 제제가 한국시장에서 현재보다 Market Share를 늘리기 위한 마케팅 전략은?
- 향후 국내에서 발매 할 경구용 GLP-1 RA 시장은?
- '빅토자' vs '삭센다'

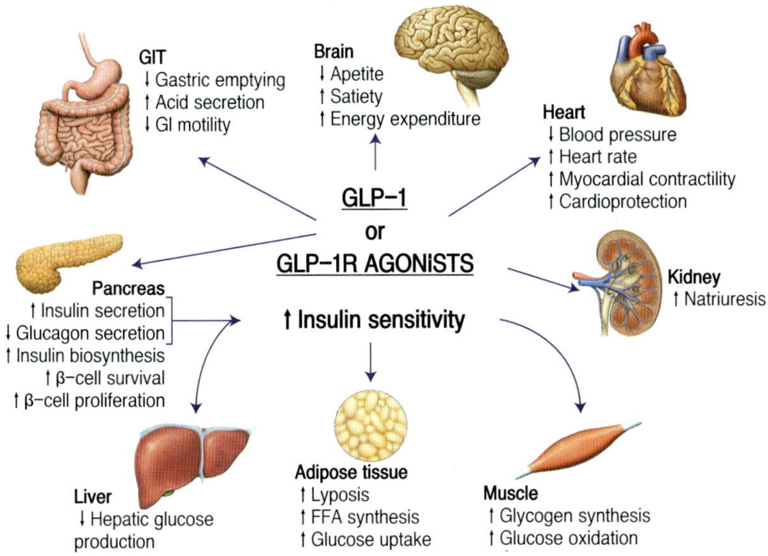

그림 2.42. Pleitropic effects of GLP-1 or GLP-1R agonists

출처: www.medscape.com

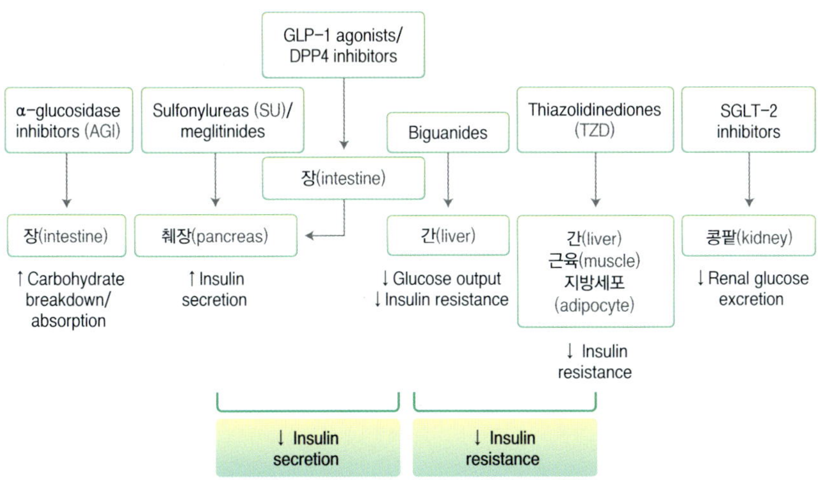

그림 2.43. 경구용 혈당강하제(oral hypoglycemic agent, OHA) 작용 기전

4) DPP-4 억제제

정상적으로 소장에서 분비된 인크레틴(incretin)은 DPP-4 효소에 의해 1-2분 내에 분해되어 그중 80%가 비활성화된다. 결국 식후에 분비된 incretin의 15~20%만이 췌장과 간에 도달해 혈당조절 기능을 한다. incretin 분비량이 현저하게 감소되어 있는 당뇨병 환자의 경우 활성화한 incretin의 양이 더욱 적어질 것이다. 그러므로 DPP-4에 가역적이고 경쟁적으로 부착하여 DPP-4 억제 효과를 나타내고 GLP-1의 급속한 분해를 지연시켜야 치료 약제로써 사용이 가능하다. 또한 DPP family에는 DPP-4뿐만 아니라 구조적으로 유사한 DPP-2, DPP-8, DPP-9, 그리고 FAP (fibroblast activation protein) 등이 포함되어 있어, 이상 유해 반응을 최소화하기 위해서는 DPP-4에 대한 선택적 억제능력이 요구된다. 이러한 여러 문제를 해결하고 체중 증가가 적고 저혈당 위험이 낮다는 장점을 앞세워 최초 치료제(first in class) sitaglitin(제품명: 자누비아)가 2008년에 출시되었다. 현재 국내에는 sitagliptin, vildagliptin, saxagliptin, linagliptin, alogliptin, gemigliptin, anagliptin, teneligliptin, evogliptin 등이 있다. 이들 약제들은 구조적인 측면에서 서로 상이하지만 결합방식의 측면에서는 크게 두 가지 계열로 나눌 수 있다. sitagliptin, linagliptin, alogliptin, gemigliptin은 DPP-4의 촉매 영역과 비공유결합(non-covalent bonds)을 형성하지만, vildagliptin과 saxagliptin은 공유 결합을 통한 효소-억제제 복합체를 형성하여 결합과 해리 모두가 지연되므로 짧은 반감기에도 불구하고 오래 작용할 수 있는 이유가 된다. 또한 이들 약제들은 모두 높은 DPP-4 선택성을 가지고 있으나, vildagliptin, saxagliptin에 비해 alogliptin, linagliptin, gemigliptin, sitagliptin에 대해 보다 높은 선택성을 가지고 있다.

DPP-4 억제제 간에 혈당 강하 효과는 비슷하며 당화혈색소 0.5~1% 강하 능력을 가지고 있다. DPP-4 억제제는 일반적으로 내약성이 우수하고 약제 부작용이 적은 것으로 알려져 있다. 전통적인 인슐린 분비 촉진제에 비하여 체중 증가와 저혈당의 위험이 유의하게 적은 것으로 보고되었다. First in class인 2008년 sitagliptin 발매를 시작으로 2009년 vildagliptin, 2012년 linagliptin, gemigliptin, 2016년 evogliptin이 차례로 발매되어 현재까지 9개 신약이 발매되었다. 최근에 발매된 제품보다 2014년까지 발매된 DPP-4 억제제(상대적으로 임상자료가 많은 글로벌 제약사 5개사 제품: sitagliptin, vildagliptin, saxagliptin, linagliptin, alogliptin)에 대한 자료를 바탕으로 DPP-4 억제제의 특징을 다음과 같이 정리하였다.

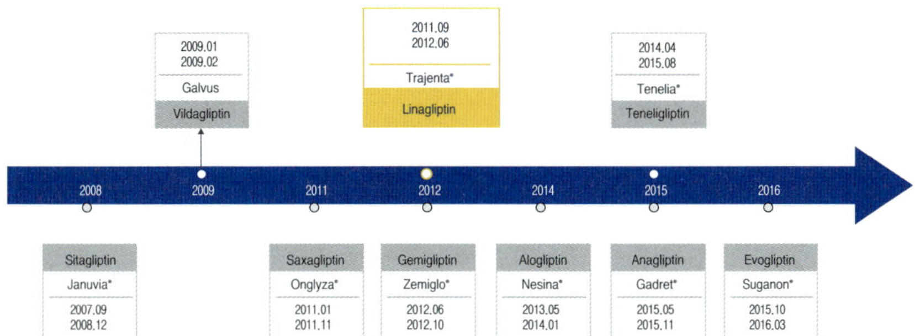

그림 2.44. DPP4-I 허가, 출시 순위

(1) DPP-4 효소 선택적으로 억제

① DPP-4 억제제의 작용기전

766개 아미노산으로 구성된 DPP-4 효소는 세포 안에 존재하는 짧은 intracellular domain과 세포 표면에 존재하는 긴 extracellular domain으로 구성되어 있다. extracellular domain은 highly glycosylated region, cysteine-rich region, catalytic region으로 구분되며, DPP-4 억제제는 인크레틴 등의 기질을 잘라 불활성화시키는 catalytic region을 목표로 하여 억제 작용을 한다. 현재 개발되어 있는 DPP-4 억제제들은 DPP-4 효소에 비해 아주 작은 크기의 화합물 형태이며, 기질(substrate)을 자르는 효소의 역할을 억제하는 것 외에는 다른 기능이나 전체적인 구조에 영향을 미치지 않는다. 특히, DPP-4 효소에 대한 선택성이 뛰어난 DPP-4 억제제는 T-세포 활성화에는 영향을 미치지 않는 것으로 보고되었다.

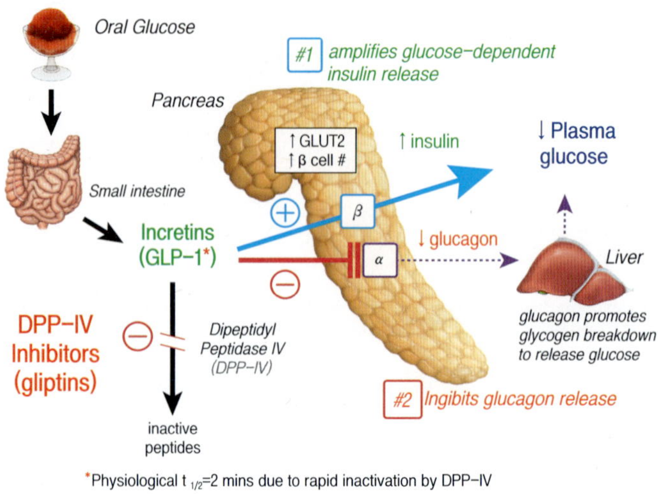

그림 2.45. DPP4-I 작용기전

② DPP-4 억제제의 선택성

DPP-4는 세포막에 있는 펩티드 분해효소이며 신장, 장의 융모, 간, 혈관 내피, T세포 등에 광범위하게 존재한다. DPP-4는 인크레틴 N 말단에서 2번째 알라닌과 3번째 글루타민 결합을 절단하여 분해하는 작용으로 incretin 작용을 감소시킨다. DPP-4 분해효소의 이런 작용을 저해하여 DPP-4가 인크레틴을 분해하지 못하게 만드는 약이 DPP-4 억제제이다. DPP-4 억제제는 DPP-4에 대해 수소결합이나 공유결합으로 효소 활동을 저해하며, 이런 결합의 차이, 저해율, 활성 지속성에 따라 분류할 수 있다.

지금까지 발매된 DPP-4 억제제들은 모두 적은 농도로(IC50: 0.98~62 nM) DPP-4 억제효과를 나타낸다. 최근 발매된 evogliptin은 1 nM 이하의 0.98 nM로 DPP-4 억제 효과를 나타낸다. DPP-4는 펩티드 결합을 절단하는 효소이며 유사한 효소로 DPP-8, DPP-9 등이 있다. DPP-8, 9 대비 DPP-4의 선택성이 높으면 안전성면에서 부작용 우려가 적다고 할 수 있다. DPP-4 억제제들은 대사, 배설 경로에 따라 용량, 용법, 금기가 다르다. 특히 신기능 장애가 많고, 병용하는 약이 많은 고령자에게는 약의 종류와 투여량에 주의하여야 한다.

(2) 복용의 편리성

① DPP-4 억제제의 약동력학적 특징

DPP-4 억제제는 화학구조 차이에 따라 DPP-4를 억제하는 기전이 다르며, 이런 화학 구조의 차이는 약물 동태로 나타나 약제의 대사와 배설에도 차이를 나타낸다. 또한 각 약제의 조직이나 세포 내 이행에 관여하는 수용성과 지용성 간의 차이, 간에서 CYP 대사, 대사체의 활성유무, 배설경로나 배설률의 차이 등이 DPP-4 억제 활성 정도나 지속시간에 영향을 준다. 이렇게 DPP-4 억제 기전, 대사와 배설기전의 차이와 특징이 혈당개선 효과와 그 밖에 다양한 작용에 관여한다. 모든 DPP-4 억제제들은 경구로 투여하는 형태이며, sitagliptin, vildagliptin, saxagliptin의 생체이용률은 모두 75~87%에 이른다. 반감기가 긴 sitagliptin(12.4시간), alogliptin(12.4-21.4시간), linagliptin(11.3-13.1시간)은 모두 1일 1회 투여가 가능하나, vildagliptin(2-3시간)과 saxagliptin (parent: 2.5시간, metabolite: 3.1시간)은 반감기가 상대적으로 짧은 편이다. 그러나, vildagliptin과 saxagliptin은 DPP-4 효소에 강력한 공유결합을 하면서 혈장 내 존재 시간은 짧으나 실제 작용시간은 길다고 알려져 있다.

② DPP-4 억제능에 비례하는 DPP-4 억제제의 혈당강하 효과

각 약제의 최대 DPP-4 억제능은 saxagliptin이 80%에 달하고, 나머지 약물이 90% 이상을 유지한다. 각각의 다른 측정법을 사용한 까닭에 이들의 결과를 직접 비교하기에는 어려움이 있지만, sitagliptin, vildagliptin, saxagliptin, linagliptin, alogliptin 중 sitagliptin이 가장 강력한 DPP-4 억제 효과를 나타내는 것으로 알려져 있다.

sitagliptin 100 mg을 단 1회 투여했을 때, 24시간 동안 97% 이상의 DPP-4 억제 효과를 지속하였다. 반면, 반감기가 짧은 vildagliptin은 1일 1회 투여만으로는 24시간 동안 DPP-4를 효과적으로 억제하지 못하였고, 12시간이 지나면 급격히 감소했다.

이로 인해, vildagliptin은 50 mg 1일 1회(-0.5%)보다, 50 mg 1일 2회(-0.7%) 투여 시 더 안정적인 DPP-4 억제로 당화혈색소를 더 많이 감소시킨다. saxagliptin은 2.5 mg과 5 mg 모두 24시간 동안 80% 정도의 DPP-4 억제 효과를 나타내지만, 20시간 이후 급격히 떨어지는 양상을 나타내며, linagliptin은 긴 반감기를 가진 만큼 24시간 90% 이상 DPP-4 억제를 나타낸다.

③ DPP-4 억제제의 대사와 배설

sitagliptin과 alogliptin은 대사되지 않은 채 투여 약물의 80%와 60~71%가 신장으로 배설되는 반면, vildagliptin은 가수분해된 후 신장으로 배설된다. saxagliptin은 CYP3A4로 대사된 후 투여 약물과 그 활성 대사체가 신장으로 배설되고, linagliptin은 다른 약물과 다르게 대사되지 않고 담즙으로 배설된다.

④ 신장 환자에서의 용량 조절

sitagliptin은 70% 이상이 신장으로 배설되고, vildagliptin, saxagliptin, alogliptin은 간과 신장을 통해 제거되므로 신기능에 따라 용량조절이 필요하다. sitagliptin 경우 신기능이 정상인 경우와 creatinine 청소율이 50 mL/min 이상의 경증 신장애가 있는 경우 1일 1회 100 mg이 권장 용량인 반면, creatinine 청소율이 30~50 mL/min인 중등도 신장애의 경우 50 mg, 그 이하로 중증 신장애나 말기 신부전에서는 25 mg을 투여해야 한다. vildagliptin은 경증 신장애인 경우 50 mg 1일 2회가 권장 용량이며, 중등도 이상의 신장애에서는 사용이 권고되지 않고, saxagliptin의 경우 모든 단계의 신장애 환자에서 2.5 mg 1회가 권장 용량이다. 이러한 약제들의 용량 조절을 위해 사용 이전과 투여 중에도 신장 기능 모니터링을 실시해야 하며, 결과에 따라 적절한 용량 조절이 필요하다.

linagliptin은 대부분(85%) 대사되지 않고 답즙으로 배설되고, 신장 배설은 1% 미만이므로 만성 콩팥병 환자(CKD)에게 용량조절 없이 투여할 수 있다. gemigliptin은 주로 간에서 대사되며, 신장 및 담즙을 통해 배설되므로 만성 콩팥병 환자(CKD)에서 용량조절이 필요하지 않다.

⑤ 간장애 환자에서의 용량 조절

sitagliptin과 saxagliptin은 간장애 환자에서는 용량 조절이 요구되지 않고, 상대적으로 안전하게 사용할 수 있는 것으로 되어 있다. 이에 반해, vildagliptin의 경우 경증 간장애부터 사용이 권고되지 않는다. vildagliptin은 임상연구에서 100

mg을 1일 1회 투여한 경우, 간효소 수치의 증가가 관찰되어 부득이하게 용법용량을 50 mg 1일 2회 투여로 변경해야 했다. 따라서 vildagliptin은 사용 이전에 필수적으로 간효소 수치 검사가 요구되며, 이미 투여를 시작했다 하더라도, 3개월에 한 번씩 간효소 검사를 실시하여야 한다. 만약, 사용 이전과 사용 도중 간효소 수치가 정상 상한치의 2.5배 이상인 경우 vildagliptin의 사용이 금지된다.

⑥ 다양한 임상 자료

가. sitagliptin vs. metformin: 동등성 임상자료

24주간 단독으로 사용하였을 때, 기저(baseline) 당화혈색소가 7.2%이었던 임상연구를 완료한 환자들의 혈당강하 효과는 sitagliptin과 metformin에서 각각 -0.43%, 0.57%로 두 약물은 동등함이 입증되었다(두 약물차이 0.14%, 95% CI: 0.06-0.21).

나. sitagliptin vs. sulfonylurea: 동등성 임상자료

metformin에 불충분한 혈당조절을 나타내어 약물을 추가로 투여한 경우, 52주간 sitagliptin과 glipizide의 당화혈색소 강하 효과는 0.7%로, 두 약물은 동등함이 입증되었다. 뿐만 아니라, metformin에 각각 sitagliptin과 glimepiride를 추가한 경우에도 30주간 당화혈색소 강하 효과 차이는 불과 0.07%에 그쳐, 두 약제의 효과는 동등함이 입증되었다.

다. sitagliptin vs. thiazolidinedione: 유사한 효과 임상자료

sitagliptin, pioglitazone, 또는 rosiglitazone의 23개 연구를 메타분석한 결과에 따르면, sitagliptin과 pioglitazone, sitagliptin과 rosiglitazone의 효과는 동등한 것으로 나타났다. sitagliptin은 pioglitazone과의 차이는 없는 것으로 나타났고, rosiglitazone과의 차이는 불과 0.1%에 그쳤다.

라. sitagliptin vs. voglibose: sitagliptin이 우수한 임상자료

일본인을 대상으로 sitagliptin 50 mg과 voglibose 0.2 mg 1일 3회를 12주간 사용하였을 때, 당화혈색소, 공복혈당, 및 식후혈당 모두 sitagliptin 투여군에서 우수한 것으로 나타났다. 특히, 모든 기저 당화혈색소에서 sitagliptin은 voglibose보다 모두 당화혈색소 강하 효과가 우수한 것으로 조사되었고, 식후 혈당강하 효과가 우수하다고 알려져 있는 voglibose보다 sitagliptin의 식후 혈당강하가 더욱 뛰어났다. 이러한 효과 이외에도, 저혈당은 두 약물이 비슷하게 나타났고, 모든 복부 관련 부작용은 sitagliptin에서 더욱 낮게 나타났다.

⑦ 과학적 임상 근거

DPP-4 억제제는 여러 가지 과학적 임상결과로 근거가 입증되어 경구용 혈당강하제(oral hypoglycemic agent, OHA) 한국 시장에서 2023년 현재 가장 많이 처방되는 약제이며, 그 용법은 다음과 같다.

- 초기 단독요법
- metformin과 sitaglilptin의 초기 병용요법
- metformin과 병용요법
- sulfonylurea와 병용요법
- thiazolidinedione과 병용요법
- insulin과 병용요법
- sulfonylurea와 metformin과 병용요법
- thiazolidinedione과 metformin과 병용요법
- insulin과 metformin과 병용요법

5) 당뇨병 치료제 시장 트렌드

글로벌 당뇨병과 비만 시장이 빠르게 성장하고 있는 가운데, GLP-1과 SGLT-2 계열 약물의 성장률이 매우 높다. 글로벌 의약품 시장조사 기관인 IQVIA 보고서에 의하면 GLP-1과 SGLT-2는 당뇨병 관리를 넘어 심혈관계 질환에서의 혜택과 체중 조절이라는 이점을 바탕으로 빠르게 성장하고 있다. 특히 GLP-1 계열의 성장이 매우 높을 것으로 예상한다.

전세계 당뇨병 시장 규모는 2022년 기준 1,356억 달러다. 노보 노디스크가 31%로 가장 높은 점유율을 보이고 있으며, 그 뒤를 이어 일라이 릴리 22%, 베링거인겔하임 14%, 머크 8%, 사노피 8%, 아스트라제네카 7% 순으로 나타났다.

GLP-1 계열의 치료제는 일부 경구제로 개발된 제품도 있지만 대부분 주사제(Injectable)다. 이를 기반으로 전세계적으로 당뇨병 치료에 있어 주사제가 차지하고 있는 비중은 커지고 있는 추세다. 이 중 GLP-1이 차지하는 비중은 2017년 14%에서 2022년 40%로 가장 큰 성장률을 보였다.

전세계 당뇨병 시장에서 주사제와 경구제는 각각 816억 달러와 534억 달러로, 주사제의 처방이 더 많이 이뤄지고 있다. 특히 주사제에서 GLP-1 계열의 치료제가 422억 달러로 인슐린의 388억 달러를 넘어섰다.

GLP-1 계열의 매출은 노보 노디스크와 일라이 릴리가 양분하고 있다. 두 회사의 점유율은 각각 51%와 47%로 전체 GLP-1 매출의 98%를 차지하고 있다.

인슐린의 경우도 비슷하다. 전체 매출 388억 달러 중 노보 노디스크가 44%로 가장 높은 점유율을 보이고 있으며, 사노피가 27%, 일라이 릴리가 24%로, 사실상 전세계 인슐린 공급은 이 3개의 회사를 통해 이뤄지고 있다.

경구제는 베링거인겔하임이 35%로 가장 높은 점유율을 보였다. 그 뒤를 이어 머크 21%, 아스트라제네카 18%, 노보 노디스크 6%, 노바티스 2% 순이었다.

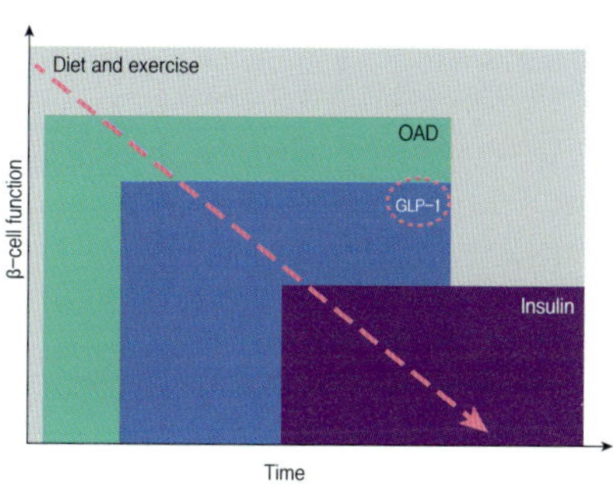

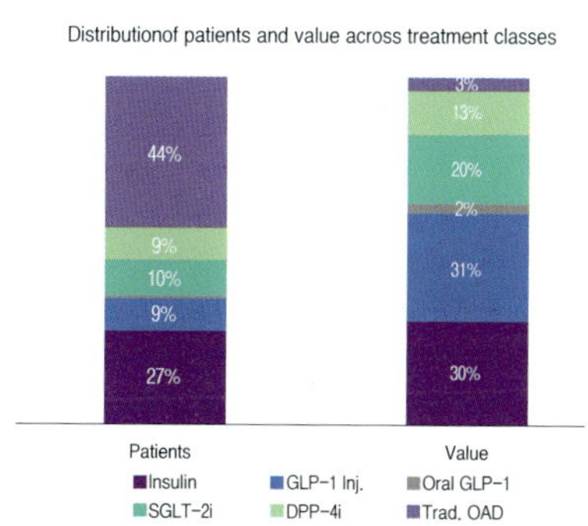

그림 2.46. 당뇨(베타세포 손상) 진행에 따른 치료제 매출 비중
Trad. OAD (Traditional Oral Anti-Diabetic, 기존 경구용 당뇨 치료제): 메트포르민, 설포닐유레아, TZD (ThiaZoliDinedione)

국내는 글로벌 시장과는 다른 양상을 보이고 있다. 우리나라 당뇨병 시장의 경우 아직 주사제보다는 경구형 혈당강하제를 선호하고 있다. 국내 경구용 당뇨병 치료제 시장은 베링거인겔하임이 18%로 가장 높은 점유율을 보유하고 있다. 그 뒤를 이어 MSD 14%, 아스트라제네카 11%, LG 화학 11%, 한독 8% 순이다.

국내도 주사제 처방은 성장했으나 다른 나라에 비해 큰 성장을 이루지 못하고 있다. 인슐린이 2,138억 원으로 GLP-1의 596억 원보다 훨씬 높았다.

국내 인슐린 시장의 경우 노보 노디스크가 57%의 점유율을 차지하고 있으며, 그 뒤를 이어 사노피 30%, 일라이 릴리 13%로 나타났다. 하지만 국내도 당뇨병 환자와 비만인구의 증가로 인하여 '삭센다', '위고비', '마운자로' 등의 GLP-1 계열 치료제가 급격한 성장을 가져올 것으로 예상된다.

IQVIA 2022년 자료에 의하면 우리나라 전체 당뇨병 시장은 2022년 기준 1조 2,532억원이다. 그중 경구용 혈당강하제(Oral Hypoglycemic Agent, OHA) 시장은 9,796억 원, 주사제는 2,735억 원이다. 그중에서 DPP-4 inhibitors 5,234억 원, SGLT-2 inhibitors 1,566억 원으로 전체 당뇨시장의 약 60% 점유하고 성장률 또한 높다. 특히 DPP-4 inhibitor는 단일제보다는 복합제(Metformin+DPP-4 inhibitor) 처방이 늘어나고 있다. 이는 안전성과 유효성과 편리성이 입증되었기에 처방이 증가하고 있다고 판단된다. 무엇보다도 다른 계열과 병용요법으로 많이 처방되고 있어 앞으로도 지속적으로 매출이 증가될 것으로 예상된다.

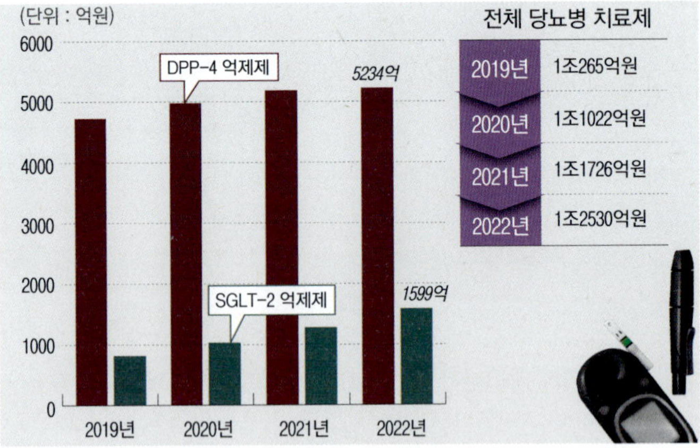

그림 2.47. 국내 경구용 당뇨병 치료제 점유율
출처:IQVIA

실전문제

- 당뇨병 치료목표는?
- 전세계적으로 GLP-1 RA 처방속도 빠르게 증가하는 원인은?
- 국내 시장에서 GLP-1 RA 처방증가 속도가 다른 나라보다 더딘 이유는?
- SGLT2-I의 체중감소효과와 부작용은?
- 국내 당뇨병 치료제 시장이 주사제보다 OHA 시장이 큰 이유는?
- 국내 OHA 시장에서 DPP-4 inhibitor 계열의 처방이 가장 많은 이유는?
- DPP-4 inhibitor 계열의 처방이 서양인보다 동양인에게 많은 이유는?
- 국내 OHA 시장에서 가장 빠르게 성장하는 계열의 약물은? 이유는?
- 인슐린 분비능을 평가하는 지표는?
- 인슐린 저항성이 발생하는 이유는?
- 미세혈관 합병증 vs 대혈관 합병증 종류? 발생 이유는?
- 당뇨병성신경병증의 원인과 치료방법은?
- 혈당 변동폭이 높으면 어떤 현상이 발생될까?
- 제2형 당뇨병환자 CGM (Continuous Glucose Monitoring)의 보험 기준은?
- eGFR 수치에 따라 약물의 용량이 다른 이유는?
- eGFR 수치 30-60 환자에게 용량 조절 없이 처방할 수 있는 DPP-4 inhibitor는?
- 당뇨환자가 평균 처방받는 평균 약의 숫자는?
- 복합제 처방비중이 늘어날까? 줄어들까? 이유는?
- 복합제 vs 단일제 마케팅 전략은?
- QD 중 (28일) 28T vs (30일) 30T
- BID vs QD 마케팅 전략

3 PART

제약영업마케팅 직원의 조건

CHAPTER 01

제약영업마케팅 미래

1) 제약회사 영업사원(Medcal representative, MR)은 제약회사의 꽃이다.

(1) MR은 누구나 할 수 있으나 아무나 할 수 없다.

"제약회사 영업사원(MR)은 누구나 할 수 있으나 아무나 할 수 없다."

철저한 준비가 필요하고 구체적인 전략이 필요하다. 몇 년 전 한 여학생이 질문을 했다. "여자들도 제약 영업을 할 수 있나요?" 결론부터 말하면 제약회사 영업에서 성별의 차이는 당연히 없다. 제약영업마케팅의 고객인 의사들을 배출하는 의과대학 입학, 졸업생 성별은 여성비율이 점점 높아지고 있고 현재는 여성의 의과대학 입학 및 졸업 비율이 남성과 비슷하거나 높은 대학도 있다. 약학대학생 비율은 여성이 훨씬 높은 편이다. 제약영업은 시대에 흐름에 따라 급격히 변하고 있는 현 상황에서 성별이 아닌 전문지식을 함양한 전문가를 선발하고 있다. 특히, 제약 MR은 number 1이 아니라 제약산업 전체를 이해하고 전문지식을 전달할 수 있는 전문가인 only 1의 전문적인 지식을 연마한 훌륭한 인재를 선호한다.

(2) 잘하는 일이 좋아하는 일이 되도록 제약영업에 사명감을 가져야 한다.

내가 MR에 맞는 적성을 가졌을까? 수십 번 생각하고 고민하게 된다. 하지만 잘 모르는 것이 현실이다. 필자 역시 마찬가지였다. 처음부터 사람들이 적성에 맞는 일을 하는 것은 아니다. 적성은 일에 대한 사명감을 갖고 열심히 일을 하다보니 그 일을 좋아하게 되고 결국 그 일이 적성에 맞게 되는 경우가 대부분이다. 즉, 적성은 맞춰가면서 알아가는 것이라 생각된다.

예를 들어, 한 달에 약 50만 원 정도로 살 수 있을까? 살 수 있겠지만, 나이, 지역, 건강 상태 등에 따라 어려울 수도 있을 것이다. 자신이 좋아하는 것보다는 잘하는 것을 해야 돈을 받을 수 있다. 따라서 먼저 잘할 수 있는 일을 시작해야 한다. 그래야 일에 대한 보상을 받고 밥을 먹을 수 있다. 잘하는 것을 하면서도 굶지 않을 수 있겠다 싶으면 그때 좋아하는 분야로 옮기면 된다. 그것을 처음부터 선택하려고 하는 것을 지양해야 한다. 우리는 스스로 무엇을 잘하고 무엇을 좋아하는지 자문해봐야 한다. 좋아하는 일은 막노동하면서도 할 수 있고 직장 다니면서도 할 수 있다. 그러니 현실적인 면을 해결하면서 일을 해야 한다. 그런 관점으로 임하면 업무상의 실수도 줄일 수 있다.

잘하는 것이 중요한가? 좋아하는 것이 중요한가?를 따지는 것보다 사회에 처음 나갔을 때는 일단 세상에 내가 필요한 일을 하면서 돈을 벌어야 한다. 일단 잘하는 일을 주업으로 선택하고 좋아하는 일을 부업으로 하다가 나중에 좋아하는 일로 옮겨가면 삶을 노동에서 놀이로 전환할 수 있다.

(3) 항상 겸손하고 긍정적이어야 한다.

제약영업마케팅의 1차 고객은 의사이다. 의사들은 의료 분야에서 전문가이다. 그래서 이들을 대할 때는 항상 겸손해야 한다. 즉, 태도(attitude)가 중요하다. 겸손하다는 것은 자신을 낮추는 것이 아니라 상대방을 존중하고 높이는 것이다. 삶을 긍정적인 자세로 살아갈 때 감사하는 마음을 가질 수 있다. 감사하는 마음은 인간관계 속에서 겪게 되는 갈등과 번민의 상당 부분을 해소시킬 수 있다. 긍정적인 삶의 자세를 취하면 어느 순간부터 지금의 힘겨움, 어려움은 아무것도 아니라는 생각이 들어 어려움을 쉽게 극복할 수 있게 된다.

긍정적인 삶의 자세는 감사와 기쁨이 넘치는 생명력 있는 삶을 누리게 되지만 부정적인 마음 자세는 부정적인 가치관을 갖게 되어 결국 일에 대한 흥미를 갖지 못해 사회에도 적응하지 못하게 된다. 영국 마가렛 대처 전 수상의 아버지가 남긴 "생각을 조심해라. 말이 된다. 말을 조심해라. 행동이 된다. 행동을 조심해라. 습관처럼 해라. 운명이 된다." 말과 같이 제약영업마케팅도 MR이 생각하는 대로 된다고 생각한다.

Let each letter of the alphabetic has a value equals
to it sequence of the alphabetical order:

A	B	C	D	E	F	G	H	I	J	K	L	M	N	O	P	Q	R	S	T	U	V	W	X	Y	Z
1	2	3	4	5	6	7	8	9	10	11	12	13	14	15	16	17	18	19	20	21	22	23	24	25	26

S	K	I	L	L	S		
19	11	9	12	12	19	=	**82**

K	N	O	W	L	E	D	G	E		
11	14	15	23	12	5	4	7	5	=	**96**

H	A	R	D		W	O	R	K		
8	1	18	4		23	15	18	11	=	**98**

A	T	T	I	T	U	D	E		
1	20	20	9	20	21	4	5	=	**100**

그림 3.1. Attitude의 중요성

2) 제약영업사원의 전문성

제약회사의 다양한 영업마케팅 방법 중 가장 중요한 방법은 인적자원인 영업사원 활용이다. 하지만 단순히 영업사원 숫자보다 생산성 있는 영업사원의 활용 방법을 의미한다. 방문 빈도(call frequency)보다는 방문의 질(call quality)이 요구된다. 즉 전문적인 영업사원 양성이 필요하다. 전문적인 제약영업사원을 양성하려면 전문교육을 통해 영업사원들이 의사들에게 보다 학술적이고 과학적인 정보를 제공할 수 있도록 체계적인 교육이 필요하다.

특히 제약영업에서는 1차 고객인 의사를 만나는 영업사원의 역할이 가장 중요하다. 영업사원들의 제약마케팅에서 판촉이라고 하면 의사, 약사 같은 의료 행위 종사자들과 환자에게 필요한 정보나 지식을 전달하기 위한 의사소통을 하는 활동을 말한다. 제약회사들은 다른 산업과 마찬가지로 그들의 고객들이 필요로 하는 것과 원하는 것이 무엇인지 확인하기 위해 노력한다. 이러한 필요와 욕구를 만족시키기 위해 기존 경쟁품을 제공하는 것보다 분명한 이점을 가진 새로운 제품을 개발하기 위해 투자를 한다. 이러한 신제품이 개발되고 나면 전 세계의 시장에 내놓게 되는데, 이 제품이 처방하는 의사나 환자에게 관심을 얻으려면 해당 제품의 특징, 장점, 이점 등이 효과적으로 알려져야 한다. 제품이 시장에 잘 정착하고 처방도 많이 되려면 제약회사 영업마케팅 담당자들의 의사소통 능력 또한 매우 중요하다.

제약회사 영업도 시대의 변화에 따라 변했다. 제약회사 영업사원 호칭도 시대에 따라 변하고 있다. 1990년대는 판매사원, 2000년대는 영업사원, 2010년대는 디테일 사원(medical representative, MR)으로 부르고 있다. 최근에는 MSL로 변경한 회사도 있다.

제약회사 영업사원 명함에 표기된 MR의 의미는 의사들에게 보다 전문적인 정보를 전달해 주는 회사의 대표자이며 전문가를 의미한다. 일부 제약회사에서는 MSL (medical science liaison)이라는 직함으로 일하는 경우도 있다. 이들은 회사에서 개발된 새로운 약품이나 의료장비에 대한 정보를 연구자와 의료인들에게 전달하고, 연구자와 의료인들이 필요로 하는 약품이나 장비가 무엇인지를 파악해서 회사에 전달하는 역할을 하기도 한다. 연구자들이 수행한 연구의 결과물(약품)이 상용화될 수 있도록 제약회사와 연결해주거나 전문 분야의 연구를 직접 수행하기도 한다. 이처럼 제약회사 영업이 보다 세분화 및 전문화되어가고 있는 현 상황에서 제약회사 영업사원의 역할은 그 어느 때보다도 중요하다.

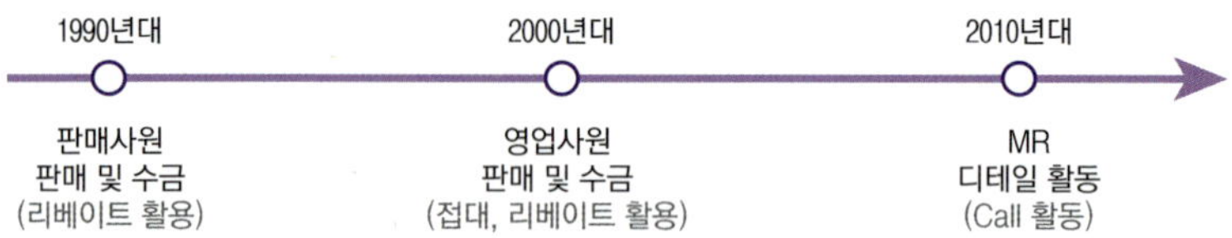

그림 3.2. 제약영업사원의 변천과정

최근 필자가 다국적 ○ 제약회사 영업사원을 대상으로 제약영업사원들에게 제품교육과 더불어 질환교육, 판매 기술(selling skills), 소통 기술(communication skills), 리더십(leadership) 교육 등 교육 후 영업사원의 활동(call) 변화를 연구했다. 연구논문 결과에 따르면, 지속적이고 체계적인 교육이 영업사원들에게 자신감을 갖게 하여 의사를 만나는 방문 횟수, 방문 시간, 특히 디테일 시간을 늘려 매출 증대에 기여할 수 있는 가장 효과적인 마케팅 방법 중 하나임을 연구결과를 통해 확인할 수 있었다. 그 연구 결과를 자세히 살펴보면 다음과 같다.

교육 후 영업내용의 변화를 보면 방문의사 수는 45% 증가, 디테일 의사 수 59% 증가, 디테일 시간이 증가된 응답자는 65%로 나타났다. 응답자의 45%가 매출 증가에 교육이 기인했다고 답변했다. 연구 결과에서 알 수 있듯이 제약영업사원의 디테일 시간의 증가(1~2분 증가)는 평균 디테일 시간이 5~7분 정도인 점을 감안할 때 약 20~30%의 증가로 매우 큰 변화를 불러왔다. 디테일 시간의 증가는 결국 매출의 증가를 가져올 수 있다. 즉 영업사원들에게 고객의 니즈를 충족시킬 수 있는 다양한 전문적인 교육이 필요함을 알 수 있었다.

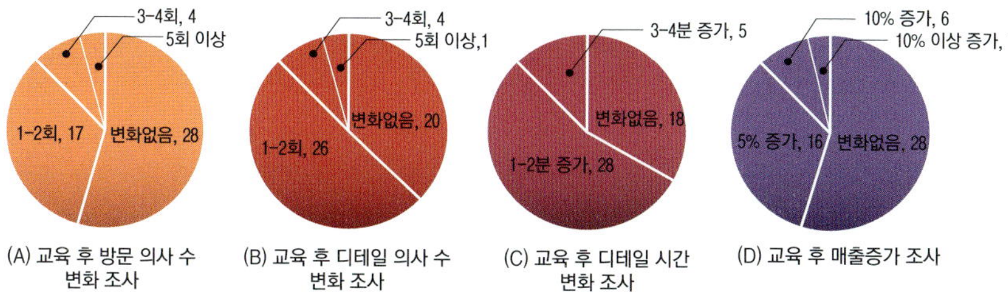

그림 3.3. 영업사원의 활동 변화

TIP!

MSL (medical science liaison)은 의료 현장과 제약회사의 일종의 소통창구 역할을 한다. 회사마다 약간의 차이는 있지만, 자사가 보유한 의약품의 임상적 가치에 대한 전문지식을 전달하는 의학적 소통 창구 역할을 한다. MSL은 단순 영업 인력이 아닌 전문 의료 인력으로, 현장 의료인 및 의료계 전문가와 제약회사 사이의 소통창구 역할을 담당한다. 주요 역할은 임상 자료 발굴, MR교육 프로그램 개발, 임상연구(PMS), 의료진과 네트워킹 등을 포함한다.

MSL은 전문성과 관련 분야의 최신 연구와 신제품 정보를 신속하게 전달하기 위해 지속적인 연구와 학습을 병행해야 한다. 이를 통해 확보한 정보와 지식은 전문가로서 자신들의 의견과 향후 주요 연구 방향을 현장 의료인 또는 교육기관에 정확하게 전달해야 한다. 또한 의료기관 및 교육기관의 주요 의사결정권자가 적절한 결정을 내릴 수 있도록 컨설팅을 제공하며, 이들과 관계(rapport)를 형성하는 역할을 한다. MSL은 회사 측의 정보를 의료현장에 단순히 전달하는 역할에만 그치지 않고, 의료현장의 의견과 피드백을 제약회사에 전달해 의약품과 기타 서비스의 품질 개선을 지원하기도 한다. 또 각종 임상 정보를 숙지하고 있기 때문에, 의사와 환자 사이에서 필요한 정보 전달의 기능도 수행한다. MSL 비중은 글로벌 제약회사뿐만 아니라 국내 제약회사에서도 점점 증가하고 있다. 이러한 현상은 제약영업마케팅이 보다 전문화되어가고 있음을 보여준다.

3) 제약영업사원의 미래

취업 준비하는 학생들 일부는 "영업은 매우 힘들고 어렵고 술을 많이 마셔야 한다", "여가 시간이 없다"라는 이야기를 주변 사람들에게 많이 들었다며 영업직 자체를 기피하는 경향이 있다. 최근 모 대학교 약학대학 학생들에게 제약영업에 대하여 강의한 적이 있다.

모 여학생의 질문이다. "여자도 영업을 할 수 있어요? 나는 술도 마시지 못하고 내성적인데 제약영업을 할 수 있나요?" 아직도 일부 사람들은 제약영업을 하기 위해 접대가 필수라고 잘못 생각하고 있다. 하지만 직접 경험하지 않은 채 다른 사람 이야기만 듣고 다양한 장점이 있는 제약영업이라는 매력적인 직종을 포기할 것인가? 분명한 것은 제약영업은 남녀 구분 없이 누구나 할 수 있지만, 그렇다고 아무나 할 수는 없다.

영업도 시대에 맞게 변화하고 있다. 10~20년 전에는 영업은 접대라는 말이 어느 정도 맞는 이야기였다. 술을 잘 마시는 것이 장점으로 작용한 시기도 있었다. 필자는 담배도 안 피우고 소주 3잔만 마셔도 힘든 체질이기 때문에 술 잘 마시는 사람이 부러울 때도 있었다. 하지만 영업의 기본은 10~20년 전이나 지금이나 근본은 같다. 고객의 니즈를 정확히 파악한 후, 고객이 원하는 정보를 정확하게 전달해서 고객에게 이익을 주는 일이다.

인구구조 변화를 살펴보면 제약시장의 변화를 예측할 수 있다. 65세 이상 인구 비율이 7%를 넘는 고령화 사회에서 그 비율이 20%를 넘는 초고령화 사회로 진입하는데 이탈리아는 79년, 독일은 77년, 일본은 36년이 소요되었다. 한국은 2000년에 고령화 사회에 진입했고, 2026년에 초고령화 사회로 진입할 것으로 예상되어 불과 26년 만에 초고령사회에 진입하게 될 것이다. 생산 가능 인구 100명당 부양해야 하는 65세 이상 노인 인구수도 17.3명이다. 이는 일본을 훌쩍 뛰어넘는 빠른 속도이다. 이들이 주로 하는 일과는 병원에 가서 의사로부터 진료를 받고 약을 처방받는 일이다. 병원을 가지 않는 날은 의료시설을 이용하면서 생활하게 된다. 노인층뿐만 아니라 식생활의 변화와 운동 부족으로 30~40대에도 성인병이 많이 발생한다. 전문가들은 이런 생활환경으로 인해 제약바이오산업 시장은 지속적으로 성장할 것으로 예측하고 있다. 이렇듯 인구구조의 변화를 예측하면 다양한 비즈니스를 창출할 수 있다. 예를 들면 기저귀 시장은 영아기, 유아기를 대상으로 했지만, 향후 기저귀 시장은 성인, 노인 시장이 더 커지고 빨리 성장할 것이다.

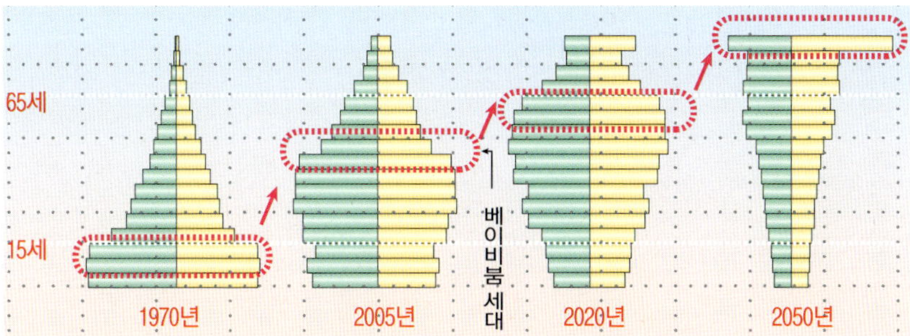

그림 3.4. 영업사원의 활동 변화

앞으로 제약바이오산업의 영업은 아주 중요한 영역을 차지하면서 빠른 속도로 변화하고 성장할 것으로 예측된다. 또한 매우 전문적이며 미래의 직업으로 '비전이 밝다'고 할 수 있다. 제약회사 영업도 시대에 따라 변화되었고 앞으로는 더욱 다양한 방법으로 변화가 일어날 것이다.

일반적으로 영업활동은 판매자가 구매자보다 제품 관련 정보를 더 많이 알고 있어 고객에게 제품의 특·장점과 제품을 사용하면 얻을 수 있는 이점을 설명하면서 고객을 설득시킨다. 의약품 분야도 마찬가지다. 의사들은 본인과 관련된 전공 분야의 의약품은 잘 알고 있지만 모든 의약품을 다 알고 있지는 못한다. 의사들이 가장 많은 관심을 가지는 것은 환자이기 때문에 자신의 환자를 치료하는 데 도움이 되는 모든 것을 필요로 한다. 의사들이 필요로 하는 부분은 꼭 약의 정보만이 아니다. 그래서 제약영업사원들은 의사들에게 의약품 정보와 더불어 환자를 치료하는데 도움이 되는 약물요법, 운동요법, 식이요법, 관련 논문 등 다양한 정보를 제공해줄 수 있어야 한다.

제약영업마케팅은 의약품을 통한 의료에 초점을 두는 것으로 의약품 그 자체에 초점을 두는 것이 아니다. 제약영업마케팅은 제약회사나 의료인인 의사와 약사를 위하는 것이 아니라 환자를 위해 존재한다. 제약영업마케팅의 역할은 고객의 요구(needs)를 파악하여 제품을 이들 요구에 맞게 개선하고 이렇게 만들어진 제품을 의사에게 유용성과 임상적 특성, 그리고 제품 적정 사용 시 환자들이 받을 이점 등을 전달하는 것이다. 즉 유효한 치료법을 환자 개인의 요구에 맞게 연계한다.

제약영업마케팅은 일반 소비자를 대상으로 하는 고객 마케팅과는 달리 환자의 질병과 건강을 다루는 만큼 규제가 있고, 의약품의 최종 수혜자인 환자들이 치료받기까지 보건당국의 신약허가결정, 보험약가 및 가이드라인 결정, 병원구매 및 의사의 처방결정까지 다양한 관계자와 연관되어 있어 소비자 선택권이 제한되고 있다. 더구나 의사의 의약품 선택도 자유롭지 않은 구조이다. 의사가 속한 병원의 의약품 선정기준에 따라 처방할 수 있는 약제가 제한되기도 한다. 제약영업도 마찬가지로 규제가 많아 제한적이다. 이러한 환경에서 제약마케팅의 다양한 자원 중 영업사원을 통한 마케팅 전략은 가장 중요하고 효과적인 전략 중 하나이다.

리베이트 쌍벌제 관련 법제화로 제약사들의 영업마케팅 활동에 대대적인 변화가 요구되고 있다. 기존의 영업활동 방식은 어려워질 수밖에 없는 환경이다. 이러한 새로운 영업 패러다임에서 제약회사 영업사원들은 기존의 방식이 아닌 새로운 방식을 찾아야만 한다. 다국적 제약사들은 이미 근거 중심의 영업(evidence based marketing, EBM)이란 용어를 수년 전부터 사용해왔다. 또한 보험영업인이 FC (financial consultant)나 FP (financial planner) 등으로 변화한 것처럼, 제약영업사원은 단순 판매 혹은 수금사원(salesman)에서 MR (medical representative)이란 용어로 전문적인 역할을 하는 전문인으로 변화를 가져왔다. 이제 감성적 영업보다 근거 중심의 과학적인 영업이 필요한 시대이다. 제품의 판매보다는 고객, 환자 그리고 정부의 가치를 존중하는 영업을 지향할 때인 것이다. 이러한 근거 중심의 영업 방법을 실현하기 위한 새로운 방법 중 하나는 교육을 통해서 자신감을 갖는 일이다.

제약회사는 영업사원들에게 다양한 교육을 실시하고 있지만 지금보다는 전문적이고 과학적인 교육으로 전환해야 한다. 즉 제약영업사원들에게 고객의 니즈(needs)가 다양한 만큼 고객의 니즈에 맞는 제품지식 교육, 제품이 속한 질환 교육과 더불어 제품의 특·장점을 전달할 수 있는 selling skills, communication skills 등 보다 전문적이고 체계적인 교육을 지속적으로 지원하여 제약영업사원들이 시대의 요구에 맞는 전문가로서 제약영업마케팅 발전에 기여하도록 해야 한다.

실전문제

- 의사들은 제약MR들에게 어떤 역할을 원할까?
- 제약 MR vs 제약 MSL
- 제약회사들은 영업조직은 축소하고, 학술부를 강화하는 이유는?
- MR의 영업효율성(sales force effectiveness, SFE)을 향상시키는 방법은?

4) 제약바이오 마케팅 종류

제약산업은 제품의 최종 소비자인 환자가 국가로부터 허가를 받은 의료인을 통해서만 제품을 구매할 수 있다는 점이 다른 제조업과의 가장 큰 차이점이다. 또한 환자와 의료인 간 제품에 대한 정보의 불균형이 크다. 즉, 제품 선택에 있어 실질적으로 최종 소비자가 아닌 의사결정권자는 의사이다. 제약산업은 환자의 안전과 품질 보증에 대한 높은 기대와 동시에 법규 및 규제의 엄격한 요구에 직면하고 있다. 제약영업마케팅 역시 다양한 측면에서 엄격한 규제를 받는다. 즉, 제약산업의 규제로 인하여 프로모션 방법 역시 매우 제한적이다.

제약마케팅은 시대에 따라 다양한 전략 전술이 변화하고 있다. 2020년대 제약마케팅은 신약개발 투자 확대로 바이오의약품, 신약 중심으로 확대가 심화되고 application 혹은 big data를 활용한 스마트 마케팅이 확대되고 있다. 지속적으로 확대 유지될 대표적인 마케팅 종류는 디테일링(detailing), 심포지움(symposium) 활동, 공동 프로모션(co-promotion) 마케팅, CSO (contract sales organization) 활용 마케팅, 다양한 contents 활용한 digital marketing 등이다.

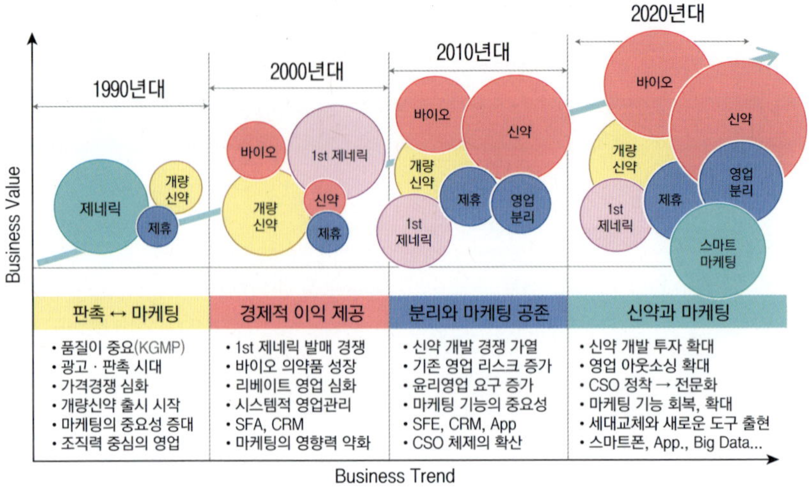

그림 3.5. 제약마케팅 트렌드

실전문제

- 국내 MR들이 가장 많이 하는 활동은?

(1) 디테일링(Detailing)

디테일링(detailing) 활동은 지난 수십 년간 제약영업사원은 브랜드 의약품에 관한 기본 메신저 역할을 해왔다. 의사에게 디테일링하는 것이 제약산업을 크게 성공시킨 주된 요인이다. 디테일링 활동은 제약 MR이 의사를 방문하는 활동인 call이라고도 할 수 있는데 call 중에서 직접 의사를 만나서 자신이 담당하는 제품의 특장점과 이점을 홍보하는 활동을 detailing 활동이라 한다. 즉, 진정한 call 활동만이 detailing 활동이라 할 수 있다. 디테일링은 정확한 메시지를 정확한 빈도로 정확하게 의사에게 전달하는 것으로 정리된다. 정확한 메시지는 제품의 특징과 이점을 설명하는 것으로, 반드시 사실을 기반으로 하며 처방하는 의사에게 꼭 필요한 정보여야 한다.

정확한 빈도는 메시지를 전달하는 횟수를 말한다. 의사가 특정 제품에 대한 선호가 생기기 전에 메시지를 전달해야 한다. 의사에게 정확하게 전달하는 것은 고객을 S&T (segmentation & targeting)한 후 제품에 맞는 의사에게 전달하는 것이다. 의약품은 제품에 따라 S&T (segmentation & targeting)가 다를 수 있는 특수성을 갖고 있다. 예를 들어 골다공증 의약품은 여러 과에서 공통으로 사용하는 약품 중 하나다. 골다공증을 진료하는 주요 과는 내분비내과, 정형외과, 산부인과지만 처방하는 과는 주요 진료과뿐만 아니라 류마티스내과, 신경외과, 가정의학과, 마취통증의학과 등 골다공증 위험이 있는 환자를 진료하는 모든 과를 대상으로 한다. 물론 골다공증 약물 중 같은 class인 약물도 약품의 작용기전에 따라 target 과와 target 의사가 달라질 수 있다. 또한 내분비내과는 주로 당뇨병, 갑상선질환을 진료하지만 골다공증을 전문적으로 진료하는 병원이 있기 때문에 더욱 정확안 S&T가 요구된다.

(2) 심포지움(Symposium) 활동

주로 신제품이나 회사에서 비중이 큰 품목을 홍보하기 위하여 진행한다. 주로 마케팅 부서에서 주관하며, 영업사원들과 함께 제품과 관련이 있는 의사를 대상으로 대규모 참석(100~500명)을 유도하여 제품의 특·장점을 홍보하기 위한 활동이다. 각종 학회나 연수강좌에서는 주로 대학교수들이 연구결과에 대한 내용을 중심으로 진행되어 개원의들 입장에서는 현실감이 떨어진다고 이야기할 수도 있지만 심포지움은 특정 제품이 주제가 되고 실제 진료공간에서 바로 활용할 수 있는 내용으로 진행하는 경우가 대부분이다. 최근 심포지움 활동으로 신제품을 홍보한 예를 살펴보자.

대웅제약은 '펙수클루' 런칭 심포지엄 'WE are the ONE'을 개최했다. '펙수클루정'은 칼륨 경쟁적 위산분비 억제제(potassium-competitive acid blocker, P-CAB)다. 기존 PPI (proton-pump inhibitor) 제제의 단점을 개선해, 위산에 의한 활성화 없이 양성자 펌프에 결합하여 빠르고 안정적으로 위산 분비를 억제하는 특징이 있다. 이 제제에 대하여 심포지움을 통해 위식도역류질환 치료의 최신 지견을 공유하며 '펙수클루'의 주요 임상 결과 발표 및 질의응답 등 또한 진행했다. 또한 미란성 위식도역류질환 치료 적응증 외에도 위염, 미란성 위식도역류질환 치료 후 유지요법, 비스테로이드성 소염진통제(NSAIDs)로 인한 궤양 예방 등 추가 적응증 확보 외에도 복약 편의성 향상과 다양한 치료 옵션 제공을 위해 구강붕해정, 주사제, 복합제 등의 제형 다변화 연구를 진행 중인 것을 심포지움을 통해 홍보했다.

그림 3.6. 대웅제약 펙수클루 런칭 심포지엄

실전문제

- 심포지움(symposium) 효과를 증대하기 위한 방법은?

(3) RTM (round table meeting)

심포지움(symposium)과 비교하여 RTM은 소규모 학술모임으로 진행을 빠르고 쉽게 할 수 있다. RTM을 진행하기 위해서는 모임의 회장으로 있는 의사 선생님의 승인이 필요하고, 그 모임의 총무님과 강의 내용, 날짜, 시간, 장소 등 스케줄을 조율하여 진행한다. 주로 제품과 관련된 질병을 치료하는 대상 의사들 대상으로 10명 내외로 진행하여 간접적으로 회사 제품을 홍보하는 활동을 말한다.

실전문제

- 성공적인 RTM을 위한 사전 준비사항은?

(4) 공동 프로모션(co-promotion) 마케팅

공동 프로모션이란, 같은 제품을 공동으로 프로모션을 진행하는 것을 말하며, 흔히 소규모 회사와 대규모 회사 간에 진행하는 마케팅 방법이다. 소규모 회사가 대규모 회사와 파트너를 맺고 상호 간의 이익이 충돌 빚지 않는 선에서 공동으로 그 제품을 프로모션하는 것을 말한다. 공동 프로모션은 특히 해당 치료 분야에 경험이 많고 그 분야 전문가들과의 관계가 잘 형성돼 있는 숙련된 영업마케팅 인력들도 구성되어 있어 두 회사의 공동 목표를 달성하기 위하여 양사의 자원을 최적화한다는 장점이 있다. 영업마케팅을 개별적으로 시행하여 두 회사 간의 목표가 다를 수 있는 co-marketing[1)]과는 구별된다. co-marketing은 1개의 제품을 다른 제품명으로 허가받아 두 개의 회사가 판매하는 것을 말한다.

당뇨병 치료제인 DPP-4 억제제 계열에 속한 LG의 '제미글로'는 DPP-4 억제제 계열의 다섯 번째로 출시하여 당뇨시장 진입이 어려웠으나 '란투스'로 당뇨시장에서 경쟁력을 보유하고 있는 사노피의 힘을 빌려 성공적인 시장안착을 하기 위해 사노피와 공동 프로모션(co-promotion)을 체결하여 매우 성공적으로 시장을 주도하면서 매출 성장을 기록했다. 사노피와 co-promotion 계약 종료 후 2016년에는 대웅제약과 co-promotion을 진행하고 있다.

유한은 노바티스의 '글리벡'과 얀센의 '레미케이드'에 대해 co-promotion을 실시하고 또한 삼성 바이오에피스의 '에톨로체', '레마로체'까지 바이오시밀러로 영역을 확대했다. 대웅제약은 co-promotion 전략으로 성공한 회사 중 하나이다. 아스트라제네카 '크레스토', '넥시움', '포시가'와 '직듀오'를 꾸준히 성장시키고 있고, 다이이찌산쿄 '세비카', '세비카', '릭시아나' LG화학의 '제미글로패밀리'는 대웅과의 co-promotion 영향으로 2023년 기준에 1,000억 원 이상의 매출을 기록했다.

---

1) co-marketing: 두 개 이상의 회사가 공동으로 전개하는 판매·판촉 활동으로, 동종 업종 및 이업종 간에 상호 제휴를 통해 서로의 강점을 활용할 수 있도록 역할을 분담하여 판매 실적을 높이는 새로운 영업 기법.

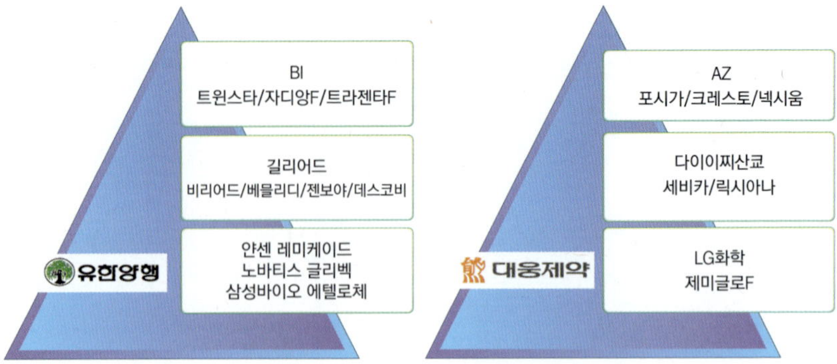

그림 3.7. 코프로모션 비즈니스모델 사례

실전문제

- Co-promotion vs Co-marketing
- 제약사간 co-promotion 비중이 왜 증가할까?
- 글로벌제약사와 국내제약사간의 co-promotion 비중이 증가하는 이유는?
- 국내제약사와 국내제약사간의 co-promotion 비중이 증가하는 이유는?

(5) CSO (Contract Sales Organization) 활용 마케팅

소규모 제약회사가 사용하는 또 다른 방법으로 CSO (contract sales organization) 활용이 있다. 새로운 지역에서 경험과 자원이 부족한 제약기업에 가장 용이한 방안이다. CSO는 의사와 친밀한 숙련된 영업 전문 인력을 고용해 계약된 제품의 특정 기능과 장점에 대한 교육을 한다. CSO와 파트너를 맺는 이유는 이 일을 위한 전담 영업팀을 만들고 유지하는 것보다 비용이 저렴하므로 제품을 생산하는 입장에서는 큰 장점이다. 최근 제약산업이 성장하면서 과별, 질환별, 제품별, 지역별로 CSO를 활용하여 마케팅하는 회사가 늘어나고 있다. 이미 선진국은 CSO의 비중이 약 15~20%의 비중을 차지하며 그 역량을 강화하고 있다. 국내에는 의약분업 초기에 유디스 등이 전문 CSO 업체로 활동을 시작했다. ㈜유디스는 한국사노피 제품을 성공적으로 안착시켰다. 최근 인벤티브 헬스 코리아 등 다국적 CSO 회사가 하나, 둘 국내에 진출하고 있다. CSO를 활용한 영업 아웃소싱(outsourcing)은 초기 투자 감소, 비용 절감, 시간 단축, 전문성 제고, 운영상의 융통성 등 많은 장점이 있다.

실전문제

- 향후 CSO 활용 마케팅 전략은 증가할까? 감소할까? 이유는?

(6) Contents marketing

최근 제약업계에 불어닥친 리베이트 쌍벌제, 공정경쟁규약 강화에 이어 부정청탁 및 금품 전달 금지(김영란법)까지 시행되면서 제약 MR의 병원을 방문을 원하지 않는 분위기가 팽배해지고 있다.

일부 다국적 제약사는 이러한 분위기를 극복하기 위해 온라인 마케팅 전략인 일명 멀티 채널마케팅(multi channel marketing)과 e-디테일링(electonic detailing)을 오래전부터 시행하고 국내회사들도 시행하고 있다. 대표적인 멀티 채널마케팅으로는 한국MSD의 MDfaculty, 한국Pfizer의 Med Info &MediDoc link, GSK 코리아의 웹기반 학술미팅, 한국얀센의 얀센프로, 한국릴리 Lilly On, 한국BMS의 e-Hepa academy, 국내 제약사의 대표적인 멀티 채널마케팅 Dr.Vill(닥터빌) 등 각각의 특색 있고 다양한 컨텐츠를 기반으로 마케팅 활동을 전개하고 있다. 이러한 각 회사의 멀티 채널마케팅은 불필요한 영업사원 방문을 최소화하는 점도 있지만 이러한 프로그램을 지원받기 위해 관련된 자료를 제공받기 위해 고객이 먼저 방문을 요청하는 사례도 점점 높아지고 있다. MDfaculty 초창기에 수많은 고객에게 프로그램을 권유하고 소개하며 이러한 온라인 마케팅 프로그램을 세일즈 활동에 접목함으로써 의학전문가적 포지셔닝을 달성했던 경험에서 사용하기에 따라 고객에게도 매우 유용한 혜택을 제공하고 우리에게도 시간관리뿐만 아니라 성과관리를 위한 유용한 툴이 될 수 있을 것이다. 프로그램을 어떻게 구성하고 활용할지에 따라 영업활동을 지원해주는 강력한 세일즈 툴로 활용될 수 있을 것이다. 하지만 프로그램을 만들었다고 해서 끝난 것이 아니라는 점에 특히 주의해야 한다. 대면영업(face to face sales)에도 기술이 있듯이 멀티채널 마케팅과 e-디테일에도 기술이 있다.

그림 3.8. Multichannel Marketing

(7) Data 활용 marketing

Data 활용 marketing은 마케팅 전략과 방향성을 수립하는데 상당히 많은 활용도가 있을 것이다. Data를 통해 ❶ 의약품 원외처방 시장 전망 및 마케팅 분석 콘텐츠(market forecasting analytics contents)을 활용하여 특정 제품을 처방받고 있는 환자의 인구통계학적 분석을 통해 환자의 증감 추이를 확인할 수 있는 만큼 마케팅 측면에서 연령별 환자를 고려한 마케팅 플랜을 수립할 수 있다. ❷ 의약품 처방 패턴 분석 콘텐츠(treatment pattern analytics contents) 활용으로 제품의 스위칭 정보 등을 활용해 마케터들이 기회 포착이나 실적 감소 리스크를 적절하게 대응할 수 있는 바로미터로 삼을 수 있다. ❸ 의약품 이상사례 분석 콘텐츠(adverse event analytics contents) 등을 활용하는 방법이다. 마케터 입장에서 경쟁 제품과의 비교·분석 데이터를 디테일 자료로 폭 넓게 활용할 수 있고, 개발 측면에서도 제품의 리포지션에 대한 니즈가 있을 경우 활용 가치가 있는 부작용 데이터를 파악한다면, 신약개발의 근거자료로 활용될 수 있다.

(8) Infographic marketing

인포그래픽 마케팅은 정보, 데이터, 지식을 시각적으로 표현해 제품 정보를 빠르고 쉽게 표현하기 위해 사용된다.

한국GSK는 차고 건조한 날씨로 증상이 악화되는 겨울을 맞아 손 습진 질환 인식을 높이고자 인포그래픽을 개발하여 활용하고 있다. 손 습진은 치료가 잘 되지 않을 경우 환자의 삶의 질을 전반적으로 악화시킬 위험이 매우 높다. 그만큼 보건의료 현장에서 많은 전문의 및 환자들이 이러한 관련 자료를 접하여 질환 및 치료요법에 대한 인식 수준이 향상될 것을 기대하며 활용하고 있다. 한국화이자제약의 인포그래픽 마케팅 사례는 제품 자체에 임팩트가 많다는 자신감이 있다는 것을 보여준다.

한국화이자제약은 당뇨병 치료제가 없다. 그런데 당뇨 관련 캠페인을 진행했다. 고지혈증치료제 "리피토는 당신입니다."라는, 이른바 '당신' 캠페인이다. ALPs 임상편에서는 알프스 산맥 봉우리에 대표 임상 깃발을 꽂는 식으로 데이터를 알리는 기발함을 선보였다. Atorvastatin landmark programs 앞자를 따서 'ALPs'라는 재치있는 네이밍을 했다. 글로벌 치료 가이드라인(ACC/AHA, ADA, NICE 등)에 영향을 미친 임상은 함께 묶어 이해를 더했다. 고혈압 환자 심혈관계 사건 위험 감소 효과(ASCOT-LLA), 관상동맥 심질환 환자 심혈관계 사건 위험 감소 효과(TNT), 제2형 당뇨병 환자 심혈관계 사건 위험 감소 효과(CARDS), 급성관상동맥증후군 발생 환자에서 타 스타틴 대비 고용량(80 mg) 치료 효과(PROVE-IT), 심근경색증 병력 환자 혈관재생술 위험 감소 효과(IDEAL) 등이 봉우리에 깃발을 꽂았다. 이는 인포그래픽 마케팅으로 제 2형 당뇨병 환자의 심혈관 질환 위험 감소 적응증 관련 제품의 정보를 보다 빠르게 각인시키고 있다.

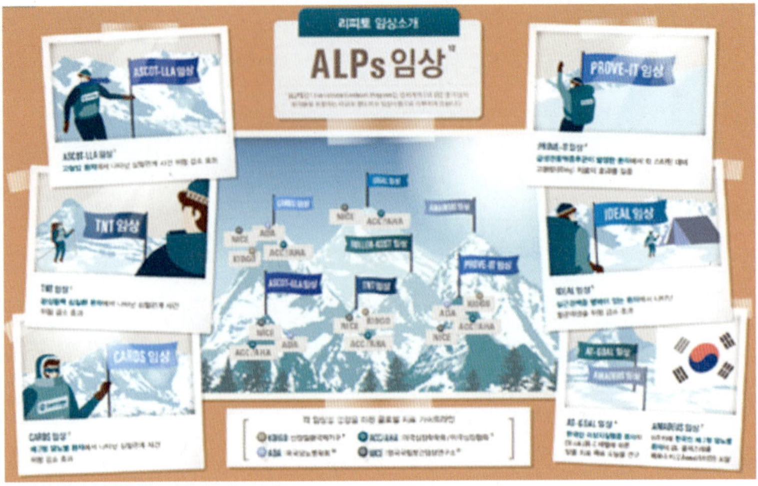

그림 3.9. 화이자의 Infographic marketing ALPs 임상편

실전문제

- MCM과 e-detailing 마케팅 전략이 증가할까? 감소할까? 이유는?

(9) 광고(advertisement)

우리나라 광고계의 중심과 성장의 역사는 단연 의약품 광고였다. 1969년 광고시장 Top 10에서 8개가 제약회사 광고주였다. 1970년부터는 가전제품, 자동차 등 대형광고가 늘어나면서 의약품 광고비율도 상대적으로 축소되었다.

※ 1969년 Top 10 광고기업 순위: 동아제약, 한일약품, 한독약품, 유한양행, 종근당 ,해태제과, 영진약품, 일동약품, 한국화이자, 락희화학

현재는 의약품 광고정책은 소비자가 의약품을 오남용할 수 있다는 우려로 전문의약품은 금지되어 있고, 일반의약품은 특정 표현을 제한하고 있어 비타민 제품의 경우 '만성피로'라는 말 대신 '육체피로'라는 말로 대신하여 광고를 하는 등 매우 제한적이다.

제약회사마다 신제품에 대한 의지적인 광고비 투여보다 기존 구축된 거대브

랜드의 광고를 지속적으로 유지하고 있다. 가장 중요한 이유는 그만큼 브랜드관리가 중요하며, 한번 쌓여진 브랜드 자산은 장기적으로 효과적이라는 오랜 경험에 의한 것이다. 이런 배경에서 국내 제약사는 브랜드의 혜택을 오랫동안 받았기 때문이다. 수십 년 동안 브랜드 광고로 익숙한 제품은 피로회복제로 유명한 동아제약 '박카스', 마시는 소화제 동화약품의 '까스 활명수', 붙이는 진통소염제 한독의 '케토톱' 등 아직도 지속적으로 브랜드 광고를 통해 제품을 각인 시키고 있다. 대표적인 동아제약 '박카스' 캠페인은 647.5km 국토대장정을 통해 진행되었다. 언제부터인가 우리나라에 국토순례 바람이 불었고, 백두에서 한라까지 가방 하나 짊어지고 땅끝 해남에서 남한의 끝 판문점까지 걸어서 순례하는 사람들이 늘었다. 1999년 "나를 알고 땅을 알면 새 천년이 내 손에 있다"는 모토 하에 "우리는 나아간다. 젊음이란 이름으로!"라는 슬로건으로 1998년부터 시작된 박카스 국토대장정 순례단은 당시 대학생들에게 최고로 참가하고 싶은 행사가 되었다.

국내 제약사가 브랜드 마케팅으로 성공하기 위해서는 ① 타깃을 좁히고 ② 브랜드 혜택을 전달하고 ③ 고객의 관심도를 높이며 ④ 독창성을 발휘해야 한다.

의약품 광고는 효능, 효과만을 강조하던 시대는 지났다. 최근 제약사들은 '친근한 이미지의 스타'와 '재미난 콘티 구성'으로 소비자들의 공감대를 얻고 있다. 정보 전달에만 치중하던 과거 TV나 지면광고 대신 SNS 등 온라인 채널이 활성화되어야 한다. 더불어 보고 듣는 매체 중 가장 접근성이 높은 '유튜브' 등 동영상 플랫폼의 시청 수요가 기존 매체의 인상보다 더욱 높다. 또한 비용이 더욱 저렴하고 기존 15초나 30초 단위가 아닌 5초 설정 등 '미니 광고'도 가능하기 때문이다.

의약품 광고 정책은 소비자에게 알 권리를 보장하는 방향으로 개선 발전되어야 한다. 향후 자가치료(self medication) 비중이 증가할 것으로 예상되는 초고령사회에 국민 스스로가 자기 건강에 책임지고 대처할 수 있도록 국민의 의약품 선택권을 보호해주는 방향으로 광고정책이 추진되어야 한다.

❖ 제약시장에서 광고의 일반적 특징

제약시장에서 신제품이 시장 침투에 성공하고 오랫동안 그것을 유지하기 위해서는 의사와 환자의 좋은 임상 경험이 중요하다. 임상시험 시 나쁜 결과가 나오면 시장에서 점유율이 낮아지고 결국 그 제품은 시장에서 퇴출된다.

제약광고는 다른 제품 광고와 유사한 점도 있지만 특이점도 있다. 제약광고의 특이성은 다음과 같다. ❶ 제약광고의 대상은 환자가 아니라 처방권을 가진 의사이다. ❷ 주요 목표대상은 쉽게 확인할 수 있다. ❸ 회사의 이미지가 중요하다. ❹ 과학잡지의 명성이 중요하다. ❺ 임상결과 같은 근거중심에 의한 정보가 처방에 큰 영향을 가져온다. ❻ 의사들은 광고가 약물의 효능과 위험성에 관한 정보를 제공하지 못하여 소비자에게 비합리적인 기대감을 갖게 한다고 생각한다. 이러한 차이점이 제약 마케팅 담당자들이 광고 전략을 결정할 때 영향을 미치므로 이를 잘 이해해야 한다.

(10) 홍보(Public Relations)

PR (public relations)은 커뮤니케이션, 즉 보도자료를 배포하거나 후원 혹은 기업 공시 문서들을 통해 회사와 제품에 대한 호의적인 생각과 인식을 유도하는 모든 제반 활동을 말한다.

① 제약시장의 홍보(public relations)의 변화

제약회사는 전통적으로 처방을 결정하는 1차 고객인 의사를 상대로 마케팅 홍보 활동을 집중해 왔다. 그러나 현재와 같은 정보화 시대에서 인터넷의 발전과 함께 의사와 환자가 모두 의사결정에 관여하게 되면서 의약품 정보가 의사와 환자에게 공동으로 활용하는 시대로 변하고 있다. 이런 시장환경 변화를 고려하여 제약 마케팅은 전통적인 홍보에서 소비자에게 직접 접근하고 있다. 소비자에게 직접 접근하는 광고(direct to consumer, DTC)로 변하고 있어 환자도 의약품에 대한 다양한 정보를 접할 기회가 생기기 시작했다. 물론 처방의약품 DTC 광고에 대하여 대부분 의사들은 DTC 광고가 환자들에게 잘못된 정보를 제공하여 혼란을 주고 의사의 처방에 도전하는 환자들이 발생할 수 있기 때문에 반대하고 있지만, 환자들의 지속적인 의약품의 정보 수요의 증가로 인하여 의사들도 조금씩 변하고 있다. 현재 처방의약품 DTC 광고는 미국과 뉴질랜드에서만 일부 품목에 대하여 허용하고 있고 우리나라에서는 일반의약품(over the counter drug, OTC) 품목 일부만을 허용하지만, DTC 광고의 지속적인 수요 증가로 인하여 DTC 광고는 처방의약품 일부의 허용과 OTC 품목의 수가 증가할 것으로 예상된다.

실전문제

- 한국 제약시장에서 합법적인 의약품 광고는?
- 의약품 direct to consumer advertisement에 대해 긍정적인가? 부정적인가? 이유는?

② 제약산업에서 홍보(public relations)의 종류

제약산업에서 홍보는 다양한 형식이 있다. 새롭게 승인된 약의 적응증에 관한 보도자료를 내거나, 곧 시판되는 신약관련 리플릿(leaflet)을 통해 새로운 의약품 정보를 제공하는 등 제약사들은 그들 의약품에 관한 다양한 정보를 홍보하여 대중이나 관계자에게 전달한다. 주로 진행하는 방식에는 첫째, 질병에 대한 인식을 고취시키는 캠페인이 있다. 이러한 캠페인은 해당 질병에 대한 인식을 증진시켜 이해관계자들이나 질병의 잠재 위험군에게 교육을 하는 역할을 한다. 둘째, 간행물 발행과 특별행사 활동으로 기업과 기업 제품의 이미지를 홍보하고 있다. 셋째, CSR 활동으로 기업의 이미지를 고취하는 방법 등이 있다.

- 공공캠페인 활동

환경운동, 미아 찾기, 공공건물 건립 등 건전한 사회운동에 후원금을 기부하고 참여함으로써 우호적인 이미지 형성

- 간행물 발행

매체나 기업 관계자에게 제공되는 기업의 사보 및 연간기업 보고서, 제품 Brochure 등

- 특별행사 기획

기자회견, 세미나, 전시회, 운동경기 등의 개최나 후원을 통해 기업이나 자사 제품에 대해 주의를 끄는 것으로 인지도와 호감도를 높이는 효과가 있음

- **CSR (corporate social responsibility) 활동**

기업 활동에 영향을 받거나 영향을 주는 직·간접적 이해 관계자에 대해 법적, 경제적, 윤리적 책임을 감당하는 경영 기법을 말한다. 이는 기업의 수익 추구와는 무관하며 주로 기업의 이미지 관리로 활용된다. 기업의 사회적 책임은 기업 홍보와 이미지 제고의 비용으로 생각하는 경향에서 벗어나 공유가치창출(creating shared value, CSV) 개념으로 확산되고 있다. CSV는 기업의 사회적, 경제적 가치를 함께 추구하는 동시에 사회·문화적 니즈를 해결하는 신 경영 패러다임으로 사회공익문화 확산을 위해 꼭 실천해야 할 것이다.

실전문제

- 제품 brochure는 몇 면이 가장 효과적인가? 그 이유는?
- CSR (corporate social responsibility) vs CSV (creating shared value)

③ 제약영업사원 판촉 활동

영업활동은 영업판촉과 통합된 의사소통에 있어 가장 중요한 요소 중 하나이다. 이것은 제품 판매자와 고객 간의 직접적인 의사소통 활동이다. 제약 마케팅에서 이러한 영업활동은 다른 산업과는 달리 정부로부터 많은 통제가 있으며 경우에 따라 허가가 필요하지만 가장 많이 사용하는 의사소통 수단이다. 많은 합병과 구조조정이 제약산업 업계에 일어나고 있고 인터넷과 같은 새로운 의사소통 수단의 이용이 증가되고 있지만 여전히 영업사원을 통한 활동이 제약 마케팅의 가장 중요한 수단으로 활용되고 있다. 제약 마케팅에서 영업사원의 활동이 중요한 이유는 다음과 같다. ❶ 최적의 고객 targeting, ❷ 최적의 메시지 조정 가능, ❸ 최대로 정보 공유 가능, ❹ 정보의 상호 교류 가능, ❺ 고객의 지각과 필요에 대한 최적의 평가 가능, ❻ 시장조사 가능, ❼ 경쟁제품에 대한 정보수집이 가능하다.

5) 제약영업마케팅 실무 Case study

(1) 의사들은 어떤 이유로 처방을 결정하는가?

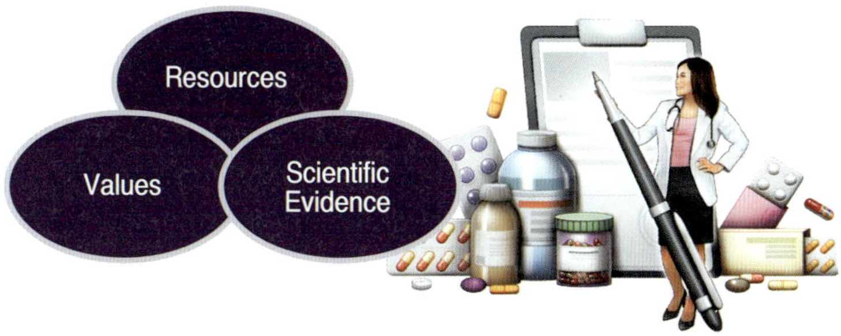

그림 3.10. 의사의 처방결정 요인

① 제품에 대한 resources

정부의 제도, 의료정책 변화 등의 영향으로 처방이 변경될 수 있다. 예를 들어 값비싼 항암제는 보험이 적용되는지 비보험인지에 따라 처방이 다르게 이루어질 수 있다.

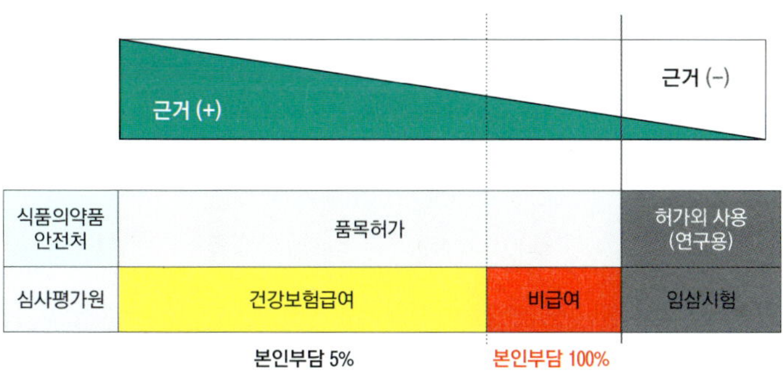

그림 3.11. 항암제의 급여 비급여 기준

② 제품에 대한 Value

의사들은 환자의 가치 즉, 환자에게 이점이 있어야 처방으로 이루어 진다.

제약마케팅은 환자의 가치를 향상시키는 요인이 무엇인지를 제시해야 한다.

③ 제품에 대한 scientific evidence medicine

의사들은 대부분 과학적인 근거자료를 바탕으로 처방이 이루어진다. 즉, 제약 영업마케팅은 의사들에게 과학적인 근거자료(임상자료 등)를 준비하여 제공하는 것이다.

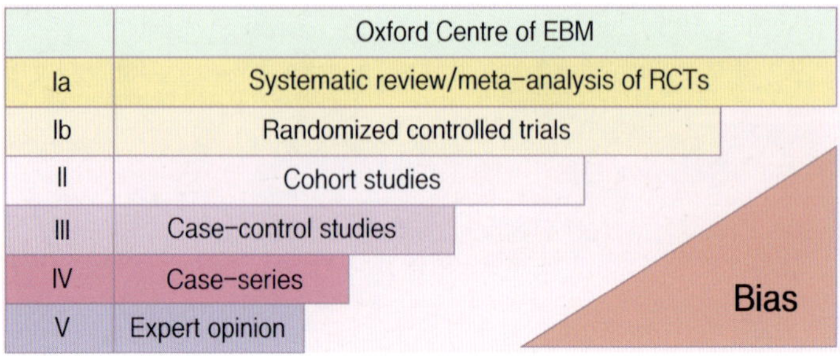

그림 3.12. Level of Evidence

(2) 제약영업사원의 성공 Knowhow

① 실패는 성공을 위한 하나의 과정이다.

실패는 성공의 어머니라는 말이 있듯이 실패의 경험이 본인을 더욱 준비하고 발전하게 할 것이다. 필자의 제약 MR call 경험은 수많은 실수와 실패의 연속이었다. 실패의 경험이 없으면 발전할 기회가 적다고 생각한다. 실패를 인정하고 그때마다 다음번 call의 실수를 줄이기 위해 준비하고 또 준비하면서 스스로 발전하고 있음을 느끼게 되었고 이와 더불어 자신감을 갖는 계기가 되었다.

MR은 자신이 담당하는 제품에 대한 새로운 데이터가 없거나, 더 좋은 약품이 시중에 출시되어 경쟁이 치열해질 때 간혹 좌절감을 느끼는 경우가 있다. Low performer MR들은 의약품이 막 출시되었을 때나 약품에 대한 연구자료가 많을 때는 열심히 일하지만, 그런 시기가 지나면 detailing을 자주 하지 않는 happy call만 하는 경우가 많다. 대부분 의약품의 연구자료는 쉽게 나오기가 어려운 상황이다.

이런 경우 필자는 "대부분 의약품은 약품계열 별, 약품계열 간 다수품목이 출시되어 경쟁이 치열하다.", "오히려 경쟁사, 경쟁품의 연구자료를 찾고, 질문하고, 공부하여 고객에게 다양한 정보를 제공하였다." 등 이런 습관이 축적되어 내가 담당하는 제품에 대한 지식뿐만 아니라 제품에 해당되는 질환에 대한 정보, 경쟁사, 경쟁 제품에 대한 정보를 습득할 기회도 얻을 수 있었다. 이렇게 적극적이고 포기하지 않는 자세는 MR이 가지고 있어야 하는 핵심 자질이다.

신약개발은 10,000분의 1의 성공률을 갖고 있다. 이같이 신약개발 연구원들은 수없이 실패를 거듭하면서 신약개발 성공을 위하여 한발씩 다가가며 발전한다. 필자의 제약 MR 경험으로는 평균 약 20~30번의 준비된 call을 하면 원하는 목표(처방)를 이루어낼 수 있었다. 단 몇 번의 call로 승부를 보려는 마음이 있다면 분명 실패할 것이고 장기간 동안 해내지 못할 것이 분명하다. 이는 제약영업마케팅만이 아니라 모든 산업에 적용해도 마찬가지일 것이다.

무엇보다도 중요한 것은 실행(execution)이다. 수많은 경험과 실패의 반복을 통해서 자기 것으로 만들 수 있는 know how가 생긴다. 현실적으로 필요한 경험을 얻기 위해서는 반드시 실행력이 뒷받침되어야 한다. 실행을 통한 필요한 경험이 많을수록 올바른 방향을 선택할 수 있다. 흔히 실행하지 않은 사람들은 편안함을 추구한다. 그래서 실행하지 못한다. 실행하지 못한 삶이 정말 편하고 행복할까? 우리의 능력이 아무리 높아도 실행이 없으면 성과를 올릴 수 없다. 반대로 능력이 좀 부족하지만 실행력이 있으면 반드시 성과를 올릴 수 있다.

즉, 실행이 답이다.

Performance = Competence x Execution

② 어리석은 질문이란 없고, 어리석은 대답이 있을 뿐이다.

사람들은 스스로 발견하고, 깨닫고, 참여하며 배우고, 경험한 것을 가장 잘 기억한다. 만일 나의 행동을 바꾸고 싶고 뭔가를 깨닫고 기억하게 하고 싶다면, 스스로에 대한 정립된 생각이 있어야 한다. 그러기 위한 효과적인 방법은 스스로 질문을 해서 답을 찾는 것이다. 내가 모르는 지식을 얻기 위해서는 나 자신과 고객에게 질문하는 것이다. 질문은 타인에게만 하는 것이 아니라 나에게도 필요하다. 또한 그 질문에 대한 대답의 목소리에도 귀를 기울여야 더 긍정적인 효과를 볼 수 있다.

좋은 질문을 하려면 분명한 목적이 있어야 한다. 질문의 의도가 분명하면 필요로 하는 원하는 대답에 접근할 수 있다. 목적을 가지고 질문을 한다는 것은 그 목표를 갖기 위해 많은 생각을 하게 되어 있다. 처음에는 어렵지만 연습하다 보면 나아지고 생활 속에서 의식적으로 질문해봐야겠다는 생각이 가지게 된다. 내 고객을 항상 존경하는 마음이 생기면 질문하는 습관이 생기게 된다. 이는 질문에 앞서 고객을 동반자로 생각하고 항상 존경해야 하는 이유다. "어리석은 질문이란 없고, 어리석은 대답이 있을 뿐이다." 궁금하거나 모르는 것이 있으면 질문을 통해 배우는 방법이 매우 효과적이다. 질문하는 습관을 키우는 것이 제약 MR의 능력을 키우는 초석이 될 것이다.

질문의 7가지 힘은 ❶ 질문을 하면 답이 나온다 ❷ 질문은 생각을 자극한다 ❸ 질문을 하면 정보를 얻는다 ❹ 질문을 하면 통제가 된다 ❺ 질문은 마음을 열게 한다 ❻ 질문은 귀를 기울이게 한다 ❼ 질문에 답하면 스스로 설득이 된다. 질문의 순기능들을 활용하면 인간관계나 업무, 자신의 내면을 다스리는데 유용하므로 의사를 만나기 전에 질문을 구체화한다면 원하는 목표를 쉽게 달성할 수 있을 것이다.

③ 목표는 구체적이어야 한다.

필자가 제약회사 MR로 근무하면서 50,000의 call(면담) 경험이 있었는데 그중에서 많은 부분의 call이 happy call로 무의미한 call이었다. 나의 call이 왜 무의미한 call이 되었을까? 여러 가지 이유가 있었지만 그중에서 가장 큰 이유는 구체적인 목표가 없었고, call 역시 준비가 부족해서 call process를 정확히 이해하지 못했기 때문이다. 모든 원인은 준비와 목표가 철저하지 못했고 좋아하는 일이 아니라고 생각했기 때문이었다. 경험상 내가 좋아하는 일을 해야 내가 행복할 수 있다. 그렇게 되면 자연스럽게 목표를 세우고 그 목표를 이루기 위한 모든 행동을 다 좋아하게 된다. 중요한 것은 목적과 목표가 의미가 있어야 하고 구체적이고 측정 가능한 목표를 설정하는 것이 좋다.

그러면 성공적인 call을 위한 준비과정은 무엇인가? Call 준비 과정 중에서 첫 번째로 준비할 사항은 바로 call preparation 과정이고 그중에서도 OMR을 준비하는 것이 매우 중요하다.

OMR은 objective, message, resource다.

(3) 가치기반의 제약영업마케팅 활동

마케팅 활동의 시작은 가치(value) 창출이다. 가치의 의미는 목표를 달성하고 싶거나 문제를 해결하고 싶은 고객의 욕구를 해결해주는 제품의 이점을 의미한다. 제품 가치가 고객 인지에 성공적으로 자리 잡아 고객이 특정 목표를 달성하거나 문제를 해결하고 싶을 때, 그 제품을 바로 떠올리는 것을 포지셔닝(positioning)이라고 한다. 그 다음 제품 판매가 확장되기 위해서는 의약품이 가진 가치(positioning message)를 지속적으로 홍보하여 더 많은 의료인이 의약품의 치료가치를 받아들이도록 의료인의 치료 관점에 변화를 주도록 해야 한다.

목표 질환이 치료 과정에서 일어나는 치료한계(treatment unmet needs) 관점에서 접근하는 방법을 고려해야 한다. 가장 흔한 주요 질환 중 하나인 당뇨병의 치료한계(treatment unmet needs)는 대한당뇨병학회 당뇨병 통계 보고서인 <Diabetes Fact Sheet in Korea 2020>에 의하면 당뇨병 환자의 경우 LDL-C를 100 mg/dL 미만으로 조절하도록 권고하고 있지만, LDL-C가 100 mg/dL 이상인 당뇨병 환자가 전체의 86.4%로 거의 대부분이 조절되지 않은 것으로 확인되었다. 또한 당뇨 환자의 목표혈당 도달율이 30% 미만으로 조사되었다. 결국 70% 이상 환자들이 당뇨 합병증 위험에 노출되어 있다고 할 수 있다. 제약영업마케팅 활동은 당뇨병의 치료 한계(treatment unmet needs)를 극복할 수 있는 맞춤형 치료의 필요성에 맞게 환자의 라이프스타일 관련 다양한 정보를 의료진에게 전달해야 하는 등 변화된 활동이 필요하다.

국민들의 인지도가 높고 의료인들의 치료 의지도 높은 주요 질환에서도 이러한 치료 한계가 확인된다는 것은 그 외의 치료 영역에서 환자를 정확하게 진단하고 적극적으로 치료를 시작하게 한다. 충분한 수준으로 치료를 유지한다는 것이 얼마나 어려운 일인지를 알 수 있게 해주고, 다양한 질환에서의 치료 한계들을 여러 국내외 학술자료, 시장조사, 의료인의 강의나 대화, 환자들의 경험담 등을 통해서 확인할 수 있다.

다양한 치료 한계를 확인하는 것은 제약영업마케팅의 시작이다. 이렇게 확인된 치료 한계를 해소하는 차별화된 접근법을 고민하고 다양한 회사의 내·외부 자원을 활용해 실행하고 성과로 이룰 수 있도록 관리하는 것이 제약영업마케팅의 기본적인 활동이다. 제약영업마케팅 담당자는 질환, 제품, 의료보험정책, sales skills 등 다양한 역량 강화 교육을 통해서 환자들의 한계에 대해 의료인들이 인식하도록 하고 의료인들이 우리 제품을 통해서 환자들의 한계를 적극적으로 해결하도록 우리 제품의 메시지를 강조하여 전달하는 일이다.

근거 중심(evidence based medicine, EBM)의 영업마케팅 활동은 오리지널 회사의 전유물이 아니며, 신약과 개량신약 그리고 제네릭 제품도 더 많은 의약품의 매출을 원한다면 의약품의 그 자체의 장점보다는 의료인이 치료 시 충족되지 못하는 수요(treatment unmet needs)[2)]를 인식하도록 하고 이를 해결할 수 있도록 근거 자료를 제공하는 것이 제약영업마케팅의 핵심 활동이다. 그러면 국내 제약회사 마케팅 담당자들은 이에 대한 준비가 되어 있을까? 일단 가능성은 커지고 있다. 이유는 코로나 상황에서 효과적인 고객관리 프로그램으로 의료인을 위한 비대면 교육프로그램이 활성화되고 있다는 점이다. 비대면 프로그램이 지속적으로 진행되기 위해서 제약회사에서는 점점 양질의 교육콘텐츠가 필요하게 될 것이고 이는 점점 의료인의 치료한계를 충족시켜주는 방향으로 전개될 것이다.

향후 급변하는 제약환경 변화에서는 근거중심(EBM)만으로는 결정하기 어려운 다양한 의료 문제들은 가치기반건강관리(value-based healthcare, VBH)를 반영하여 충족시켜 줄 수 있을 것이다.

표 3.1. EBM → VBH (value-based healthcare)

개인적 가치(Personal Value)
기술적 가치(Technical Value)
의료자원 분배(Allocative Value)
사회적 가치(Societal Value)

(4) 정확한 시장분석이 필요한 이유

① 시장은 매우 역동적으로 변한다.

기술의 발전과 융합이 빠르게 진행되면서, 시장의 형성과 변화도 다양하게 나

2) unmet needs: 미충족 수요라는 뜻으로, 고객이나 시장에서 아직 충족되지 않은 요구 혹은 욕구. 이는 기업이 기존 제품 또는 서비스로 아직 충족시키지 못하는 고객의 필요를 지칭함.

타난다. 제약시장도 새로운 환경 속에서 다양한 신종 질환이 출현되고 그와 더불어 새로운 제품이 출시되고 있다. 이런 급격한 환경 변화 속에서 기업은 성장, 발전 방안을 모색해야 한다. 이에 대한 해답은 손자병법 모공(謀攻) 편에서 찾을 수 있다. 모공 편에서는 '지피지기백전불태(知彼知己百戰不殆)'라 하였다. 즉, "적을 알고 나를 알면 백번을 싸워도 위태롭지 않다."는 의미이다. 시장현황(경쟁사)에 대해서 정확히 알고, 객관적으로 자신의 제품의 특장점과 이점, 그리고 부작용을 정확히 인지한 후 시장조사를 하면 실패 확률을 줄일 수 있다.

마케팅 전략은 흔히 전쟁에 비유된다. "작전에 실패한 지휘관은 용서할 수 있어도, 경계에 실패한 지휘관은 용서할 수 없다." 맥아더 장군이 한 말이다. 군사작전에 있어 상대방과 주변 환경의 변화를 감지하는 것이 무엇보다 중요하다는 점을 강조한 말이다. 시장과 경쟁자 그리고 고객에 대한 정확한 정보는 모든 마케팅 활동의 근본이다. 그럼에도 불구하고 시장에 대한 의미 있는 정보를 얻기 위한 활동, 즉 시장조사에 대해 소홀히 하는 경우가 많다. 마케터들은 흔히 시장 전체를 보는 통찰력이 부족하여 우리 제품의 우수성을 확신하고, 이를 구매할 고객이 누구인지도 잘 알고 있다고 생각한다. 이들 중에는 종종 시장조사를 단지 고객의 취향 변화를 확인하는 절차 정도로 판단하는 경향이 있다. 이는 마케터나 마케팅 부서가 시장에 대해 충분한 통찰력을 가지고 있다는 오판에서 기인한다.

시장은 카멜레온처럼 환경의 변화에 따라 매우 역동적으로 변화하고 있어 주기적으로 업데이트하지 않으면, 어느 순간 흐름을 놓치게 되고, 결국 시장의 변화에 적응하지 못하고 실패한다.

고객은 카멜레온처럼 수시로 변한다.

그림 3.13. 카멜레온

② 고객에 대한 이해와 반응을 파악한다.

마케팅은 사람과 제품, 그리고 프로세스를 관리하는 일이다. 기업들은 자신들의 제품이나 서비스를 위해 기꺼이 돈을 지급하는 사람들이 누구인지 알기 원한다. 그리고 그들의 구매 행위에 가장 큰 영향을 미치는 해당 분야에 영향력을 가진 사람(key opinion leader, KOL)은 누구이며 어떤 요소들이 영향을 미치는지 알고 싶어한다. 따라서 이에 대한 명쾌한 답을 가지고 있지 않다면, 마케팅 전략의 기초가 매우 부실해질 수밖에 없으며, 특히, 고객의 구매 환경은 수시로 변하므로 이에 대한 정기적인 점검이 필요하다. 이 정보만 가지고 있어도 매우 유용한 마케팅 전략 수립이 가능하다.

현대의 시장 환경에서 대부분의 기업들은 제품이나 서비스를 홍보하기 위해 한 가지의 방법만 사용하지는 않는다. 고객의 구매 환경에 맞게 다양한 방법들을 동시에 실행하는데, 이런 활동을 promotion-mix 혹은 communicaiton-mix라고 한다. promotion-mix는 흔히 광고, 홍보, 직접 판매, 그리고 판촉 행사 등으로 우리 제품이나 기술에 대한 고객들의 반응을 먼저 알고 이를 바탕으로 시장을 개발하는 것이 기본이다. 목표 고객들을 대상으로 제품에 대한 만족 혹은 불만족 사항을 확인하는 것은 시장조사의 가장 큰 역할 중 하나이다. 고객의 구매 여정을 파악하여 고객의 반응에 따라 적절하게 소통하는 것이 필요하다.

③ 경쟁사와 경쟁품을 분석한다.

제약마케팅은 다국적회사(오리지널) 의약품, 국내회사(제네릭) 의약품 그리고 약품계열 별, 약품계열 간 의약품이 다수 출시되어 경쟁이 매우 치열한 상황이다.

경쟁사, 경쟁품의 동향을 계속 모니터링하고 있으면서 이들의 신제품 출시 계획, 판촉 전략, 가격 정책을 알고 있다면 매우 도움이 된다. 경쟁사의 매출액의 경우 의약품의 경우 IMS data 등 객관적인 통계자료가 있어 이들의 매출 동향, 평균 성장률 등을 파악할 수 있다. 경제전망, 경제성장률 등의 거시 지표는 전사적인 사업계획 시 반영되어야 할 요인들이다. 인구통계자료는 제약마케팅에서 매우 중요한 자료로, 질환의 유병률과 향후 발생할 질병의 진행을 예측할 수 있는 자료로 활용할 수 있는 정확도가 높은 자료이다.

판매예측조사를 bottom-up으로 할 것인가, 아니면 top-down으로 할 것인가?

- 상향식 방법(bottom-up)은 통상 영업 조직으로부터 받은 각 지역(territory)이나 지역 별 총액 및 판매 수량에 구성 단위당 평균 비용을 곱하는 방법이다.
- 하향식 방법(top-down)은 전체 시장 크기(total market size)에서 시작하여 자사가 몇 %의 시장을 가져갈 수 있는지 예측하는 모델이다. 흔히 사용하는 방법은 퍼널(funnel)식 예측법이다. 하향식은 목적지향형으로 목표 달성의 개념이 강하다.

경쟁환경에 대한 정보는 다양한 방법을 활용하여 획득할 수 있는데, 가장 빠르고 정확한 방법은 관련 분야의 전문가나 고객들의 의견을 수집하는 것이다. 이 정보를 바탕으로 경쟁 전략을 수립하는 것이 경쟁에서 성공할 수 있는 최고의 방안 중 하나이다.

(5) MR의 행동변화 필요성

MR과 의사와 개인적 관계는 한시적인 효과에 불과하다. MR이 개인적으로 구축한 1대1의 관계성은 담당자의 교대 및 의사의 다른 지역으로 인사 이동되면서 쉽게 상실된다. 인간적 동지의 관계 이상의 MR이 의사를 쫓아가는 행위(1대1의 관계성)는 MR과 의사의 발전에 연속성을 주지는 않는다.

① 밀착 영업의 변화는 이익보다는 손실이 크다.

장기간 제약사와 의료기기 업체들은 자사 제품의 처방과 사용 권한을 지닌 의사를 대상으로 대면 영업을 기본적으로 전개해 왔다. 어디까지나 의사와 직접 면담할 수 있도록 접근함으로써 매출 실적을 유지하거나 증가시킬 수 있다고 생각해 왔다. 제약사들이 제품을 개발하는 데 막대한 비용과 시간을 투자하고 있다. MR에 의한 의사 면담 누적 결과로 막대한 세계 규모의 업적을 이룰 수 있다면 모든 국가에서 비슷한 현상이 나타날 것이다.

의사로부터 "지금까지 나를 기다리고 있었나?" 하며 신뢰받는 MR이 과연 얼마나 될까? 의사에게 기대되지 않는 행위를 영업 간부가 일방적인 논리나 관습, 과거의 성공 체험에서 얻었다는 것은 장점보다 단점이 더욱 많을 것이다.

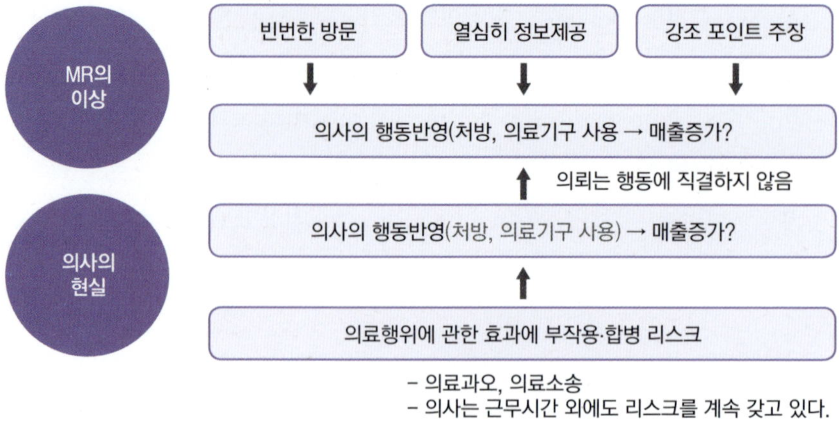

그림 3.14. MR의 이상과 의사의 현실

② MR부터 변화해야 한다.

Change 속에 chance가 생긴다는 말이 있다. Change의 단 한 글자 g를 c로 변경하면 chance가 되는 것처럼 많은 변화보다 적은 변화를 통해 큰 기회를 얻을 수 있다.

MR은 주로 외부 고객을 만나는 직업으로 시간적인 효율성을 추구하는 의미가 크다. MR의 행동 중 무조건 기다리는 현 스타일에서 적극적으로 탈피하려고 노력함으로써 의사와 대등한 동료 관계를 구축할 가능성이 충분하다고 생각된다. 열심히 하면 된다며 무조건 기다리는 수동적인 행동에서 의사와 파트너로 대화하는 새롭고 능동적인 변화가 필요하다. 물론 지금까지 고수해오던 기존 방식의 변화를 위해서는 용기가 필요하고 의사 측의 변화 또한 중요하다.

MR의 직업을 선택한 사람들이 현재의 문제점을 개혁한다는 마음으로 자발적인 참여로 변화를 한다면 자신의 가치를 향상시키고 자존감을 갖는 계기가 되며 또한 회사가 추구하는 영업효율성(SFE)을 높이게 된다.

③ 무조건 기다리는 행위는 자존감을 떨어지게 한다.

제약사 MR들이 깔끔한 정장 차림으로 가방 및 자료를 들고 외래환자 대기실이나 의국 앞에서 서서 의사를 기다리는 모습은 병·의원에서는 일상적으로 볼 수 있는 광경이다. 병원의 규모가 클수록 여기저기에서 MR이 대기하고 있는 모습을 자주 볼 수 있다. MR들의 방문 자제를 요청하고 있는 의료기관에서는 면회가 가능한 시간 안에 어떻게든 의사와 접촉하려는 MR들로 복도를 가득 채운다. 의사들 대부분은 MR의 방문을 긍정적으로 수용하는 편이지만 뜻밖에 복도에서 안면이 없는 MR로부터 자료 등을 받으면 당혹감을 느낄 수도 있다.

왜 MR은 무작정 기다리는 것인가. 제약회사의 업무 내용은 다양한데 고객인 의사와 만난다는 보장이 없어도 꼼짝하지 않고 기다려야 하는지 잘 이해되지 않는다. 의사의 관점에서 신뢰감이 없으면 곁눈질로 보는 정도에 불과하다. MR들이 다리가 아플 정도로 무작정 계속 기다리는 것으로는 그에 적합한 성과를 올릴 수 없다. 무조건 진료실 앞에서 의사를 기다린다. 아직도 일부 제약회사의 MR들은 업계의 오랜 관행으로 합리화하고 있다. 다른 회사의 MR들도 동일하게 기다리고 있다. 선배로부터 학습 받았기 때문에 또는 팀장이 방문하라는 주문을 내렸기 때문에 등 이유는 있지만 이런 방식은 시대에 뒤떨어진 영업활동이고 바뀌어야 한다. MR의 업무 시간 대부분을 좌우하는 무조건 기다리는 행위는 시간 낭비로 성취감과 만족감이 떨어지게 되며 자존감을 잃을 수 있다.

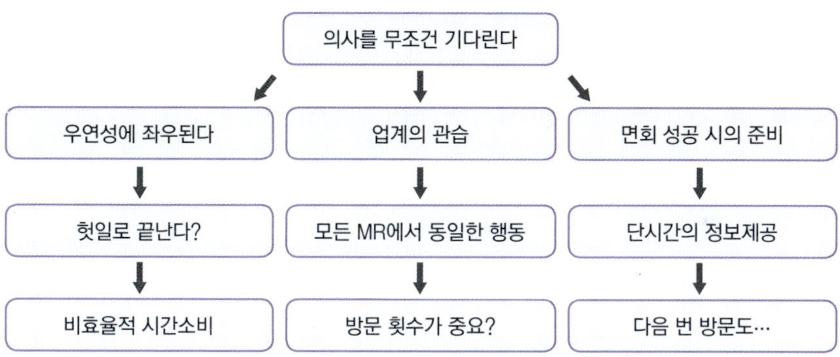

그림 3.15. MR의 무조건 기다리는 행위

무조건 기다리는 행위를 탈피한 필자의 경험을 공개하면 처음에는 어려웠지만, 이메일이나 SNS를 활용하여 의사와 사전 예약을 통한 call의 비율을 높이고 지속적인 면담을 위한 상대방과 다음 번 면담 약속을 하면서 call closing을 마치는 방법으로 서로의 시간을 절약할 수 있었고, MR의 입장에서도 call quality를 향상시키는 결과를 가졌다.

(6) 제약영업마케팅 팀장의 역할

① 신입 사원 배정의 날

"안녕하세요. 오늘부터 'OOO'팀에 출근하게 된 신입사원 OOO입니다. 앞으로 많은 지도 부탁드립니다."

패기가 넘치는 젊은 신입 사원을 미소 지으며 바라보는 영업팀장이다. 인사팀에서 MR들의 상세한 업무환경에 대한 설명을 듣고, 영업팀에서 앞으로 담당하게 될 병원과 의원을 통보하면서 하루의 일과를 시작한다. 아직은 학생 시절의 분위기가 남아있는 신입 사원이다.

MR은 제일 처음 담당 병원의 선생들에게 회사의 배지를 달고 명함을 전달하는 일로 자신의 존재를 알린다. 영업활동과 정보제공을 착실하게 수행하는데 고객과 좋은 관계를 유지하는 것이 가장 중요하다. 병원의 행정실, 약제부, 유통도매와의 원만한 관계도 중요하다. 현장 업무에 능숙한 선배 베테랑 MR이 업무상 필요한 점을 설명했다.

"팀장님, 저…." 약간 자신감이 없는 듯한 표정으로 새로 입사한 여성 MR O양이 질문을 했다.

"연수받을 때 우리 회사의 여성 MR은 아직 적지만 지금부터 채용을 늘릴 예정이며 육아지원 체제도 정비했기 때문에 앞으로 육아 등에 걱정할 필요가 없다고 했습니다. 그런데 이 팀에서는 여성은 저를 포함해 2명입니다. 앞으로 근무환경이 걱정됩니다."

사실 작년까지 팀에는 5명의 여성 MR이 근무했지만, 그중 2명은 결혼을 이유로 퇴직했고 1명은 다른 이유로 이직했다. 약대 출신으로 의료에 공헌하겠다는 생각으로 취업했지만 회사의 지원 여건이 불충분하여 다른 제약사로 이직 또는 불분명한 이유로 떠난 사람도 있다. 매년 이와 비슷한 현상이 반복되어 팀 차원에서 여성 MR은 고민거리가 되고 있다.

팀장은 "나는 젊은 시절부터 일에만 전념하면서 가정을 돌보지 않았기 때문에 좋은 남편은 아니지만 요즘 신세대들의 고민을 이해한다. 업무와 가정은 다르지만 우려한다고 상황이 달라지지 않는다. 따라서 어려운 일에 대해 언제든 얘기해 주면 무슨 일이든 신경 쓰겠다."

아버지 같은 자상한 답변에 여성 MR은 작은 미소를 지으면서 만족했다. 그러나 팀장으로서는 또 다른 고민거리가 늘었다.

② 영업팀장의 고뇌

연수 기간(약 1~3개월)이 끝나면 회사에서는 현장에 배속된 신입 MR들이 본격적인 활동에 들어간다. 본격적인 활동은 경력 입사자를 포함해 영업효율성을 높이고 보다 빠르게 현장에 적응할 수 있도록 교육훈련(on the job training, OJT)을 영업팀장의 책임과 감독하에 진행된다. 이 과정 또한 영업팀장의 머리를 아프게 하는 업무이다. 급변하는 노동환경에서 영업팀장으로 근무하고 있는 베테랑 MR에게 신입 MR 지도, 여성 MR의 노동환경 개선, 인원 증가 등의 상황 속에서 사기 유지 등 더욱 다양한 역할이 요구되고 있다.

영업팀장은 장기간 의료현장에서 다양한 경험이 있고, 많은 의사들의 개인적인 신뢰를 확보하고 있으며 각종 문제를 원활하게 대처할 수 있는 능력도 있다. 그러나 철저히 교육하고 있는 비즈니스 업계의 복잡한 영업이론 및 약리학적 사항, communication skill 과정 등의 연수교육은 MR 업무의 기본이지만 새로운 의료환경의 트렌드를 이해하기 위한 과정은 점점 복잡하고 어렵게 다가오고 있다.

특히 '사람 대 사람'의 관계성에 평등문제, 임기응변으로 실천한다는 것이 어려운 문제이다. 이는 많은 MR과 상대하고 있는 의사의 업무에서도 비슷하다. 타과 의사들과 만나도 MR의 무의식적인 행동에 형식적으로 대응하고 있다. 근본적으로 불가피한 파트너십을 강조하는 업종이지만 의사와 MR이 대등한 관계에 이르지 못한 것이 현실이다. 개인의 실력만으로 의료계에서 활약의 장을 구축하는 것이 상당히 어려운 현실이다.

③ 제약영업 팀장의 Leadership

다수의 MR을 관리하는 영업팀장의 입장에서 MR들이 동일한 방향으로 갈

수 있을 정도의 통솔력을 발휘해야 하고, 매일 호령을 반복하지 않아도 개성이 풍부한 집단이 우왕좌왕하지 않고 전진성을 유지해야 한다.

영업팀장 능력의 차이는 MR 집단의 사기와도 직결된다. MR은 기본적으로 사람을 상대로 하는 정보제공을 하는 전문직이며 인격적으로도 직업적으로도 숙달되면 주변으로부터 정당한 가치를 자연스럽게 인정받는다. 어느 신제품을 어떤 지역에서 몇 번째로 판매했다는 실적에 자만하는 부하를 인간적으로도 성숙하게 만드는 것이 관리자의 역할이다. 영업팀장은 MR의 정신적인 교육을 포함한 기본교육과 더불어 MR의 전문성을 향상시키는 교육프로그램 등의 지원을 통해 MR의 value를 향상시키는 역할 또한 중요하다.

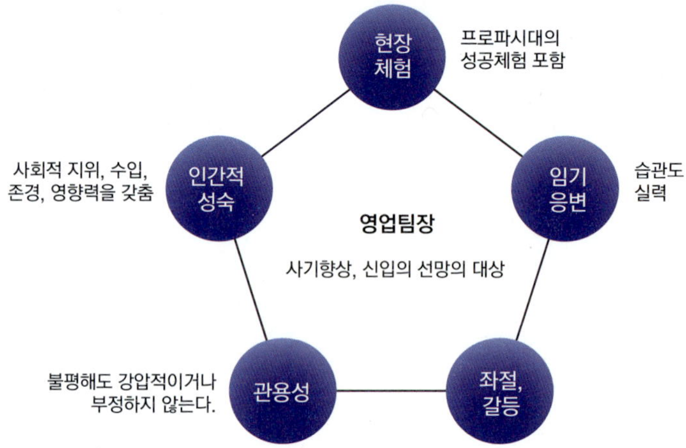

※ 단순히 '나이 많은 MR'에서 벗어나 직장에서 존경받는 영업팀장이 되어야 한다.

그림 3.16. 영업팀장의 리더십

실전문제

- 중간 관리자인 제약영업 팀장의 주요 역할은?
- 여성 MR이 더욱 요구되고 증가하는 이유는?

CHAPTER 02

제약영업마케팅 사원에 필요한 교육

1) Facilitation 교육

제약영업마케팅 직원의 교육의 목적은 SFE (Sales Force Effectiveness)를 높이기 위한 교육으로 다양한 교육이 필요하다. 무엇보다도 효과적이고 지속가능한 교육이 필요하다. 제약영업마케팅에 필요한 지식을 습득하고 직접 참여하고 이해해서 정확하게 설명할 수 있도록 도와주는 교육이 제약영업마케팅 직원들의 자존감을 높일 수 있다.

Facilitator는 일방적인 일괄소통이 아닌, 능동적으로 의사들과 토론에 참여할 수 있는 인재로 개발하기 위한 교육으로 필요한 지식을 습득하고, 참여하고, 이해하며 정확하게 설명하게 할 수 있도록 학습자에게 질문을 던진다. 그리고 학습자들의 생각에 맞서며, 한편으로 독려하여 학습자의 학습을 가속화시켜주는 교육을 진행한다. 즉, 개인이나 집단의 문제해결 능력을 키워주고 조절함으로써 조직체의 문제와 비전에 대한 자신의 해결책을 개인이나 집단으로 하여금 개발하도록 자극하고 돕거나, 교육 훈련 프로그램의 실행과정에서 중재 및 조정역할을 담당하는 사람을 의미한다.

그림 3.17. Facilitation 교육현장

(1) Facilitation 장점

Facilitator와 참여자들의 토론을 통해 각자의 가치를 향상시키고, 참여자들의 다양한 아이디어를 발굴하고 공유할 수 있다.

그림 3.18. Facilitation 교육의 장점

(2) Facilitator의 태도

- 결과물이 참석자의 것이 되도록 진행에 '중립'을 지킨다.
- 참석자들 스스로 우수한 결과물을 내놓을 것이라고 신뢰한다.
- 효과적인 facilitation에 관한 지식과 기술을 지속적으로 연마한다.
- 특히 facilitator는 feedback을 신속 정확하게 주로 긍정적으로 칭찬과 함께 해주어야한다. 피교육자는 항상 feedback 받기를 원한다.

Feedback is Gift다.

그림 3.19. Facilitator의 태도

"사람들은 자신이 참여한 계획이나 아이디어에
더욱 헌신적으로 임한다."

"사람은 기본적으로 현명하고, 올바른 일을 할 수있으며,
또 그렇게 하고 싶어 한다."

"사람들은 자신의 결정에 의해 책임이 부여되면
진정으로 책임감 있게 행동한다."

(3) Gamification(즐겁게 공부하기)

게임화(Gamification)란, 현업의 이슈와 관계된 게임체험을 통해 필요한 학습 활동이 이루어지도록 하는 비강의식, 경험 학습식 교육 프로그램이다. 게임이 아닌 것을 게임화하여 학습자의 몰입과 동기부여, 현업 적용가능성을 높여주는 학습 방식으로, 교육과 게임이 접목될 때 학습의 효과가 증대된다.

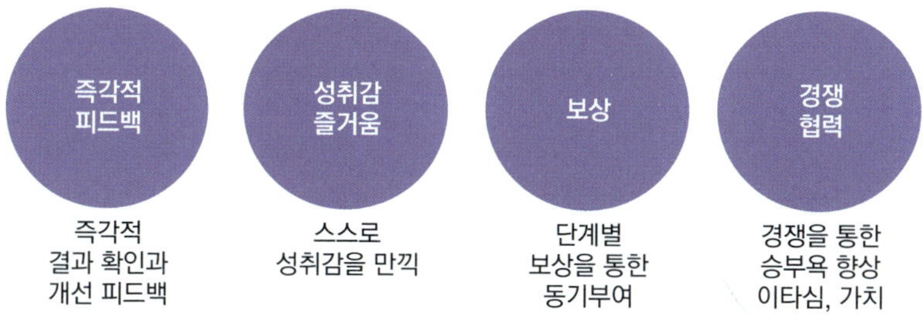

그림 3.20. Gamification Training, 게임화 학습의 4가지 효과

(4) 서로 설명하기

고객을 이해하기 위해서는 우선 내 자신의 이해가 선행되어야 한다. 내 자신의 설득 없이 타인을 설득하는 것은 불가능하다. 제약영업마케팅의 1차 고객인 의사를 이해하기 위해서는 그들이 제일 관심을 갖는 환자치료에 도움이 되는 질환, 제품에 대한 정보와 더불어 다양한 의약 정보를 전달할 수 있는 능력을 키워야 한다. 상대방(고객)에게 설명할 수 없으면 모르는 것이다. 설명하면서 아는 것과 모르는 것을 명확하게 구분할 수 있는 메타인지 능력을 키우게 된다. 결국 수없이 많은 Role Playing으로 상대방의 입장을 이해하는 과정을 연습해야한다.

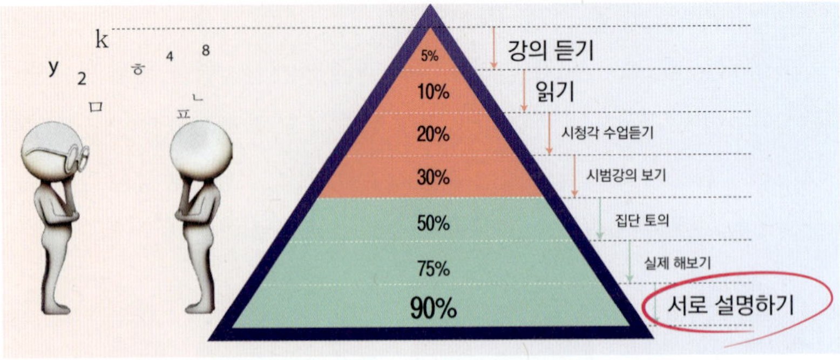

그림 3.21. 학습 효율성 피라미드

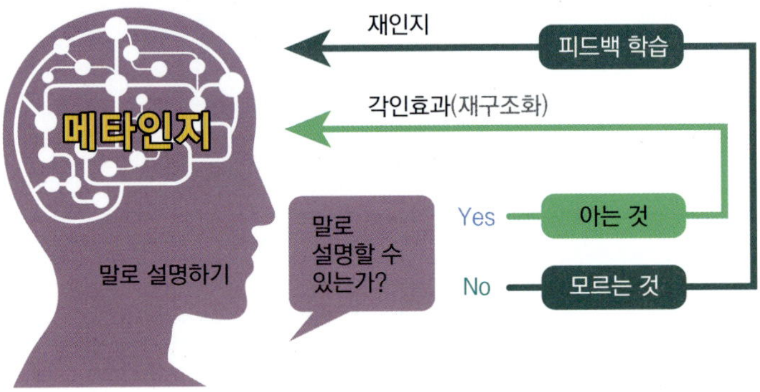

그림 3.22. 메타인지

(5) Flipped learning

교육에 앞서 제공되는 온라인 영상이나 자료 등을 이용해 학생에게 미리 수업 내용을 학습하고 수업시간에는 실천과제 연습이나 토론, 프로젝트 등이 수행되면서 단순한 지식 전달이 아닌 facilitator와 학습자, 학습자와 학습자간의 상호작용이 강조된다. 플립러닝에서 facilitator는 학습자를 수업에 참여시키고 지적 자극을 주기 위해 보다 정교한 수업설계가 요구된다. 학습자는 일방적으로 수업을 듣거나 학습 자료를 읽는 데 그치지 않고 토론이나 과제풀이를 진행하여 학습과 관련된 새로운 아이디어를 생성하는 등의 학습활동에 참여하게 된다.

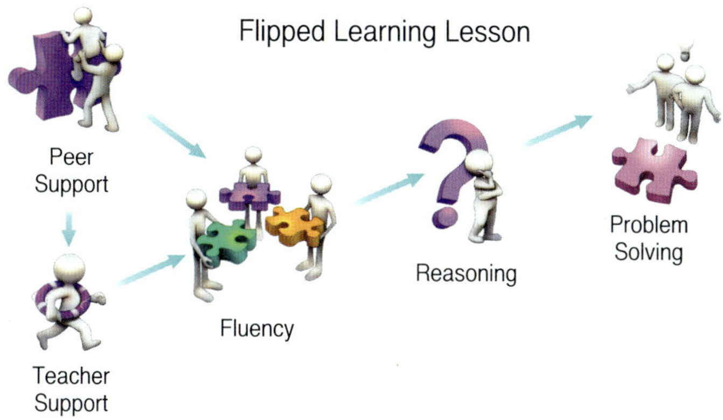

그림 3.23. 플립러닝(Flipped Learning)의 개념도

2) 제약영업사원의 실제 Activity 현황과 SFE를 높이는 교육방법

급변하는 환경 속에서 기업의 영업목표 달성 여부는 경쟁력 있는 영업사원에게 있다. 따라서 기업 입장에서는 영업사원을 어떻게 효율적으로 활용하여 지속적인 성과를 이룰 것인가가 매우 중요한 이슈이다.

제약산업은 사람의 생명과 건강에 직접적인 영향을 미치는 의약품을 연구개발 즉 신약후보물질연구, GLP[3)], GCP[4)] 과정을 거쳐 의약품을 허가받은 후, GMP[5)] 시설에서 생산, 판매, 판매 후 PMS를 통하여 지속적인 안전성과 유효성을 입증하는 산업으로 타 산업과 다른 뚜렷한 특성을 가지고 있어 각 분야에서 매우 전문성을 요구하고 있는 산업이다.

제약회사의 영업대상자는 1차 고객이 최종 소비자인 환자가 아닌 의사나 약사를 상대하기에 타 업종에 비해 전문성을 요구하고 있다. 현재 대부분 제약회사의 영업사원들의 호칭을 MR (medical representative)라고 부르는 이유이다. MR

3) GLP (good laboratory practice): 의약품의 승인 신청을 하기 위해 동물을 사용하여 약리 작용을 연구하는 단계에서의 실험에 관한 기준
4) GCP (good clinical practice): 의약품의 임상시험 실시에 관한 기준
5) GMP (good manufacturing practice): 의약품 제조 품질 관리 기준

의 역할이 기존의 영업방식과 다르게 고도의 의약정보를 제공하는 역할로 급격하게 변화하고 있다. MR이 의사를 만나서 담당하는 의약품의 특장점, 이점, 안전성, 부작용, 다양한 의약정보 등을 설명하는 과정을 면담(call) 이라고 한다. 대부분 제약회사들이 어떻게 하면 영업사원 면담 빈도(call frequency)와 면담 질(call quality)을 증가시킬 수 있을까 연구하고 있다. 수준 높은 call을 하기 위한 가장 중요한 방법은 MR이 정확한 의사(right doctor)에게 고도의 의약정보를 정확한 환자(right patient)에게 최적의 치료가 될 수 있도록 정확한 메시지(right message)와 근거자료(right resource)를 준비하여 전달하는 능력을 향상시키는 것이다. Call quality를 향상시키는 방법은 제품에 해당되는 전문적인 질환 교육, 제품교육, 의약정보, 판매 기술(selling skill) 교육 등 다양한 교육이 필요하다. 이런 교육 후 면담 빈도, 면담 질 및 시간의 증가된 변화는 MR의 자존감을 회복시키고 제약영업 조직의 영업효율성(sales force effectiveness, SFE)을 극대화시켜 결국 매출의 증가를 가져오는 매우 중요한 요인이 되고 있다.

MR의 활동은 크게 3개의 종류로 진행된다. 첫째, 매일 의사를 직접 만나 제품의 특장점과 이점을 홍보하는 call (detail) 활동, 둘째 online-web seminar 활동, 셋째 group symposium 활동으로 이루어진다.

그중에서 1일 평균 10명 내외의 의사를 만나서 디테일 활동(call)을 하는 것이 대부분이다. IQVIA 자료에 의하면 코로나-19 이후에도 한국은 다른 나라에 비해 F2F영업(call) 비중이 90%로 매우 큰 비중을 차지하고 있다. 이 현상에 대한 다양한 이유 중 하나는 한국의 제약사들이 고객을 직접 방문하는 F2F 방식 이외의 다른 방법에서는 준비가 미흡한 편이기 때문이다.

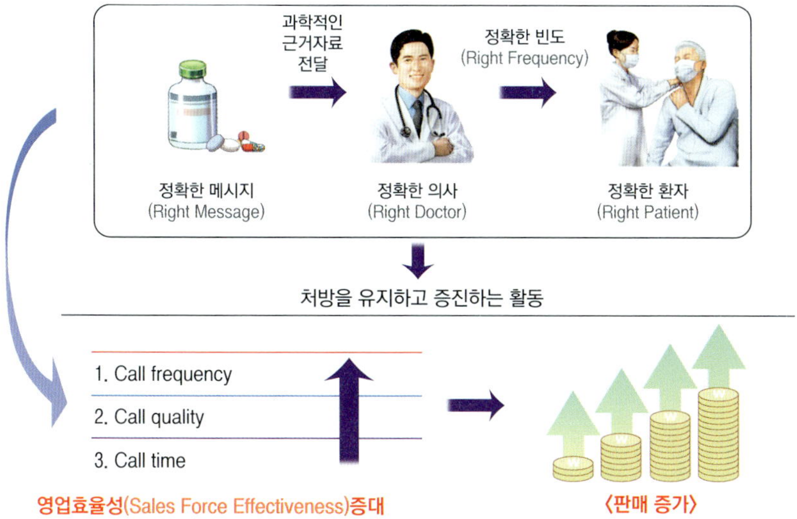

그림 3.24. MR Call의 정의

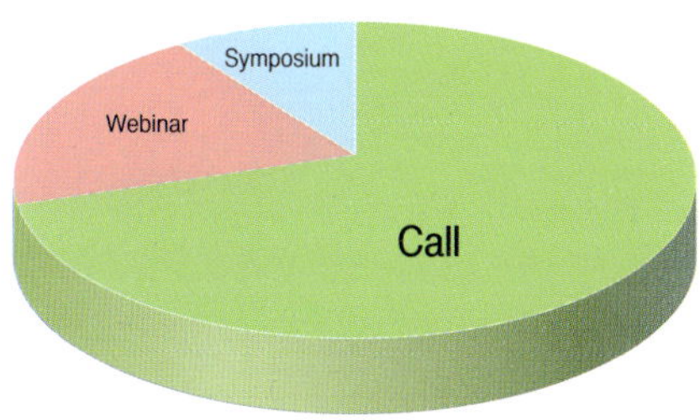

그림 3.25. MR Activity

제약업계는 다양한 마케팅 전략을 통해 제품의 홍보를 실시하고 있다. 다양한 전략 중 하나로 실질적 소비자인 처방을 하는 의사에게 제품을 홍보하는 MR들의 역량 강화는 필수적이며 가장 근본적인 해결책이고 교육방법 또한 기존 일방적인 교육방법보다는 facilitator에 의한 facilitation 교육법이 효과적이다.

필자가 연구한 '2019년, D제약회사의 MR들(413명)로부터 수집된 데이터를 통한 통계적 분석결과'에 의하면 facilitation 교육법은 영업사원들의 약품에 대한 이해도를 향상시켜 1일 평균 방문 의사 수, 1일 평균 디테일 의사 수, 1회 평균 디테일 시간에 대해 통계적으로 유의한 향상을 가져왔다고 볼 수 있다. 또한 개인병원, 종합병원, 대학병원 담당 MRs 모두에서 1일 평균 방문 의사 수, 1일 평균 디테일 의사 수, 1회 평균 디테일 시간이 크게 향상된 것을 확인했다. 또한, 1일 평균 방문 의사 수보다 1일 평균 디테일 의사 수와 1회 평균 디테일 시간에 대한 향상이 더욱 큰 것으로 나타났다. 이는 단순한 call의 frequency 증가와 더불어 call quality에 더욱 큰 영향을 준다고 볼 수 있다.

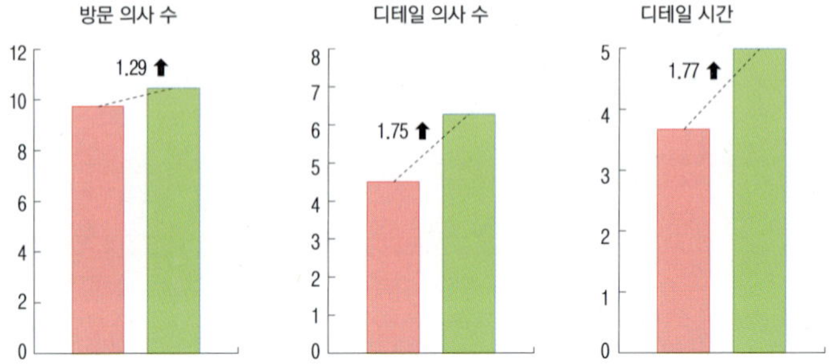

• 출처: The Korean Journal of Health Service Management. vol 13 No.4 pp. 215-228 Dec 2019

그림 3.26. Facilitation 교육 후 제약 MRs Call acticity 변화

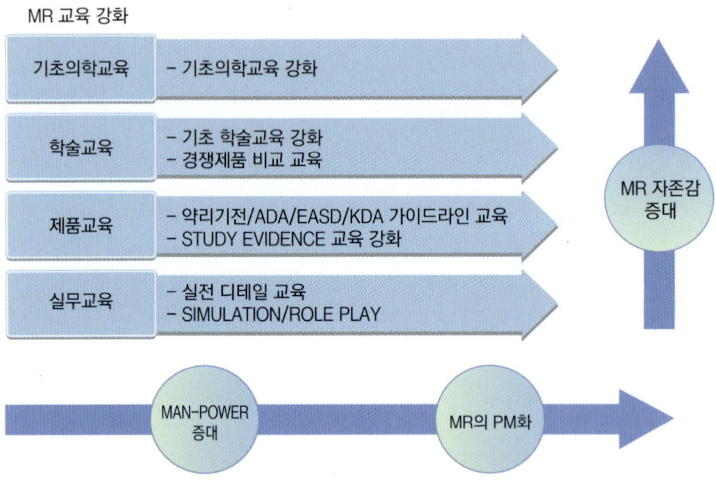

그림 3.27. Sales & Marketing Strategy

실전문제

- MRs activity?
- MR의 call frequency를 높이는 방법은?
- MR의 call quality를 높이는 방법은?
- MRs에게 필요한 교육은 어떤 교육일까?
- MRs에게 자존감을 높이는 교육방법은?
- MRs에게 가장 유용한 교육방법은?
- 코로나 19 이후에도 한국은 F2F가 크게 줄지 않았다. 그 이유는? 대안은?
- MRs에게 facilitation 교육방법으로 진행할 때 가장 적절한 교육인원은?
- MRs에게 flipped learning 교육방법이 효과적일까?

3) MR의 Call Quality 향상 위한 연구 논문

(1) MR의 역할과 직무

제약영업마케팅은 일반 소비자를 대상으로 하는 consumer 마케팅과는 다르게 환자의 질병과 건강을 다루는 분야로 규제가 있고 또한 의약품의 최종 수혜자인 환자들이 치료받기까지 제약산업의 이해, 신약 개발과정, 임상시험 단계, 의약품 인·허가 결정과정, 시판 후 의약품 안전관리, 생산, GMP, validation, GSP, 보험약가 및 가이드라인 결정, 병원구매 및 의사의 처방결정까지 다양한 관련부서와 관계자가 연관되어 있는 것을 이해해야 한다. 제약영업마케팅은 의약품 개발의 전 과정에서 이루어지고 있다.

대부분 산업의 영업은 영업사원이 고객보다 자신이 판매할 제품을 더 많이 알고 정확히 이해하여 고객에게 특징과 장점 그리고 이점 등을 설명하여야 한다. 제약산업 역시 제약영업사원들은 자신이 판매할 약품에 대한 정확한 이해가 선행되어야 의사, 약사, 간호사 등 보건의료 전문가들에게 정확한 정보를 전달할 수 있다. 그러기 위해서는 전반적인 제약산업의 특수한 상황의 이해와 현재와 그리고 미래 제약바이오산업 market trend의 이해가 선행되어야 하고 ❶ 자신이 디테일할 약품의 이해(특·장점, 복용방법, 그리고 부작용 등의 정보) ❷ 약품의 임상의 이해, ❸

질병에 대한 주요 system의 구조 및 기능의 이해, ❹ 관련 진료과에 대한 이해, ❺ 제약영업의 1차 고객인 의사에 대한 특성과 그들이 일하는 의료기관에 대하여 이해, ❻ 정부 정책, 회사의 경영철학과 공정거래 자율준수프로그램의 이해와 더불어 ❼ communication skills, presentation skills 등 selling skills을 겸비해야 시대에 맞는 제약 MR로서 제약영업효율성(sales force effectiveness, SFE)을 증대할 수 있다.

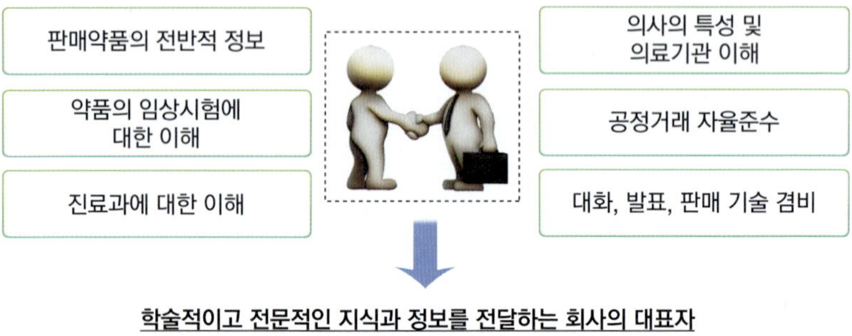

그림 3.28. MR의 역할과 직무

필자가 2021년에 D제약회사 제약영업사원(MR)들의 자료를 통하여 제약영업사원의 능력과 전문성을 어떻게 향상시켜 영업효율성(sales force effectiveness, SFE)을 증가시킬 수 있을 것인가를 연구한 내용을 간략하게 요약한 내용이다.

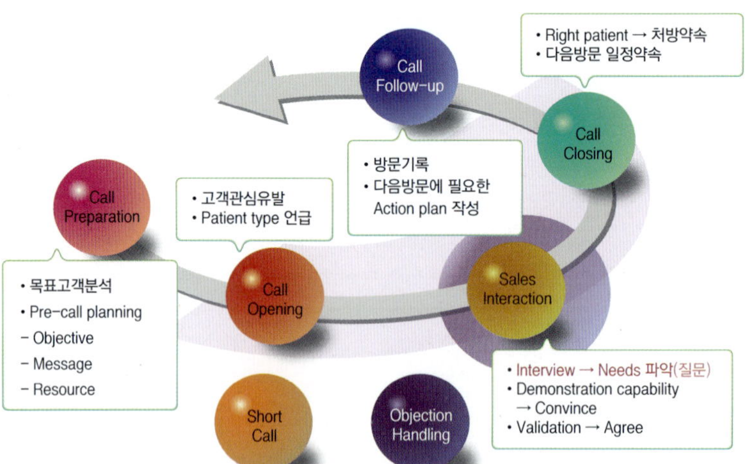

그림 3.29. MR의 Call Process

(2) 연구목적

① 영업효율성(SFE) 향상 교육이 제약영업사원(medical representative, MR)의 call 빈도 수, call 디테일 의사 수, call 디테일 시간이 얼마나 증가되었는지 연구

② 교육전(1시점), 1차 교육 후(2시점), 그리고 2차 교육 후(3시점)의 시점별로 조사하여 시점별 call의 변화가 얼마나 증가되었는지 연구

③ call 변화가 'OOO' 매출에 얼마나 영향을 미치는지 연구

(3) 연구대상 및 방법

- **교육 전후 call 변화:** 1일 평균 방문 의사 수, 1일 평균 디테일 의사 수, 1일 평균 디테일 시간
- 조사 시점

[시점1] 1차 교육(2019.1월-4월) 이전

[시점2] 1차 교육 후

[시점3] 2차 교육(2019.8월-12월) 이후

- **교육 인원:** 1차(413명), 2차(302명) 각각 5-25명(평균 17명으로 진행)
- **교육 방법:** facilitator에 의한 facilitation 교육
- **분석 방법:** 일원배치 반복측정 분산분석(한 집단에 대한 세 개 이상 시점을 반복 측정하여 효과 검정)

(4) 연구결과

MR이 의사를 만나서 담당하는 의약품의 특장점, 이점, 안전성, 부작용 등 다양한 의약정보를 설명하는 과정을 면담(call)이라 한다. 대부분 제약회사들이 어떻게 하면 MR의 call 빈도 수, call 디테일 의사 수, call 디테일 시간을 증가시킬 수 있을까 연구한 결과 call의 효율성을 증가시키는 방법은 MR이 정확한 의사(right doctor)에게 고도의 의약정보를 정확한 환자(right patient)에게 최적의 치료가 될 수 있도록 정확한 메시지(right message)와 정확한 근거자료(right resource)를 준비하여 전달하는 능력을 향상시키는 것과 이를 위한 제품교육, 질환교육, 의약정보 교육, 판매기술(selling skill) 교육, 그리고 직업 윤리교육 등 다양한 교육이 필요하다.

이러한 교육을 받은 후 call 빈도 수, call 디테일 의사 수, call 디테일 시간의 증가된 변화는 시점1 대비 시점3의 각 종속변수에 대한 증가율은 평균 디테일 시간이 75.5%, 디테일 의사 수 41.1%, 방문 의사 수 16.5%로 나타났다. 종속변수 전체에 대해 1, 2차 교육 이후 큰 증가를 보이고 있으며, 1일 평균 디테일 시간에서 가장 큰 효과를 보였고, 1차 교육에서 가장 큰 효과가 나타나지만, 2차 교육 이후에도 지속적으로 효과가 나타났다.

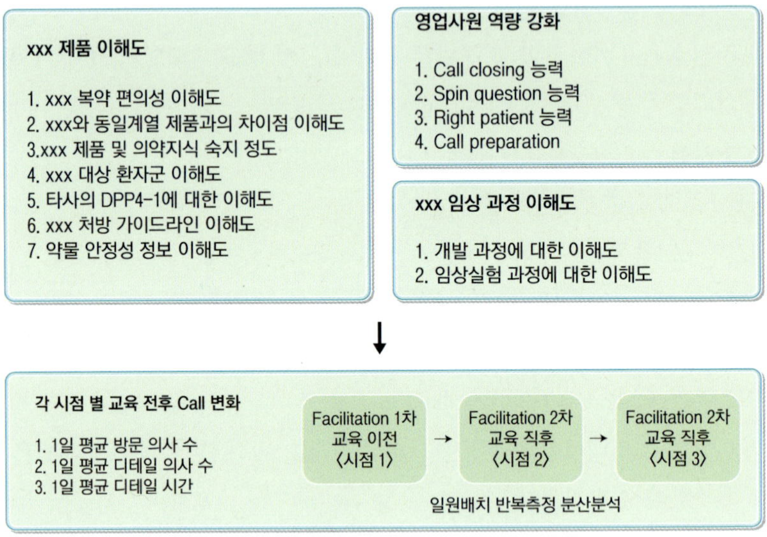

그림 3.30. 제약 MRs 교육 효율성 연구방법

(5) 결론

MR의 활동은 크게 3개의 종류로 진행된다. 첫째 매일매일 의사를 직접 만나서 제품의 특징, 장점, 이점을 홍보하는 call 활동, 둘째 online-web seminar 활동, 셋째 group symposium 활동이다. 그중에서 1일 평균 10명 내외의 의사를 만나서 제품을 홍보하는 call 활동이 대부분을 차지한다. 제약업계는 다양한 영업마케팅 전략을 통해 제품을 홍보하고 있다. 다양한 전략 중 하나로 의사에게 담당하는 제품을 detailing하는 MR들의 전문성을 향상시키는 교육은 필수적이며 가장 근본적인 해결방법이다. 본 연구의 통계적 분석결과로부터 facilitation 교육법은 영업사원들에게 제품의 약리작용과 특장점에 대한 이해도를 향상시켜 1일 평균 방문

의사 수, 1일 평균 디테일 의사 수 및 1회 평균 디테일 시간에 대한 통계적으로 유의한 향상을 가져왔다고 결론 내릴 수 있다.

구분	시점1	시점2	시점3	증가율(%)
	평균(명/분)	평균(명/분)	평균(명/분)	시점1 대비 시점3
1일 평균 방문 의사 수	10.16	11.20	11.84	16.5
1일 평균 디테일 의사 수	5.02	6.38	7.09	41.1
1일 평균 디테일 시간	2.59	3.88	4.55	75.5

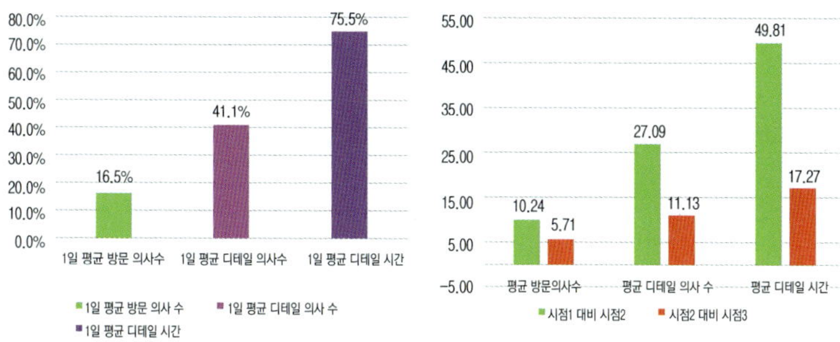

그림 3.31. 시점별 Call 향상률

1일 평균 방문 의사 수 보다 1일 평균 디테일 의사 수와 1회 평균 디테일 시간에 대한 향상이 더욱 큰 것으로 나타났다. 이는 MR들의 전문성을 향상시키는 교육이 단순한 call의 수치적 증가가 아닌 call quality에 더욱 영향을 준다고 볼 수 있다. 결국 MR들의 전문성을 향상시키는 교육이 영업효율성(SFE)을 향상시키고 더불어 매출의 증대와 회사의 지속적인 성장발전에 필연적이라 할 수 있다.

실전문제

- Facilitator에 의한 facilitation 교육과 기존 교육방법의 다른 점은?
- Facilitator에 의한 facilitation 교육의 대상인원은 몇 명이 가장 적정할까?

Facilition 교육

Facilition 교육은 Facilitator가 진행하는 교육으로 일방적인 일괄소통이 아닌 쌍방향 교육방법으로 Facilitator가 영업사원에게 질문을 던지고, 영업사원들의 생각에 맞서며, 한편으로 독려하고 피드백을 제공하여 영업사원의 학습을 가속화시키는 영업사원 교육방법

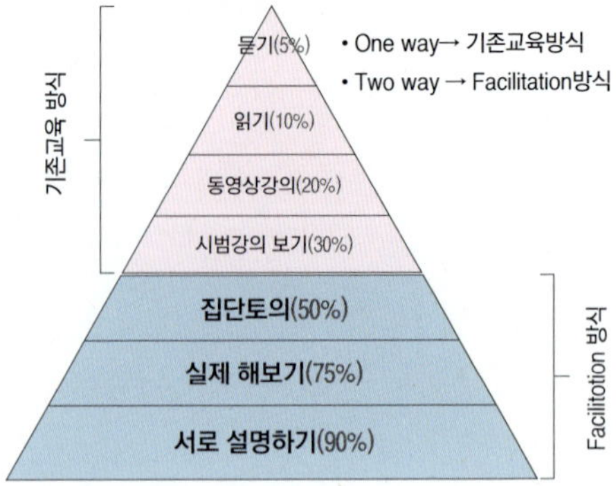

그림 3.32. 기존교육방식 vs. Facilitation 교육
출처: NTL (National Training Laboratories)

4

PART

Selling Skill

SELLING MODEL

프로세스가 왜 필요한가!

숫자 1부터 60까지 30초 안에 찾아보세요.

그림 1

4등분하여 구분지은 후 찾아보기

숫자 1부터 60까지 찾아보세요. 숫자를 찾는데 시간이 얼마나 단축되었나요?

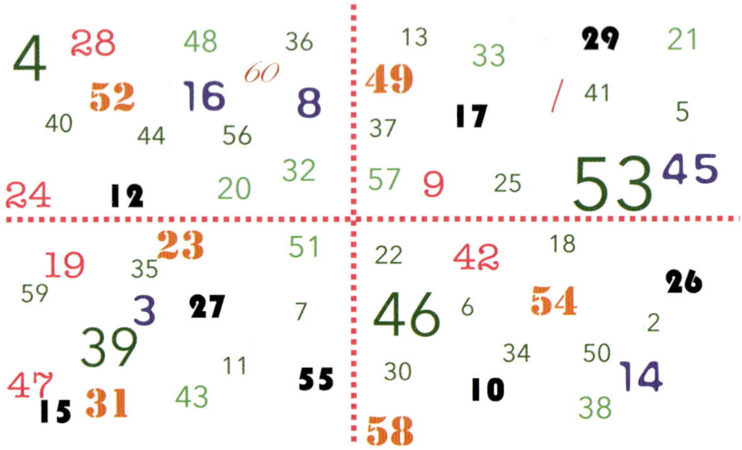

그림 2

◈ 그림1과 그림2의 차이점은 무엇인가요?

SELLING MODEL

고객과의 면담과정은 Call preparation → Call opening → Sales interaction → Call closing → Call follow-up 과정으로 이루어진다.

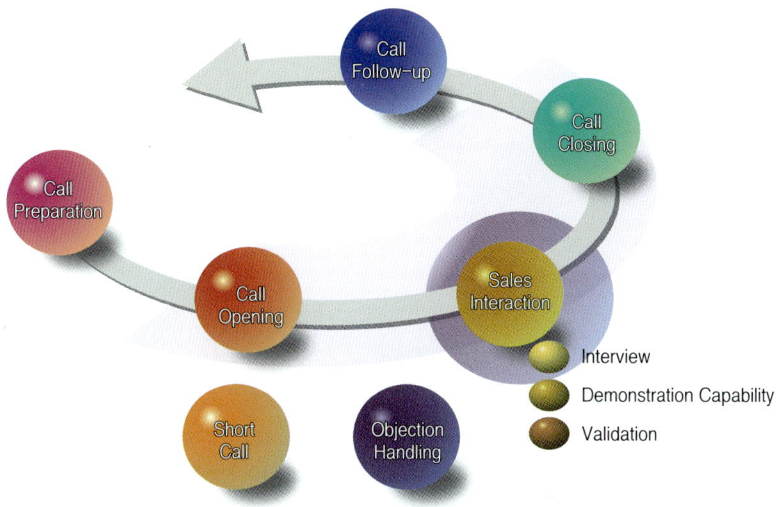

SELLING MODEL

OO 제품 Selling Model 구축 목표

- OO 제약회사 영업마케팅에 대한 이해와 Quality standards를 정립한다.
- 업무의 road-map과 clear objectives를 수립하는 효과적인 기준을 제공한다.
- Model을 통해, 고객 방문에 대한 자신감과 함께 방문의 세부 과정을 익히게 된다.
- 고객의 Needs을 경쟁품/경쟁사 직원들보다 좀 더 만족시킬 수 있다.
- 잠재적 역량을 가진 직원을 개발시킨다.

Step 1. Call Preparation

Work shop #1 (제한 시간: 20 분)

◈ Call preparation이란?

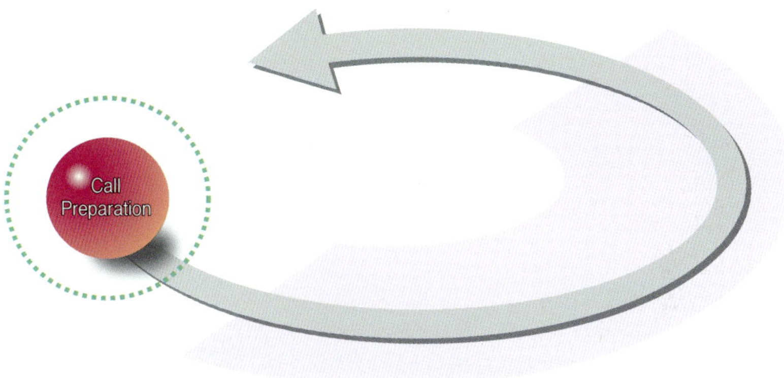

- 당신이 OO 제품 판매를 위해 방문 시 준비한 Pre-call Planning은 무엇인가?

Step 1. Call Preparation

Target Dr. Analysis

정기적으로 업데이트가 필요하다.

- Analyze: 고객(거래처)을 분석한다.
- Identify: 경쟁 상황을 확인한다.
- Review: 고객의 Needs와 personality profile을 살펴본다.

Pre-call Planning

방문 단계 전에 매번 준비한다.

- Check call history: 지금까지의 call history를 살펴본다.
- Set call objectives: 지금까지의 call에 근거하여 이번 call objectives를 설정한다.
- Plan: Call objective에 맞는 Message와 Resource를 준비한다.

Step 1. Call Preparation

Call History

지난 Call을 분석하여 문제점을 보완하여 다음 Call을 준비한다.

- Last Call Record: OO 제품 4상 임상 Detail을 발전시켜 OOO 제품 10 mg 스위치를 노력했으나 반응이 좋지 않았음
- Today's Call Objective: Once-Daily 복용의 OOO 제품 특장점 Detail을 통한 환자 복약순응도 결과

Step 1. Call Preparation

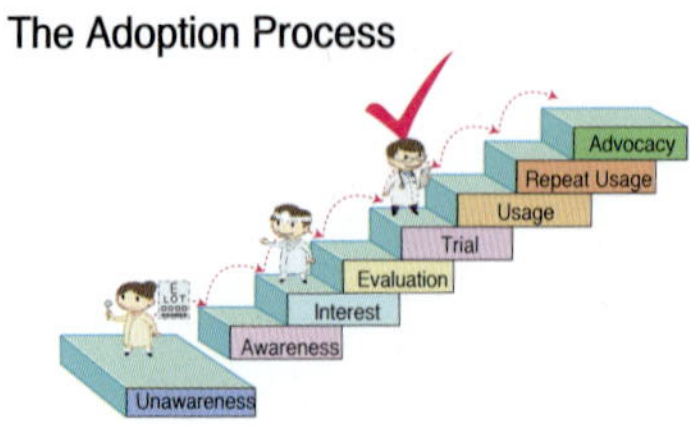

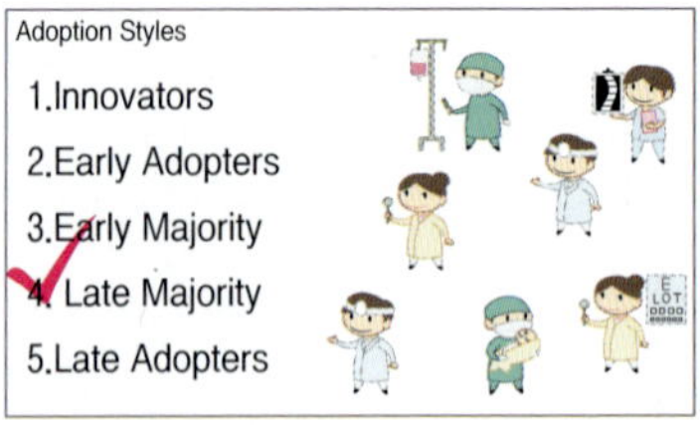

출처: Everett Rogers, Diffusion of innovations

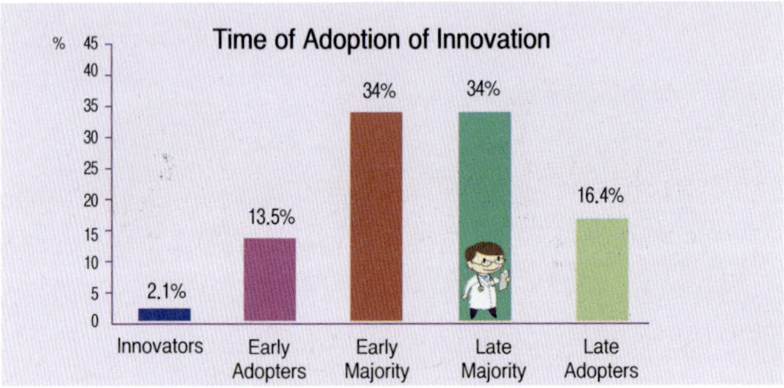

출처: Everett Rogers, Diffusion of innovations

◈ Who is Target Customer?

EXAMPLE

- Name: 임형식 교수님
- Hospital: 한국대 병원
- Title: 내분비내과 교수
- Class: A (Prescription 中, Potential 高, 영향력 高)
- Sales Result:
  OOO 제품 처방 없으며 다양한 제품을 처방 중임
  당뇨병 치료제 전체 처방에서 DPP4-I 처방비율 약 25%
- Adoption Process: Trial
- Adoption Style: Late Majority
- Personal Characters: 무의미한 방문 싫어함, 자전거타기, 등산을 즐김

Work shop #2 (제한 시간: 20 분)

◈ Who is Target Customer?

- 방문 성공을 위한 전략을 준비할 때, 당신이 반드시 준비해야 될 결정적인 한 가지는 무엇일까요?

Step 1. Call Preparation

◈ Right Patient

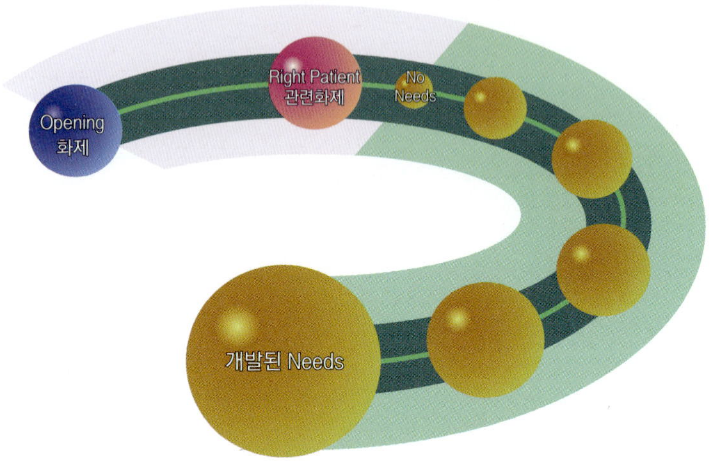

- 의사에게 OO 제품 처방에 맞는 환자 Case를 적절하게 제시하는가?

Step 1. Call Preparation

◈ Call Preparation: OMR&R

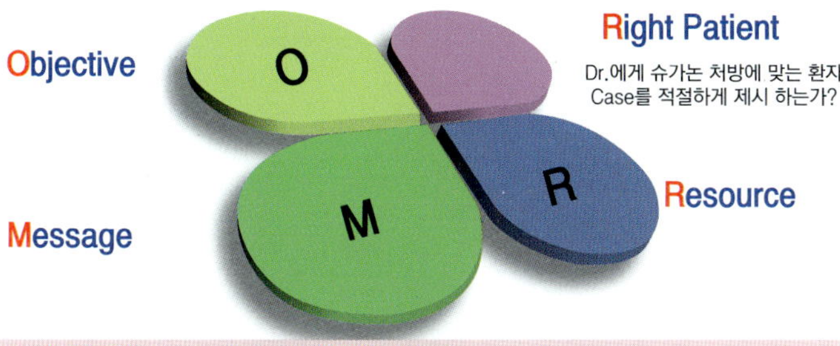

1. 나의 방문 목적을 설정하고, 그에 따른 메시지를 선택한다.
2. 지난 방문을 확인하고 관련된 혹은, 적절한 Opening을 준비한다.
3. '나의 방문목적과 관련된 의사의 needs'를 파악하도록 질문을 준비한다.
4. 예상되는 의사의 반응에 따른 효과적인 대답을 준비한다.
5. 나의 방문목적을 전달하기 위해 필요한 자료를 준비한다.
6. 방문목적과 관련된 '고객의 실행력을 높이기 위해 어떤 구체적인 실행을 요청할지 준비한다.

① 나의 방문 목적을 설정하고, 그에 따른 메시지를 선택한다.
② 지난 방문을 확인하고 관련된 혹은, 적절한 Opening을 준비한다.
③ '나의 방문 목적과 관련된 의사의 needs를 파악하도록 질문을 준비한다.
④ 예상되는 의사의 반응에 따른 효과적인 대답을 준비한다.
⑤ 나의 방문 목적을 전달하기 위해 필요한 자료를 준비한다.
⑥ 방문 목적과 관련된 '고객의 실행력을 높이기 위해 어떤 구체적인 실행을 요청할지' 준비한다.

Break Time

미래를 보면서 현재의 일을 생각하는 사람

99퍼센트의 인간은 현재를 보면서 미래가 어떻게 될지를 예측하고, 1퍼센트의 인간은 미래를 내다보면서 지금 어떻게 행동해야 할지 생각한다. 물론 후자에 속하는 1 퍼센트의 인간만이 성공한다. 그리고 대부분의 인간은 1퍼센트의 인간을 이해하기 어렵다고 말한다.

- 간다 마사노리 -

MEMO

Step 2. Call Opening

◈ 고객과 처음 대면하면서 무슨 이야기를 어떻게 시작할까?

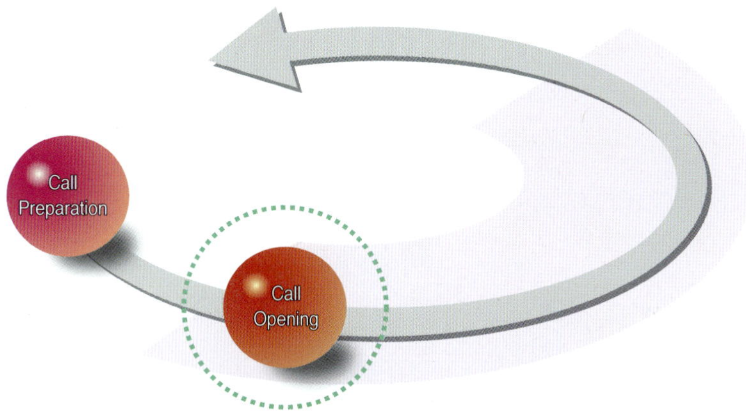

① 커뮤니케이션의 비율

소리는 당신의 감정이 표현되어 나오는 것이다. 커뮤니케이션에 있어 "어떤 말을 하느냐"보다 "어떻게 말을 하느냐"가 더 중요하다

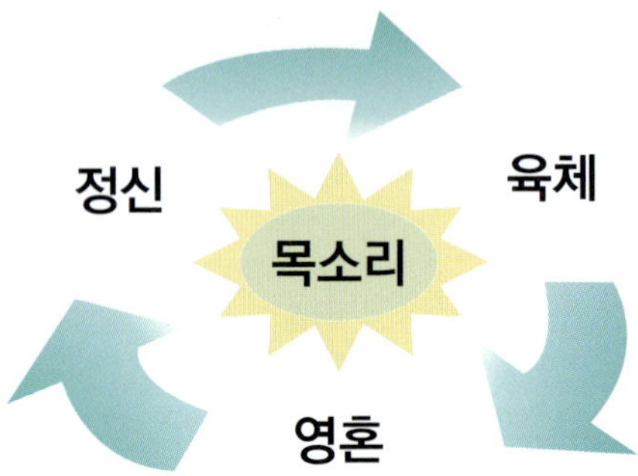

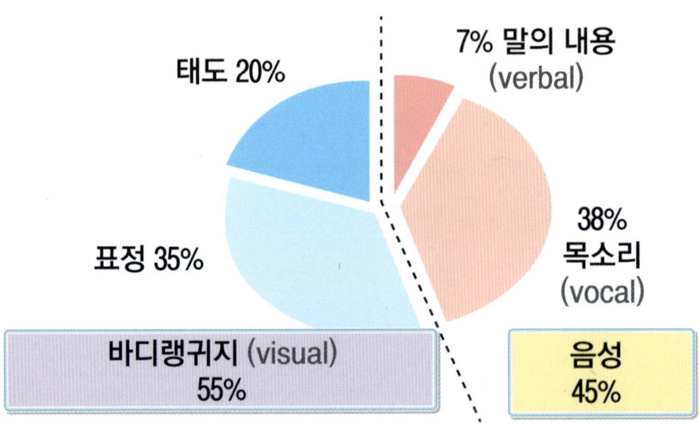

그림. 메라비언의 법칙

Step 2. Call Opening

② Call Opening 요소

고객의 관심을 유발하고, Patient type으로 연결한다.

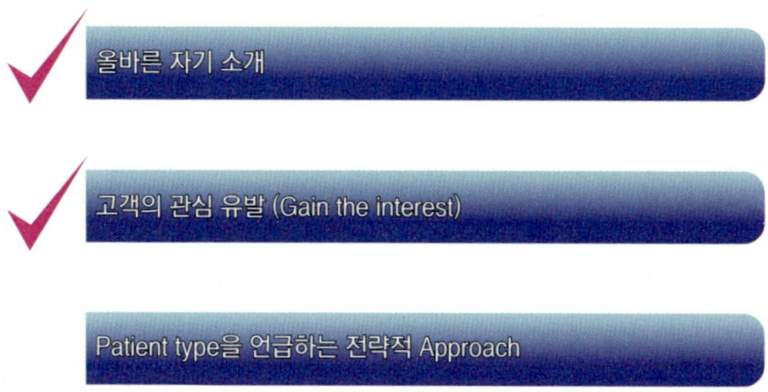

*** 올바른 자기 소개**

*** 고객의 관심 유발(Gain the interesting)**

*** Patient type을 언급하는 전략적 Approach**

당신의 Call objective가 성취하기 어려울수록 전략적으로 접근해야 될 필요가 있고, 다음의 세심하게 디자인된 프로세스를 따라야 한다.

- **고객의 관심 유발(Gain the interesting = engagement stage)**
  서로 대화가 시작될 수 있도록 분위기 조성

- **당신의 Attitude(당신은 고객과의 방문을 소중하게 생각하고 최선을 다하는가?)**
  : 당신의 외양(appearance)
  : 열정, 긍정적 태도, 전문적 태도

- **올바른 opening 화제의 선택**
  : 개인적, 공통적 관심 → Patient에 대한 관심(전략적인 Approach)

Step 2. Call Opening

③ Patient type을 언급하는 전략적 Approach 예

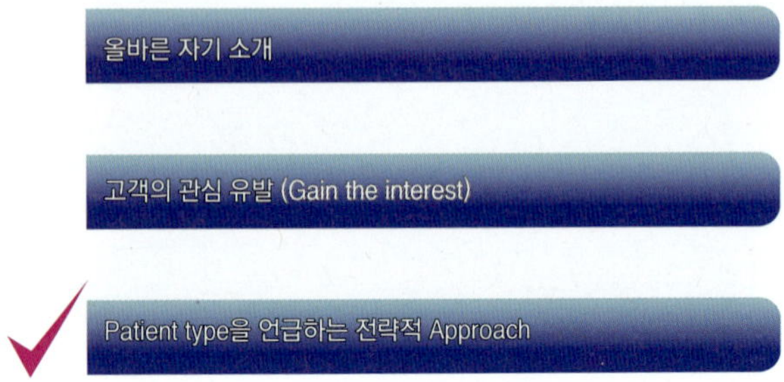

- **Call 전반부에서 Patient를 언급한다(Bring the patient to the front of the call).**
  의사의 관심의 우선순위는 **Patient> 질병> 제품** 이다. 따라서 우리가 제품을 언급하기 위해서는 **'Right patient'**부터 언급하는 것이 가장 좋다.
- **'Patient 및 질병'과 관련된 이야기나 경험을 공유한다(Share a relevant story or experience).**
  'Patient를 치료함에 있어서 반드시 인식해야 되는 사실(Fact)을 간접화법으로 언급한다.
- **문제를 인식하도록 하는 질문을 한다(Ask a provocative question).**
- **고객이 '지금까지 인식하지 못했던 문제'와 관련된 대화를 나눈다(Communicate a surprising fact).**

Step 2. Call Opening

Work shop #3 (제한 시간 : 20분)

◈ Opening: 임형식 교수에게 효과적으로 방문하기 위한 Opening 화제 준비

- 고객의 관심을 유발시킬 수 있는 화제를 만들고,
  1)
  2)
  3)

- Right Patient로 연결시키기
  1)
  2)
  3)

Call Opening 평가 기준

① 명확한 Opening 단계가 없었다. (0)
② Opening 과정에서 고객의 관심을 유발하지 못했다. (1)
③ Opening 과정에서 고객의 관심을 유발했다. (2)
④ Opening 과정에서 고객의 관심을 유발했고, Patient type이 언급되었다.(3)

Step 3. Sales Interaction

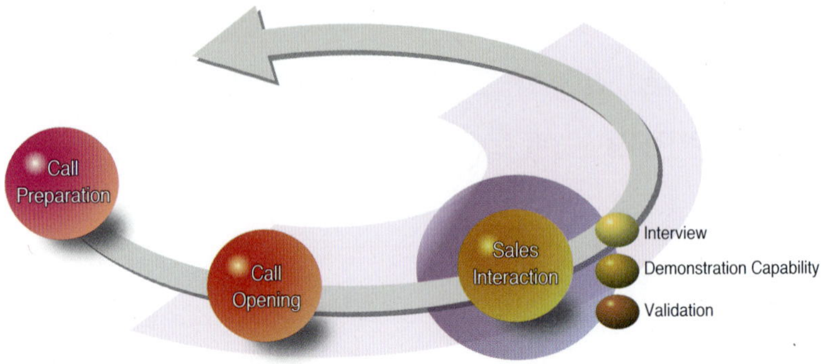

① Interview
Define: 고객의 동기(motivation)와 needs를 확인한다.

② Demonstration Capability
Convince: 우리의 제품이 경쟁제품보다 고객의 needs에 더 적합하다는 것을 확신시킨다.

- Patient에 대한 제품의 특징과 이점을 알린다.
- 일방적 전달이 아닌 효과적인 대화를 통해 정보를 전달한다.
- 관련 자료를 효과적으로 사용한다.

③ Validation
Agree: 제기된 Needs가 detail된 우리 제품을 통해 해결될 수 있는지 동의를 구한다.

Step 3. Sales Interaction - Interview

① Interview

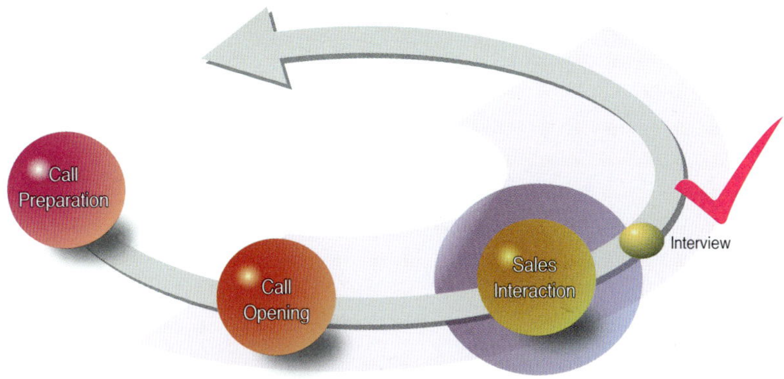

Right Patient를 치료함에 있어서의 의사의 문제를 확인하고, 문제인식, 문제의미의 부각 및 개선 가능성 모색하도록 한다.

Step 3. Sales Interaction - Interview

◈ 당신이 방문할 때 가장 많은 비중을 차지하는 단계는 어디입니까?

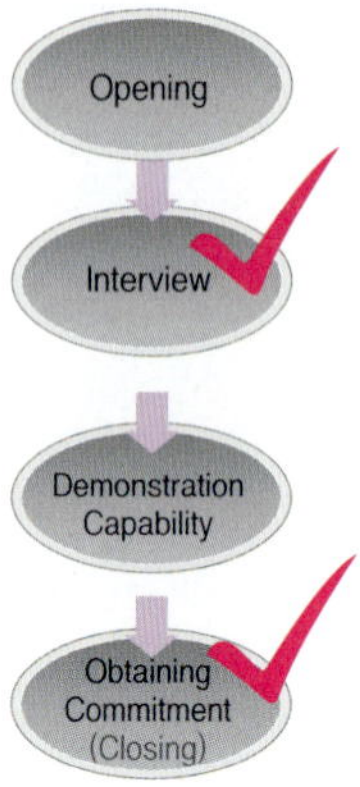

- 질문이 없거나 일방적인 말로 진행하는 Call은 고객이 인지하지 못한다.
- 상호 의사소통으로 Interview 비중이 높은 Call은 고객이 인지하게 된다.

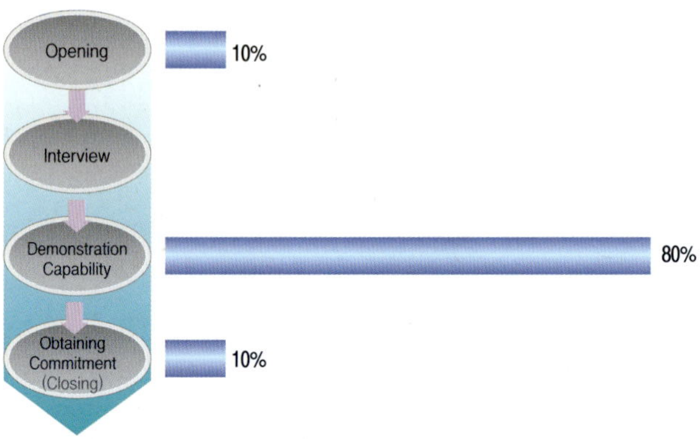

대부분 제약영업사원 Call의 시간 비중은 Interview 과정을 생략하고 opening (10%), Demonstration Capability (90%), Closing (10%)의 비율로 이루어진다. 즉, 자신이 담당하는 제품의 특징만 설명한다.
질문이 없는 일방적으로 자신이 담당하는 제품에 message를 의사에게 이야기 하는 call은?
이 경우 과연 성공적인 call 이라 할 수 있을까?
Call과정 중 가장중요한 과정은 Interview과정으로 Interview과정이 불완전한 경우 대부분 Call은 무의미한 Call이 된다.

Step 3. Sales Interaction – Interview

① Interview

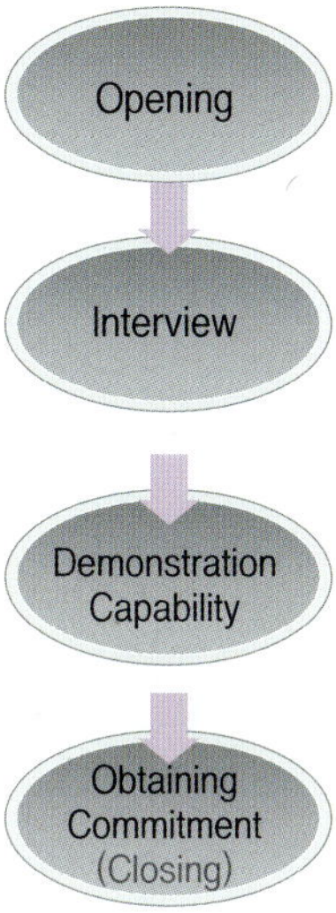

Call 과정에서 가장 중요한 과정은 Interview 과정이다. 즉, 질문을 통해서 고객의 Needs를 충족시킬 수 있는 정보를 얻고 그것에 맞는 대안을 제시 할 수 있다. Interview 과정은 상황에 맞는 SPIN-Q 등(다양한 질문)으로 고객의 Needs를 파악할 수 있다. Interview 과정이 없거나, 비중이 적을 경우 Call은 실패할 확률이 높아진다.

Step 3. Sales Interaction - Interview

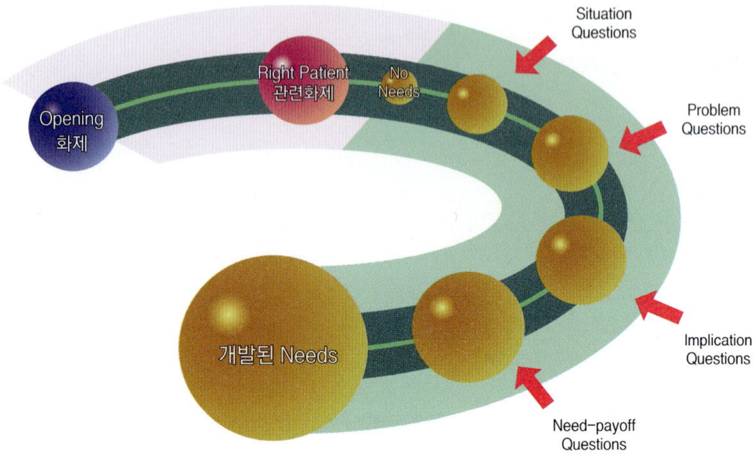

- **Why do you ask a SPIN Q ?**

- Engagement (Partner)
- 신환 창출
- Hyper Targeting

Step 3. Sales Interaction - Interview

<Needs의 창조적 개발>

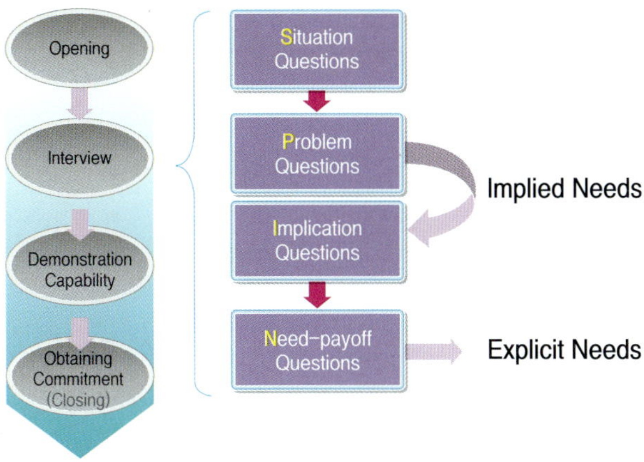

고객의 No-needs를 Needs로 개발시키기(극대화하기) 위한 단계		
Situation Questions	No needs	*현재 나는 이렇게 처방/치료하고 있다.*
Problem Questions	문제 인식	*실제 00한 문제가 있기는 하지. 그러나* *- 그렇게 빈번하게 일어나는 일은 아니다.* *- 방법이 없다.* *- 다른 여러 방법을 통해 문제를 최소화시킬 수 있다.* *- 물론 노력을 했지만, 별로 나아지지 않았다.*
Implication Questions	문제의 의미 부각	*조금 더 생각해보니, 00한 문제는 Right Patient를 치료함에 있어 중요한 문제가 될 수 있겠군.*
Need-payoff Questions	개선 가능성 모색	*글쎄.. 내 의견을 이야기하자면,* *이 문제를 해결하기 위해서 00한 특성을 지닌 약물/치료법이라면 좀 더 결과를 얻을 수 있겠지.*

<Interview: Needs의 창조적 개발>

SPIN-Q (경구용 혈당강하제 예)

① Situation Questions: 고객의 현재를 이해하기 위한 질문
현재 상황이나 사실을 확인하기 위해서 사용한다.

- 제2형 당뇨병 환자 중에 Glimepiride로 충분히 조절되지 않는 환자는 어느 정도 되나요?
- CPP-4 Inh.를 복용하는 환자 중에 하루 두 번 복용하는 환자는 어느 정도가 되나요?
- TZD 계열 약제를 복용하는 환자의 비율은 어느 정도 되나요?
- SGLT-2 inh.를 복용하는 환자의 비율을 어느 정도 되나요?
- 제2형 당뇨환자에게 DPP-4 Inh.를 처방하실 때 선생님의 치료 목표는 어떠신가요?

② Problem Questions: 문제를 인식하도록 하는 질문, 문제를 탐색하기 위한 질문(실망한 점 혹은 일반적인 환자 치료 과정에서의 어려운 점)
의사의 대답을 통해 당신은 고객의 핵심 needs를 확인할 수 있도록 한다.

- 〈Right Patients〉를 치료함에 있어 직면하는 가장 큰 문제는 무엇입니까?
- 제2형 당뇨병 환자의 혈당을 낮추기 위해 metformin과 glimepiride를 같이 사용할 때, 저혈당 증세를 겪는 환자는 얼마나 되나요?
- TZD 계열의 약제를 복용하는 환자 중에서 최근 체중이 증가된 환자는 얼마나 되나요?
- SGLT-2 I.를 복용하면서 요로감염을 겪는 환자의 비율은 얼마나 되나요?
- 하루 두 번 복용하는 DPP-4 I.를 복용하면서 빼먹지 않고 매일 두 번 복용하는 환자는 얼마나 될까요?

③ Implication Questions: 고객이 직면한 문제를 더욱 부각되게 만드는 질문(문제 확장), 문제(일반적 어려움 또는 불만족)의 최종 결과를 탐색하기 위한 질문
문제에 답변을 하는 과정에서 고객은 원래 생각했던 것보다 문제가 훨씬 위급하고 중대하다는 것을 느끼게 된다.

- 만약, glimepiride를 복용하는 환자 중에서 심각한 저혈당 증세가 발현된다면 환자가 약제를 복용하는데 두려움을 느끼지 않을까요?

〈다음페이지에 계속〉

<이어서 계속>

- 만약, TZD 계열의 약제를 복용하는 환자가 체중 증가를 겪는다면, 당뇨를 치료하는데 장기적으로 더 어려움이 있지 않을까요?
- SGLT-2 inh.를 복용하여 혈당을 관리하는 환자에서 요로 감염이 지속적으로 발생한다면 환자들이 역제를 복용하는데 두려움을 느끼지 않을까요?
- 하루 두 번 복용해야하는 DPP-4 Inh.를 복용 중인 환자가 저녁에 약을 복용하는 것을 잊는 경우 그 다음날 오전에 복용할 때까지 고혈당 상태가 유지되어 혈관에 좋지 않은 영향을 주지 않을까요?

④ Needs/Payoff Questions: 증폭된 needs에 대해 해결의 실마리가 있음을 제시해주는 질문, 고객의 핵심 needs(구매 동기)를 드러나게 하기 위한 질문

이 질문은 문제보다는 해결책과 관련된 고객의 생각에 초점을 맞추고 있다. 고객의 답변을 통해 고객이 찾고 있는 이점에 대해서 알 수 있다.

- 많은 선생님들께서 저혈당의 우려가 적은 DPP-4 Inh.를 제2형 당뇨병의 2차 약제로 선호하시는데 동의하십니까? (Closed Q)
- 만약 선생님께서 제2형 당뇨 환자를 위한 이상적인 약제를 만들 수 있다면 어떤 특징을 가진 약물을 만드시겠습니까? (Open Q)
- 선생님 말씀처럼 하루 한 번 복용하면서 저혈당이나 체중 증가 또는 요로 감염의 우려가 없는 약제가 있다면 제2형 당뇨 환자에게 큰 의미가 있지 않을까요?

Step 3. Sales Interaction - Interview

SPIN-Q (NSAIDs 예)

Dr: 나는 통증을 호소하는 Patient 치료에 별 문제가 없어,, 음,, 생각보다 NSAIDs 복약 순응도가 높지 않군,,
Mr: 처방 약물이 조금 남는다니,, 하지만, 다른 해결책이 있나? 나는 지금도 최선을 다 하 고 있지 않은가?
Dr: 그래도 높은 치료율을 보이기 위해서는 환자의 약물복용율이 높아져야 하는데,, 지금 보다 더 나아질 수 있는 방법은 없나?
그래,, 내가 원하는 것은 1일 복용해야 할 약물 Dose는 유지하면서, 환자가 투약기간 동안 지속적으로 복용할 수 있는, 환자의 높은 Compliance rate, …, 그런데, 이런 약물이 있나?
Mr: OOO 제품입니다. OOO 성분 10 mg의 Dose는 유지하면서, Once-Daily 복용으 로 Patient의 Compliance는 극대화할 수 있습니다.
Dr: 그래, OOO 제품 ... 생각보다 답은 가까운 곳에 있었군.

① Situation Questions: 고객의 현재를 이해하기 위한 질문
현재 상황이나 사실을 확인하기 위해서 사용한다.

- 류마티스관절염 환자 중 NSAIDs를 복용시키는 환자들의 비율은 어느 정도가 되나요?
- 주로 환자들에게 Pain Control 목적으로 가장 많이 쓰시는 약제가 어떤 것인가요?
- 많은 선생님들이 Pain Control할 경우, 처방기일은 얼마나 되나요?
- NSAIDs가 환자의 compliance가 낮다고 하시는데 선생님의 경우는 어떠신가요?
- 류마티스관절염 환자에게 NSAIDs 약물을 처방하실 때 선생님의 치료 목표는 어떠신가요?

② Problem Questions: 문제를 인식하도록 하는 질문, 문제를 탐색하기 위한 질문(실망한 점 혹은 일반적인 환자 치료 과정에서의 어려운 점)
의사의 대답을 통해 당신은 고객의 핵심 needs를 확인할 수 있도록 한다.

- "Right Patients"를 치료함에 있어 직면하는 가장 큰 문제는 무엇입니까?
- 류마티스관절염 환자의 Medication에 있어서 복용 약물이 많을 수 밖에 없는데, 환자분들이 처방받은 약물을 모두 복용하지 않는 경우는 얼마나 되시나요?

〈다음페이지에 계속〉

<이어서 계속>

- NSAIDs Medication에 있어서 류마티스관절염 환자의 조조강직(Morning Stiffness) 완화에 만족하지 못하시는 Case는 얼마나 되시나요?
- 류마티스관절염 환자의 NSAIDs Medication에 있어서 가장 큰 어려움이 무엇인지 말씀해 주실 수 있겠습니까?

③ Implication Questions: 고객이 직면한 문제를 더욱 부각되게 만드는 질문 (문제 확장), 문제(일반적 어려움 또는 불만족)의 최종 결과를 탐색하기 위한 질문

문제에 답변을 하는 과정에서 고객은 원래 생각했던 것보다 문제가 훨씬 위급하고 중대하다는 것을 느끼게 된다.

- 만약, 복용약물이 과도하게 많아 Patient가 약물복용을 중단한다면, Pain Control이 어렵고 장기적으로는 류마티스질환이 악화되지 않겠습니까?
- OOO, OOO 등의 NSAIDs 약물은 on-set time이 아주 느린 편인데, 매일 아침 조조강직 증상을 호소하는 환자의 경우에는 오전에 힘들지 않을까요?
- NSAIDs의 일반적인 부작용인 G.I Trouble이 적다고 해서 선택한 약물이 속효성이 떨어진다면 환자의 치료 만족도가 적어지지 않을까요?

④ Needs/Payoff Questions: 증폭된 needs에 대해 해결의 실마리가 있음을 제시해주는 질문, 고객의 핵심 needs(구매 동기)를 드러나게 하기 위한 질문

이 질문은 문제보다는 해결책과 관련된 고객의 생각에 초점을 맞추고 있다. 고객의 답변을 통해 고객이 찾고 있는 이점에 대해서 알 수 있다.

- 많은 선생님들께서 환자의 복약순응도를 높이기 위해 복용 횟수를 줄이면서도 신속하게 Pain Controll 이 가능한 NSAIDs 약제를 찾고 있다는 것에 동의하십니까? (Closed Q)
- 만약 선생님께서, 조조강직 환자를 위한 이상적인 NSAIDs 약물을 만들 수 있다면, 어떤 특징을 가진 약물을 만드시겠습니까? (Open Q)
- 선생님 말씀처럼 조조강직을 호소하는 류마티스질환 환자에게, 오전 복용 시 신속하고 강력한 소염효과를 가진 NSAIDs 성분/제형이 있다면 환자에게 큰 의미가 있지 않을까요?

Step 3. Sales Interaction - Interview

<Interview skill>

- Questioning: 전략적으로 질문하기
- Listening: 주의 깊게 경청하기
- Response to Customer: 긍정적으로 반응하기

◈ 왜 질문이 필요할까요?

- 고객의 반응을 기다리는 것.

- 고객을 반응하도록 하는 것.

◈ 질문의 힘

1. 질문을 하면 [ ]이 나온다.
2. 질문은 [ ]을 자극한다.
3. 질문은 [ ]를 가져다 준다.
4. 질문을 하면 [ ]가 된다.
5. 질문은 [ ]을 열게 한다.
6. 질문은 [ ]를 기울이게 한다.
7. 질문은 [ ]를 설득시킨다.

◈ 질문 시 체크 사항

1. 방문 목적에 집중한다.
2. 단순 fact를 얻기 위한 질문은 피한다.
3. 고객의 니즈, 문제, 목표, 의견 에 관한 질문을 한다.

◈ 질문의 힘 - 답) 답, 생각, 정보, 통제, 마음, 귀, 스스로

<질문 유형>

1. Open vs. Closed Q

- **Open Q**

  MR: 이런 특장점에 대해 교수님께서는 어떻게 보십니까?
  DR: 제 생각에는요....

고객의 다양한 반응을 유도하여 특정 주제에 대한 고객의 견해를 알 수 있다. 여기서 **Who, What, Where, When, How, Why**를 사용하여 질문하면 고객에 대한 정보를 얻을 수 있다.

- **Closed Q**

  MR: 교수님께서는 이 제품이 경쟁품보다 효과적이라고 보십니까?

대화를 특정 방향으로 유도하고자 할 때 고객의 반응에 대한 옵션을 YES / NO로 좁힌다.

2. Elevator Q

Ascending Q	Descending Q
" Why "	" What "
General / Benefit /all patients보다 상위의 추상적인 level 의 정보 고객의 답변/결정의 저변에 깔려있는 가치 기준 선택 동기 파악	Specific / Fact / this patient와 같이 특정하고 구체적인 정보 특정 사실 파악
약가가 비싸다고 말씀주셨는데요, 어떤 이유로 약가가 중요하십니까?	*약가가 비싸다고 말씀주셨는데요, 어떤 약제 대비 말씀이신지요?*

3. Confirming Q

"같은 의견이십니까?"
"이것이 어떻게 유용할 수 있을지 이해가 되시는지요?"
대화의 Temperature 체크를 위해 call 전반에 사용

"이 부분은 친숙하신 내용입니까? 추가 설명이 필요 하십니까"
고객의 understanding, interest, agreement를 확인하기 위해 사용

"제가 이해한 내용이 맞습니까?"
Simple & Closed Q 형태

Step 3. Sales Interaction - Interview

4. Pain questions

고객이 놓치고 있거나 잊을 수도 있는 문제점이 있음을 깨닫게 해주는 질문으로 Pain을 유발 한다.

질문으로 인한 Pain이 클수록 우리의 메시지는 고객에게 더욱 큰 안심을 줄 수 있고, selling은 보다 쉬워진다.

5. High Gain Q

고객의 질 높은 답변 및 고객으로부터 가치가 큰 정보를 얻을 수 있다. 통찰력 있는 MR로 이미지화하여 고객이 sales call을 가치있게 느끼도록 한다.

글쎄..잘..모르겠는데..한번도 생각해 본 적이 없어서..
흠..흥미롭네요..사실 그 두 가지를 그런 식으로 비교해 본 적이 없어요 !

- 고객이 답변에 앞서 깊이 생각하게 한다.
- 고객이 정신적으로 충분히 개입하여 당신의 동기부여를 높여준다.
- 고객이 말하는 시간이 늘어난다.

평가/ 분석, 견해/ 생각, 느낌에 대한 Q = High Gain Q

Step 3. Sales Interaction - Interview

◈ SPIN Q

고객의 No-Needs를 Needs로 개발 & 극대화시키는 단계

Situation Questions	**No needs**	현재 나는 이렇게 처방 / 치료하고 있어요.
Problem Questions	**문제 인식**	실제 OOO 한 문제가 있기는 해요. 별 문제가 없다고 여겨왔는데, 생각해보니 정말 문제가 있군요···
Implication Questions	**문제의 의미 확장**	조금 더 생각해보니, 이 문제를 지금 해결하지 않으면 향후 해결할 수 없는 더 큰 문제가 되겠군 ···
Need-payoff Questions	**개선 가능성**	글쎄요. 이 문제를 해결하기 위해서 OOO한 특성을 지닌 약물/치료법이라면 좀 더 결과를 얻을 수 있을 거라 봐요 !

Sales interaction –Interview 평가 기준

① Questions 이 없었다. (0점)

② Questions이 진행되었으나, 고객의 문제를 파악하거나 문제의 심각성, 고객이 바라는 문제의 해결책을 파악하기 위한 질문(PIN Q)이 진행되지 않았다. (1점)

③ 고객의 문제를 파악하거나 문제의 심각성을 인식시키거나, 고객이 바라는 문제의 해결책을 파악하기 위한 질문(PIN Q) 중 한 가지를 진행하였다. (2점)

④ 고객의 문제를 파악하거나 문제의 심각성을 인식시키거나, 고객이 바라는 문제의 해결책을 파악하기 위한 질문(PIN Q) 중 두 가지 또는 모두를 진행하였다. (3점)

Step 3. Sales Interaction – Interview

Work shop #4 (제한 시간 : 30분)

◈ Questioning - SPIN Question

- OOO 제품 판매를 위한 4가지 type의 질문 만들기
  1) Situational Q
  2) Problem Q
  3) Implication Q
  4) Need-Payoff Q

- Needs를 개발하기 위한 4가지 type의 질문을 최대한 많이 만들기
  우리 팀은 "OOO" 제품으로 승부한다! ^___________^

MEMO

Break Time

내게 말해보라. 그러면 잊어버릴 것이다.

내게 보여주라. 그러면 기억할지도 모른다.

나를 참여시켜라. 그러면 이해할 것이다.

- 필립 코틀러, '마켓 3.0'에서 인용한 중국 속담

MEMO

<Listening>

나의 모습 생각해보기

- 단지 내가 말할 차례를 기다리고 있는지
- 고객이 얘기하는 동안 내 반응을 준비하는지
- 이미 선입견으로 고객이 의미하는 바를 알고 있다고 생각하고 있는지

필요한 마음가짐

- 나의 견해를 잠시 옆에 내려놓기
- 고객이 진정으로 의미하는 것에 호기심 갖기
- 고객이 나의 질문에 대해 깊은 생각 끝에 대답하게 하기
- Encouraging Silence의 힘을 사용하기

◈ Encouraging Science

일단, 고객이 나의 질문에 대답했을 때,

1. Pause !
   - 이어 대답하지 않고 일단 멈춘다.
2. Encouraging silence !
3. 그럼, 고객도 생각하기 위해 silence한다.
4. 그리고 나면, 고객은 나의 질문에 대해 보다 더 깊은 답변을 진행하게 될 것이다.

◈ Active Listening

Encouraging

'고객의 소리에 귀를 기울이고 있습니다'

- Reinforcing: *"아 네..", "그렇군요"*
- Empathizing: *"그것 참 실망스러우셨겠습니다.", "그건 정말 자랑스러우셨겠습니다."*
- Accepting: *"무슨 말씀이신지 잘 알겠습니다."* (동의X)

Questioning Confirming

'고객이 주는 정보를 잘 받아들이고 있습니다.'

- Summarizing: 고객이 말한 것을 restate하거나 다른 용어로 표현
- Paraphrasing: "제가 말씀하신 바를 정확히 요약했습니까?"
- Checking: "제가 이해한 것이 염려하신 바가 맞는지요?"

◈ 고객 니즈에 집중하는 2단계 전략
생각을 여는 Skill - 질문 - 생각을 자극한다
마음을 여는 Skill - 경청 - 마음을 움직인다

Eye Contact

눈맞춤은 뇌파를 동기화시키며, 인간에게 눈은 소통의 창구다. 고객 interview에 있어 눈맞춤은 빼놓을 수 없는 필수적인 요소다.

호모 사피엔스가 네안데르탈인과의 경쟁에서 살아남은 이유 중 가장 중요한 것은, 소통을 통해 분업과 교역에 성공한 것이었다. 소통은 상대방과의 교감으로부터 나오고, 얼굴 표정이 그 시작점일 것이다. 상대방의 얼굴 표정을 보거나 상대방과 눈을 마주치는 것 모두 눈의 역할이 중요하다. 엄밀히 말해 소통의 창구는 눈인 셈이다. 정면에서 흰자위가 보이는 동물은 인간 외에는 없다. 정면에서 눈의 흰자위가 보인다는 것은 자기의 시선을 상대방에게 알려주는 것이다. 인간과 유사하다고 하는 오랑우탄, 침팬지, 고릴라 등을 포함한 모든 동물은 정면에서 흰자위를 볼 수가 없어서 선글라스를 쓴 사람처럼 어디를 보고 있는지 알 수가 없다.

인간에게 눈은 소통 창구

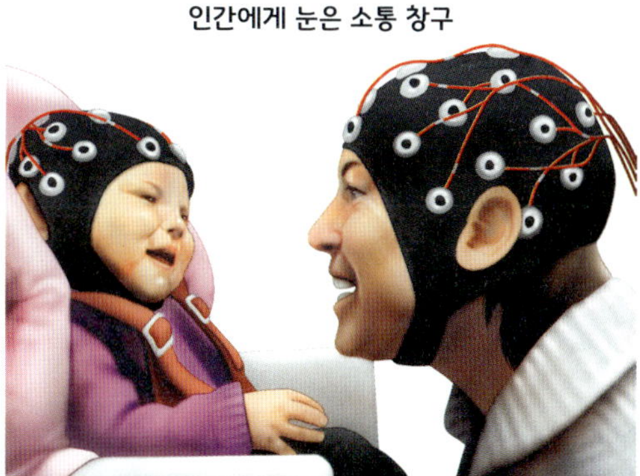

Step 3. Sales Interaction Interview summary

1) Interview

Questions (Form)	Questions (Contents)
Open Questions Closed Questions Confirm Questions	Situation Questions Problem Questions Implication Questions Need/Payoff Questions

2) Questions

(1) Form

① Open Questions

고객의 구체적 생각을 구술하도록 요청하는 질문

ex) 언제, 어디서, 무엇을, 어떻게, 왜

② Closed Questions

예, 아니오 의 단답형 대답이 얻어지는 질문

ex) ~인가요?, ~ 아닌가요?

③ Confirm Questions

상대의 말이나 생각을 확인하는 질문

ex) ~라고 이해한 것이 맞습니까?

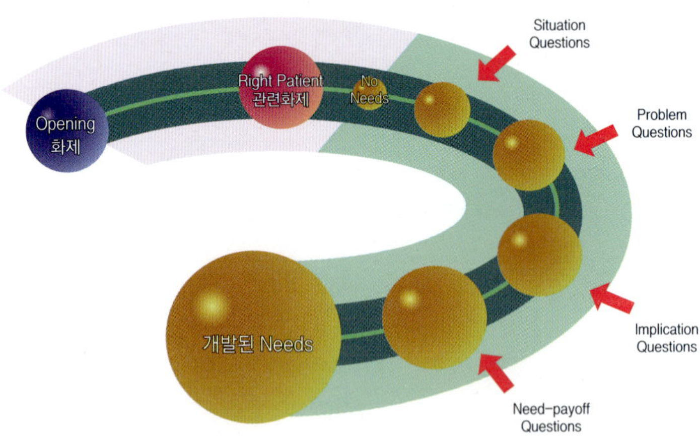

〈다음페이지에 계속〉

Step 3. Sales Interaction Interview summary

〈이어서 계속〉

(2) Contents

① Situation Questions
고객의 현재를 이해하기 위한 질문

② Problem Questions
문제를 인식하도록 하는 질문

③ Implication Questions
문제 극복을 위해 고객이 직면한 상황을 이해하기 위한 질문

④ Need-payoff Questions
문제를 해결하는데, 필요한 needs를 구체화하는 질문

Break Time

"질문은 없고 외우기만 하는 공부가 나라를 망쳤다." 라는
영화 자산어보(玆山魚譜)의 명대사가 생각난다.

"질문하는 것이 진정한 공부인 것을..."

질문을 통해서 스스로 답을 찾게 하고 생각하는 힘을 키운다.

"질문이 핵심이다."

"질문으로 생각이 생겨난다."

질문을 하면 자연스럽게 생각하는 습관이 몸에 배게 된다.

더 좋은 질문이 더 좋은 해답을 얻어낸다.

"학문은 단지 배우고 익히기만 하는 학습(學習)이 아니라
배우고 묻는 것(學問)이다"

-자산어보(玆山魚譜)-

2) Demonstration Capability

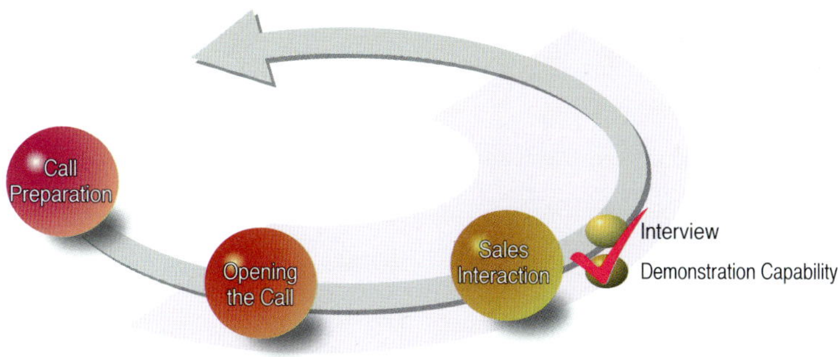

Right Patient를 치료함에 있어서 혹은 의사의 문제를 해결함에 있어, OO제품이 해결책이 될 수 있다는 것을 확인시킨다. **Right patient에 대한 OO 제품의 benefit을 clinical evidence (clinical paper)를 통해 명료하게 전달해야** 한다.

- Feature(제품 특징): 그 제품이 어떤 물리적/화학적 특성이 있는가?
- Advantage(장점): 그 제품은 어떤 일을 할 수 있는가?
- Benefit(이점): 그 제품은 고객에게 무엇을 주는가?

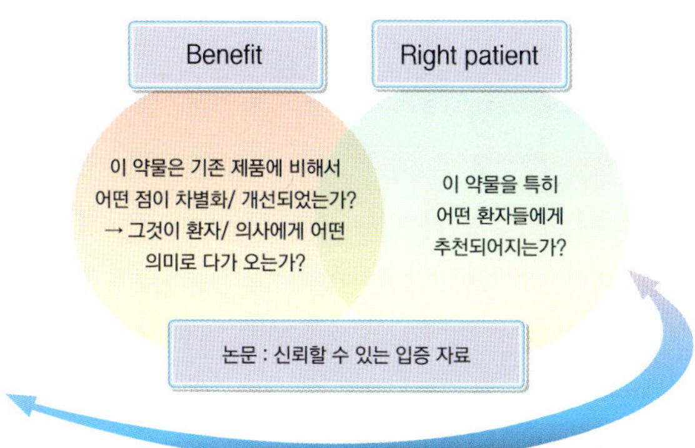

◈ Clinical data의 이용

- 어떤 Patient?
- 임상 디자인은?
- 대조약물, regimen, 약물의 용량?
- 대조군과 비교된 결과?
- 효과와 안전성(Feature & Advantage)?
- 이 논문(임상결과)이 임상의 혹은 Patient에게 전달하는 Benefit은?

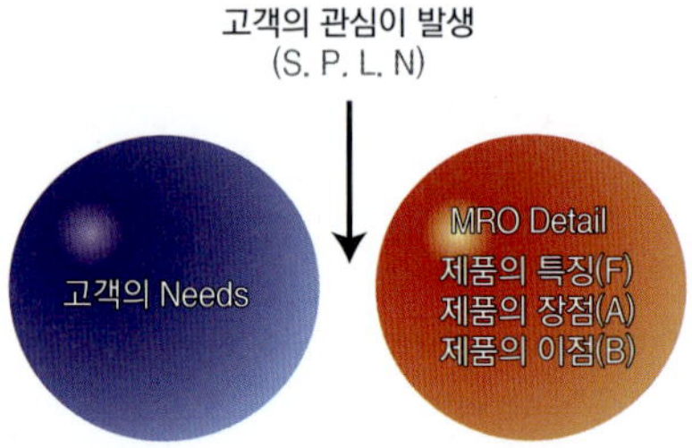

- Feature(제품특징): OO 제품은 강력한 효과와 안전성이 입증된 OO 성분의 세계 최초 10 mg 서방형 제형이다.
- Advantage(장점): 따라서, 1일 1회 1정 복용만으로 효과적인 컨트롤이 가능하며, 복약순응도를 높여 환자의 복용률을 뛰어난 치료효과로 나타낼 수 있다.
- Benefit(이점): 이러한 OO 제품의 차별화된 장점은 환자가 치료 과정에서 의사에 대한 신뢰를 얻을 수 있고 환자의 QOL을 상승시킬 수 있다.

EXAMPLE

OOO제품은 광범위한 근골격계질환에 1차 처방 가능한 유일한 Q.D 용법의 약물입니다. 200 Case OOO 환자에게 OOO제품 10 mg B.I.D. 약제와의 비교 임상결과, 1일 1회 1정 복용만으로도 VAS 감소수치, OOO 유효성평가 항목에서 열등하지 않았으며, 특히 환자 Compliance를 확인할 수 있는 Pill Counting에서도 대조약에 비해 10% 이상 좋은 결과를 나타냈습니다. 그래서 자신있게 류마티스 질환 환자들을 포함한 만성 근골격계 질환 환자의 복약순응도를 효과적으로 상승시켜 환자의 QOL을 증가시킬 수 있다고 말씀드릴수가 있습니다. 이러한 OOO 제품의 장점은 교수님께서 류마티스관절염 환자를 Medication 하실 때 환자들의 Compliance를 상승시켜 처방받은 약제를 꾸준하게 복용할 수 있게 하여, 선생님에 대한 신뢰와 높은 치료율을 나타낼 수 있을 것입니다.

Work shop #4(제한 시간: 20분)

◈ Demonstration Capability/Benefit

- OO 제품의 치료효과에 대해서 Needs로 변환된 고객인 "임형식 교수"에게 Clinical Data를 이용한 처방 시 Benefit에 대한 Message 전달하기
- **Feature(제품특징) → Advantage(장점) → Benefit(이점)** 순으로 자연스러운 흐름 구성

Sales interaction – Demonstration Capability 평가 기준

① Message를 전혀 전달하지 않았다. (0점)

② Message를 전달하였으나, 명확하지 않았다. (1점)

③ Message를 명확히 전달하였다.(2점)

④ Message를 명확히 전달하고, 이점까지 전달하였다. (3점)

3) Validation

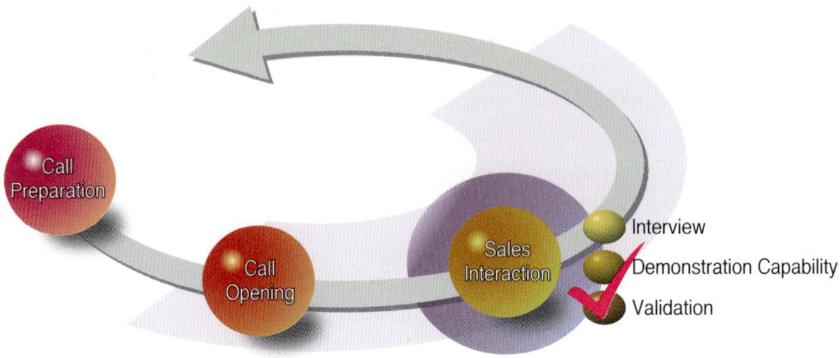

- Right patient를 치료 시, 제기된 needs를 해결함에 있어, OO 제품이 해결책이 될 수 있다는 것에 대한 의사의 동의를 확인한다. 이때 고객의 마음을 진단하십시오.

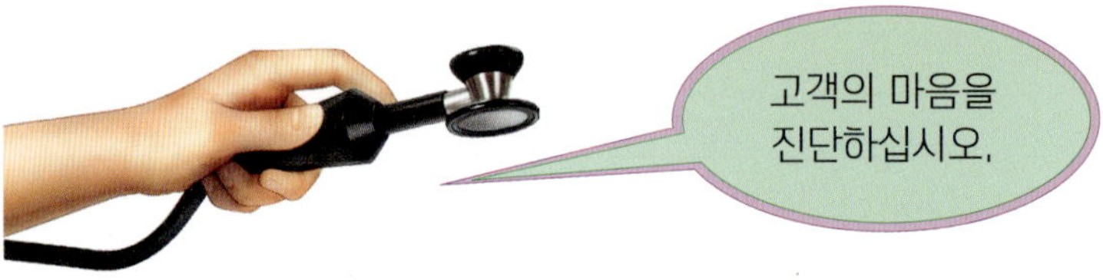

Step 3. Sales Interaction - Validation

Work shop #5(제한 시간: 20분)

◈ Validation

- 좋은 Validation을 위해 고객의 동의를 얻는 효과적인 질문은 어떤 것이 있을까요?

1) ____________________

2) ____________________

3) ____________________

Sales interaction –Validation 평가 기준

① Validation하지 않았다. (0점)

② OOO 제품의 장점이 Target patient 치료에 있어 고객이 인식하고 있는 문제점의 해결책이 될 수 있다는 것에 대해 질문을 통해 고객의 동의를 얻었다.
- 3개 중 1개 (1점)

③ OOO 제품의 장점이 Target patient 치료에 있어 고객이 인식하고 있는 문제점의 해결책이 될 수 있다는 것에 대해 질문을 통해 고객의 동의를 얻었다.
- 3개 중 2개 (2점)

④ OOO 제품의 장점이 Target patient 치료에 있어 고객이 인식하고 있는 문제점의 해결책이 될 수 있다는 것에 대해 질문을 통해 고객의 동의를 얻었다.
- 3개 중 3개 (3점)

<Call Closing>

1. 좀 더 많은 OOO 회사 Products, OOO 제품 처방약속을 얻어내고,
2. Right patient에 대한 specific action을 요청,
3. 그리고 그것을 확인하기 위한 다음 방문 약속을 얻어내는 것

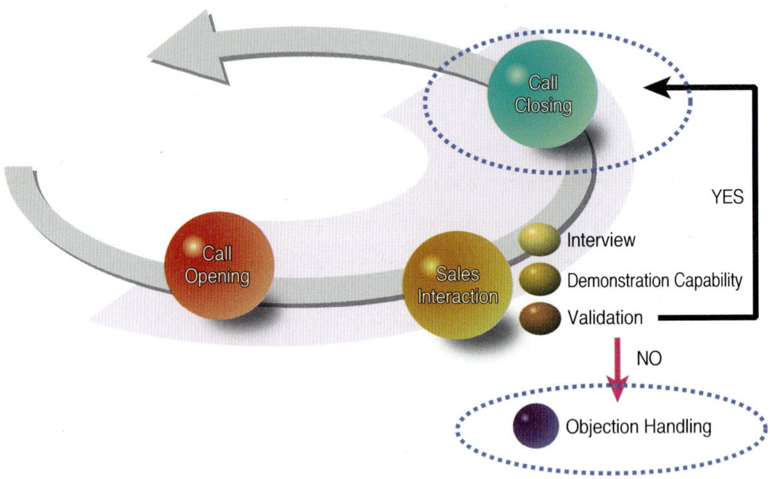

의사가 제품의 이점에 대해서 '반대가 없는 상태'이라면, 이제는 당신이 leading할 때이다. '이제부터 처방하겠습니다.' 라는 의사의 말을 기다리지 말고, 'Buying Signal' 에 반응하세요.

OBJECTIONS are ...

Buying Signals!

Step 4. Call Closing

Workshop #6(제한 시간: 20분)

◈ Closing: 좋은 Closing을 위해 필요한 구성요소에는 무엇이 있을까요?

1) ______________________________

2) ______________________________

3) ______________________________

Sales interaction –Closing 평가 기준

① Closing을 진행하지 않았다. (0 점)

② Right Patient군에 대한 처방약속을 받고, 구체적 이행과 처방의 결과를 확인하기 위한 다음 방문을 약속 받았다.
- 3개 중 1개 (1점)

③ Right Patient군에 대한 처방약속을 받고, 구체적 이행과 처방의 결과를 확인하기 위한 다음 방문을 약속 받았다.
– 3개 중 2개 (2점)

④ Right Patient군에 대한 처방약속을 받고, 구체적 이행과 처방의 결과를 확인하기 위한 다음 방문을 약속 받았다.
– 3개 중 3개 (3점)

Step 4. Objection Handling

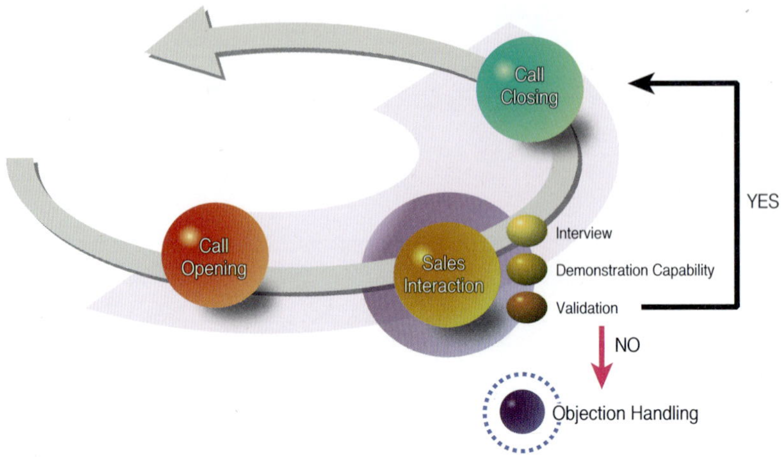

<Objection Handling>

1. Objection 을 명확히 하였다(Clarify & Confirm).
2. 의사의 반대를 인정하였다(Acknowledge).
3. Solution을 제공하였다(Answer).
4. 의사의 Objection이 해소되었음을 확인하였다(Obtain commitment).

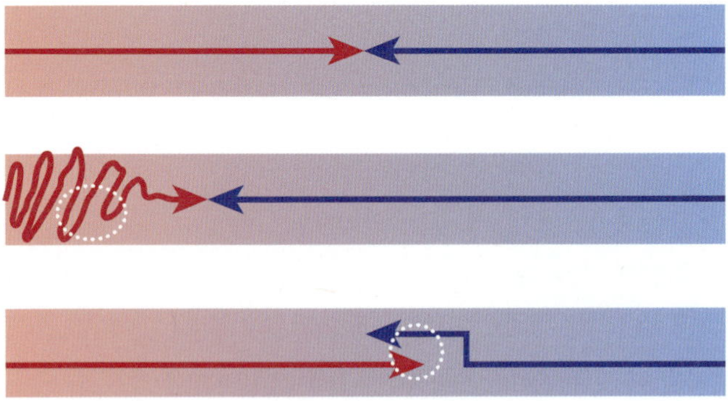

• 용인 가능한(압력) / 기꺼이 받아들이는(명분) 수준에서의 입장의 수정

Workshop #6(제한 시간: 20분)

<Objection Handling>

- 빈번한 OOO 제품의 Objection을 선정하고 이에 대한 Objection Handling 시나리오 만들기
  → 기억하세요. Knowledge & Process 모두 고려해야 합니다!

Sales interaction –Objection Handling 평가 기준

다음 4 단계를 모두 거치는 것이 중요하다.

① 질문을 통해 고객의 Objection을 더욱 구체화하고, 명확히 하며, 동시에 고객의 objection에 대한 진실성을 확인하였다. (0 or 1)

② 의사의 반대를 인정하였다. (0 or 1)

③ 확신 있는 태도로 답변을 정확하게 하였다. (0 or 1)

④ 고객에게 질문을 통해 Objection에 대한 답변이 충분하였는지 확인하고, 고객의 지속적인 처방을 약속 받았다. (0 or 1)

Step 5. Call Follow Up

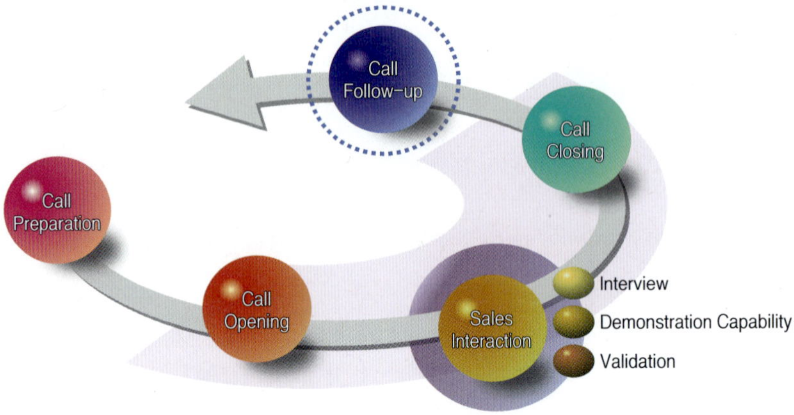

- 당신이 방문을 끝낸 후, 무엇을 기록해야 할까요?

Step 5. Call Follow Up

<Call Follow UP>

다음을 구체적으로 기록하여 정리한다.
- 이번 방문에서 가장 주요하게 언급된 메시지
- Call objective와 관련된 고객의 반응
- Next Call Objective와 필요한 실행 계획 작성
- 진행되어야 될 업무와 관련된 내부 직원(PM,관리자)과 정보를 나눈 후 협조 및 진행

Appendix: Short Call

당신이 의사에게 충분히 당신의 의견을 전달할 만한 시간이 없다면, 당신의 방문을 위해 좀더 많은 준비를 해서, 방문 시간을 늘리는 방법이 있다(Long Call).
아니면… 당신은 짧은 방문(Short call)을 충분히 활용하는 방법을 이용할 수 있다.

당신은 Short call에 준비되어 있습니까?
Short call도 다른 call과 마찬가지로 준비되어야 한다. Short call의 목적은 selling 5-step을 짧은 시간 안에 효과적으로 해내는 것이다.

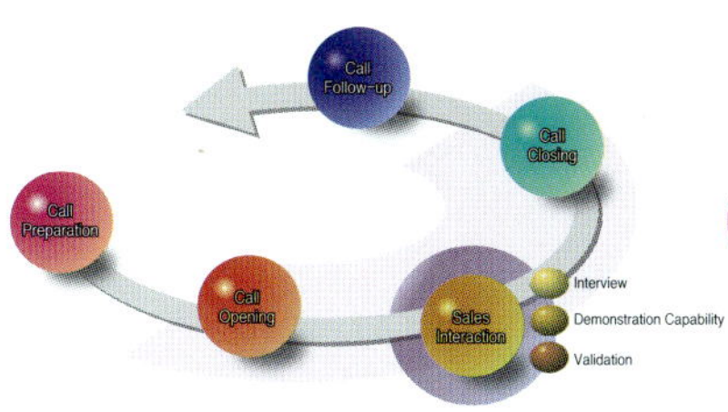

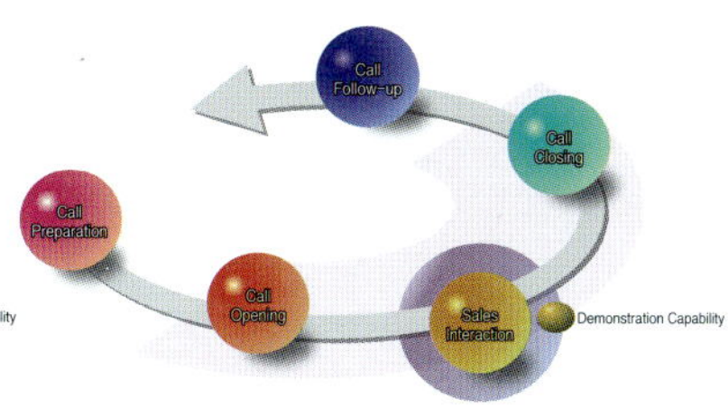

	Long Call	Short Call
시간적 기준	**5분** 이야기를 계속 진행할 수 있는 긍정적인 분위기가 된다면 방문을 충분히 활용하는 것을 권장한다.	**3분 미만** 의사가 바쁘거나, 주변에 방해요소가 있어서 Long Call이 불가능한 경우, 간략히 요점을 전달한다.
Call Opening	방문목적을 전달하기 이전에 방문에 대한 의사의 흥미를 불러일으킨다.	No Small Talk
Sales Interaction	Open Q ➡ Closed Q	Closed Q
Calll Closing	처방 약속을 받았고, Right patient에 대한 구체적인 처방 요청을 하였으며, 처방의 결과를 확인하기 위해 Follow up 단계까지 동의받았다	

Workshop #9(제한 시간: 20분)

◈ Appendix-Short Call: Sales Interaction

- Short Call

OOO 제품의 치료 효과에 대해서 No-Needs를 가진 고객인 "임형식 교수"에게 OOO 제품 처방을 위한 Short-Call Flow 구성하기

Opening → Demonstration Capability → Closing 흐름을 최대한 자연스럽게 진행하기

Sales interaction – Long call 평가 기준

① 고객의 관심유발, Patient type의 언급, Interview 3가지 모두를 진행하지 못했다. (O)
② 고객의 관심유발, Patient type의 언급, Interview 3가지 중 1가지를 진행하였다. (1)
③ 고객의 관심유발, Patient type의 언급, Interview 3가지 중 2가지를 진행하였다. (2)
④ 고객의 관심유발, Patient type의 언급, Interview 3가지 모두를 진행하였다. (3)

Sales interaction – Short call 평가 기준

※ Short Call Interview 기준: Problem Question(고객의 문제 확인), Implication Question(문제의 심각성 확인), Needs/payoff Question(문제의 해결책 확인) 3가지 중 1가지 이상.

① Message를 전혀 전달하지 않았다. (0점)
② Message를 전달하였으나, 명확하지 않았다. (1점)
③ Message를 명확히 전달하였다.(2점)
④ Message를 명확히 전달하고, 이점까지 전달하였다. (3점)

Closing - 평가 기준

① Closing을 진행하지 않았다. (0 점)
② Right Patient군에 대한 처방약속을 받고, 구체적 이행과 처방의 결과를 확인하기 위한 다음 방문을 약속 받았다. – 3개 중 1개 (1점)
③ Right Patient군에 대한 처방약속을 받고, 구체적 이행과 처방의 결과를 확인하기 위한 다음 방문을 약속 받았다. – 3개 중 2개 (2점)
④ Right Patient군에 대한 처방약속을 받고, 구체적 이행과 처방의 결과를 확인하기 위한 다음 방문을 약속 받았다. – 3개 중 3개 (3점)

Selling Model Q&A

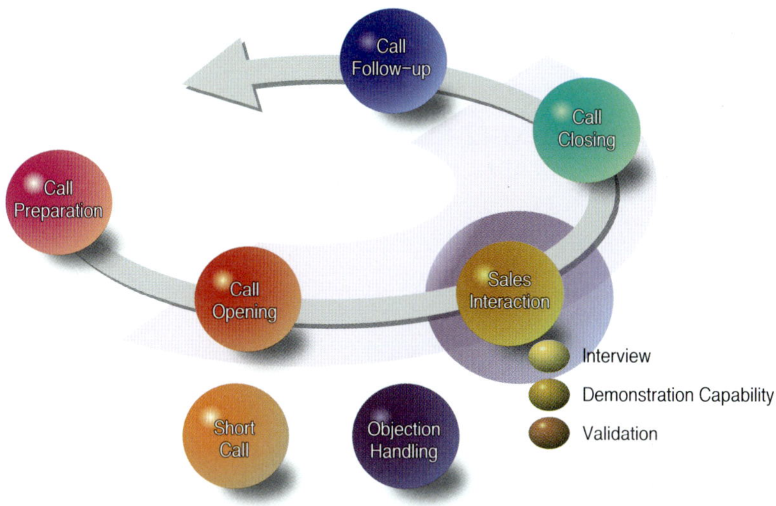

1. 거래처 방문을 위한 사전 준비 시, 어떤 일들을 하나요?

(Preparing for the Partnership)

1) 고객에 대한 전략적 정보 수집이 필수, 그리고 그 정보를 활용할 계획을 수립한다.
2) 전략적 정보: 성명/소속/직위/자질/전문성/성향/협회 가입 여부/전화번호/e-mail 주소/사전약속 선호여부/주변인물 정보/제휴관계/현재 경쟁 제품과 내 제품 처방 및 월 처방량 사용가능 제품/처방 결정 패턴 등이 있다.
3) 영업 목표를 설정하기 위하여 고객 처방 데이터 분석이 필수적이며, 영업을 위한 방문 전략과 구체적인 전술을 개발하여야 한다.
4) 거래처 의사의 행동 유형 파악한다.
5) 판촉 자료를 선정하여 의사의 행동 유형에 맞는 판촉물 활용 여부와 활동 결정한다.

- OMR-R

1) Objective
2) Message
3) Resource
4) Right Patient

2. 고객과의 첫 대화는 어떠한 내용으로 어떻게 이루어지나요?

(Opening the Call)

거래처 고객에게 질문을 통한 대화를 유도해 나가면서 다양한 형태의 정보를 파악하면서 대화를 진행해 나간다(일반적인 정보 / 특정한 고객의 욕구 / 특정한 고객의 태도 등등).
거래처 고객과의 사이에 존재하는 gap은 논리적인 질문에 의해서 제거해 나간다. 동태적이며 생산적인 방문을 위해서는 적절한 질문을 통해 긍정적인 긴장을 형성할 필요가 있다.

◈ 방문인사하기 가이드라인 으로 변경

정보전달을 위한 화제 언급 및 분위기 조성이 잘 되었는가?

가이드라인

1. 고객의 확인된 관심사 또는 요구 사항에 초점에 맞춥니다.
2. 고객이 담당하고 있는 특정 유형의 대상 환자에 초점을 맞춥니다.
3. 제품/서비스에 관한 논의를 하기 위한 중요 메시지를 소개합니다.
4. 질문을 통해 시작을 하는 것도 좋습니다.
   -Key message와 연결될 수 있는 화제거리는?
5. 회사 제품의 이름을 거론하지 않습니다.
6. 제품 비교를 포함시키지 않습니다.

◈ 방문 목표-가이드라인

방문 목표를 어떻게 설정해야 할까요?

방문목표	정의
의약품 정보 전달	홍보하는 의약품에 관한 고객의 관점 또는 행동을 강화 또는 바꾸기 위한 목표
고객 파악	고객에 생각하는 질환, 의약품, 요구사항 등 진료 환경 관련 분야에 대한 고객을 이해하고 파악하기 위한 목표
서비스 및 솔루션 제공 (큐레이션)	고객의 진료 업무 또는 환자에게 적절한 서비스 또는 솔루션을 제공할 수 있는 큐레이션 활동을 제공하기 위한 목표

3. 어떠한 방법을 통해 고객의 동기를 파악하게 되나요?

(Exploring Motivations)

- 상호 경청

언어적 표현/목소리 톤/몸 동작이 의미하는 것을 듣고 이해하는 것이 중요하다. 몸 동작은 의사 표현에 있어서 매우 중요한 의미를 가지며, 상대방의 메시지를 해석하는 데에 있어서 결코 간과해서는 안된다. 이때 상대방의 행동 유형, 심리적 상호성, 존중의 수준 등이 매우 중요한 역할을 하게 된다.

4. 제품의 message 전달 시, 어떻게 대화를 이끌어 가나요?

(Presenting Features & Benefits)

- 거래처 고객에게 제품에 대한 보조 자료를 전략적으로 사용

1) 제품 팜플렛/월 메시지 편지
2) 해외 학회 관련 자료 제공(세계적 처방 패턴)및 저널 제공
3) 샘플
4) 제품관련 소책자
5) 소액 판촉물(음악 CD/ 영화 DVD 등)

- 제품의 특징과 적절한 이익을 활용

1) Safety
2) Better Efficacy
3) Better Convenience
4) Better Therapy without Weight Problem
5) Cost

5. 제품에 대한 불/문의 사항이 나왔을 경우, 어떻게 처리하나요?

(Handling Doctor's Objection, Question etc.)

- 대화의 초기 단계에서 일어나는 Objection, Question

불만을 확인하거나 확증하는 질문을 한 후, 고객의 불만을 이해하는 담당자의 의사를 전달한다. 그후에는 불만을 무마할 수 있는 더 큰 이익을 강하게 강조하고 새롭게 제시된 이익이 과거의 불만을 해결할 수 있는 것임을 보여준다.

6. 면담의 마무리는 어떠한 방법으로 하나요?

(Closing)

담당자의 모든 영업활동이나 행동은 정리, 즉 Closing 되어야 한다. 준비에서 실천까지 자신감을 갖는 것이야말로 성공적인 Closing을 위해 필수 불가결하다. 처방 욕구가 있으면 대화를 Closing할 필요가 있음을 알아야 한다.

수시 방문 시 Closing 은 고객이 처방 준비가 되어 있는지 확인하기 위해 대화 도중에 언제라도 사용할 수 있다. Closing을 할 때에는 담당자의 목소리 톤이나 언어가 항상 긍정적으로 사용되어야 하고 합의하는 자세를 가져야 한다.

7. 면담 후, 방문에 대한 follow-up은 어떻게 하나요?

(Following Up)

한 번의 방문에 의해 거래처와의 관계가 바로 형성되는 것은 아니다. 이는 시작에 불과하므로 후속조치를 효과적으로 강구하는 담당자가 되도록 노력해야 한다. 고객들은 약속을 지키고, 제품의 처방에 대해 서비스 제공을 원하며, 지원해 주는 담당자를 원하므로 이에 상응하는 담당자가 되어야 한다.

효과적인 후속 조치를 위해 잘 계획하고 목적과 목표가 분명하게 해야 한다. 가능하면 후속 조치는 개인적으로 해야 한다. 후속조치를 잘해야 고객을 경쟁자에게 빼앗기지 않는다. 후속 조치는 필요에 따라 가능한 한 신속하게 이루어져야 한다.

부록

제약마케팅 용어

제약마케팅 용어

MANUFACTURING 505B2
CHEMICAL
SYNTHSIZED FIRST IN CLASS NICHE MARKET
PROTOCOL RED OCEAN MULTINATIONAL
INCREMENTALLY MODIFIED DRUG EMERGING MARKET
BLUE OCEAN ACTIVE PHARMACEUTICAL INGREDIENT
ONCOLOGY
TECH TRANSFER
PHRAMACOVIGILANCE PLAN PRODUCTION
ONE AND ONLY
EMA BIOPHARMACEUTICAL LICENSING
PROMOTION
TARGET FDA
MFDS PARTNER RESEARCH & DEVELOPMENT
KOL
STRATEGY PRECLINICAL BLOCK BUSTER
DRUG SUBSTANCE REGULATION DEVELOPED MARKET
DEAL SIZE TERM SHEET NMC CO-DEVELOPMENT
ME TOO MARKETING MILESTONE
ORPHEN DRUG
QUALITY ONE OF THEM DRUG PRODUCT BEST IN CLASS
CLINICAL-TRIAL PRICE
ROYALTY CHEMISTRY
AUTHORITY BENCHMARKING BRAND
SUPPLY UPFRONT
NEW MOLCULE CONTROLS

MANUFACTURING 505B2
CHEMICAL
SYNTHSIZED FIRST IN CLASS NICHE MARKET
PROTOCOL RED OCEAN MULTINATIONAL
INCREMENTALLY MODIFIED DRUG EMERGING MARKET
BLUE OCEAN ACTIVE PHARMACEUTICAL INGREDIENT
ONCOLOGY
TECH TRANSFER
PHRAMACOVIGILANCE PLAN PRODUCTION
ONE AND ONLY
EMA BIOPHARMACEUTICAL LICENSING
PROMOTION
TARGET FDA
MFDS PARTNER RESEARCH & DEVELOPMENT
KOL
STRATEGY PRECLINICAL BLOCK BUSTER
DRUG SUBSTANCE REGULATION DEVELOPED MARKET
DEAL SIZE TERM SHEET NMC CO-DEVELOPMENT
ME TOO MARKETING MILESTONE
ORPHEN DRUG
QUALITY ONE OF THEM DRUG PRODUCT BEST IN CLASS
CLINICAL-TRIAL PRICE
ROYALTY CHEMISTRY
AUTHORITY BENCHMARKING BRAND
SUPPLY UPFRONT
NEW MOLCULE CONTROLS

(품목허가 등 신청사실의) 통지

등재의약품의 안전성·유효성에 관한 자료를 근거로 의약품의 품목허가 또는 효능·효과에 관한 변경허가를 신청한 자가 등재특허권이 무효이거나 품목허가를 신청한 의약품이 등재특허권을 침해하지 않는다고 판단할 경우에 품목허가 등을 신청한 사실과 신청일, 판단의 근거 등을 특허권등재자와 등재특허권자등에게 통지하는 제도.

505(b)(2)

505(b)(2)는 FDA의 제품승인을 받기 위한 신약개발 절차 중 하나로, 이 절차는 이미 FDA가 승인한 기존 의약품에 대한 새로운 용도, 경로, 용량 등의 신약 개발을 가능하게 함. 이는 새로운 의약품 개발에 필요한 기초 자료를 대부분 기존의 자료에서 얻을 수 있기 때문에 시간과 비용을 절약할 수 있음.

Active Pharmaceutical Ingredient (API)

API는 약물의 핵심 성분으로, 약물이 특정한 효과를 나타내는 데 필수적인 화학 물질로, API는 약물 제조 과정에서 사용되며, 일반적으로는 화학 물질로 제조됨.

ANDA (Abbreviated New Drug Application)

미국 식품의약품청에 제네릭 의약품 시판허가신청을 하는 단계로, 제네릭 의약품은 이미 FDA의 시판허가 승인을 받고 시장에 나와있는 신약과 동일한 유효성분, 함량, 제형, 용법, 효능이 동일한 의약품이므로 ANDA에서는 신약의 안전성과 유효성을 동일하게 가지는 것으로 전제하고 제네릭 의약품이 대조약목록 의약품(Reference Listed Drug)과 생물학적 동등성함을 입증하는 자료만을 요구함.

cGMP (current good manufacturing practice)

강화된 의약품 제조 및 품질관리기준으로, 미국 FDA(Food and Drug Administration)가 인정하는 의약품 품질관리 기준으로 국내에서는 '선진GMP'로도 부름.

Clinical trial

제약마케팅에서 'clinical trial'은 새로운 의약품의 효능, 안전성, 용량 등을 평가하기 위해 인간을 대상으로 수행되는 연구로, 이러한 임상시험은 제품의 개발 및 상업화 과정에서 중요한 단계이며, 규제 기관의 승인을 받기 위해 필수적임. 임상시험 결과는 제약회사의 마케팅 전략과 의사 결정에 영향을 미침.

CMC (Chemistry, Manufacturing&Controls)

신약 후보군 탐색부터 임상 프로토콜을 설계하는 것을 뜻함.

DMF (Drug Master File)

좋은 원료의약품을 사용토록 하기 위해 2002.7.1일 처음으로 도입된 제도로 의약품의 원료를 제조하는 회사는 원료의약품을 생산함에 있어 생산 설비, 반응공정, 포장, 저장방법 및 공정에 사용된 모든 물질의 기준 규격 등에 관한 상세한 자료를 식약청에 제출하는 것을 뜻함.

EMA (European Medicines Agency)

EMA는 유럽의약품청(European Medicines Agency)의 약어로, 유럽연합 내 의약품 규제와 승인에 대한 권한을 가지고 있는 유럽 내 의약품 개발 및 승인에 있어 중요한 기관 중 하나로 꼽히는 곳.

FDA (Food and Drug Administration)

FDA (Food and Drug Administration)는 미국의 식품의약품안전청으로, 식품, 의약품, 화장품, 의료기기 등의 안전성과 유효성을 검토하여 인가하고, 시장에 유통되는 제품들을 감시하는 역할을 함.

IND (Investigation New Drug Application)

임상시험 신청과 신약 허가 신청하는 절차.

KOL (Key Opinion Leader)

KOL (Key Opinion Leader)은 권위자나 영향력 있는 인물로, 제약 회사에서는 KOL을 유치하여 제품 홍보나 마케팅 전략 수립 등에 활용하기도 함.

MR (Medical Representative)

의사들에게 보다 전문적인 정보를 전달해주는 전문가를 지칭함.

MSL (Medical Science Liaison)

제약의사는 회사에서 개발된 새로운 약품이나 의료 장비에 대한 정보를 연구자와 의료인들에게 전달하고, 연구자와 의료인들이 필요로 하는 약품이나 장비가 무엇인지를 파악해서 회사에 전달하는 역할을 하는 사람으로, 연구자들이 수행한 연구의 결과물(약품)이 상용화될 수 있도록 제약회사와 연결해 주기도 하고 전문 분야의 연구를 직접 수행하기도 함.

NCE (New Chemical Entity Exclusivity)

Hatch-Waxman Act는 새로운 화학성분(active drug moiety)을 포함한 신물질에 대해 FDA 시판허가 승인일로부터 5년간 시장독점권과 자료독점권을 부여할 수 있도록 규정함. 5년 NCE 자료독점권은 신물질과 같은 제네릭 의약품의 ANDA 신청접수는 신약의 시판승인이 허가된 날로부터 5년간 거부한다는 것을 의미함.

NDA (New Drug Application)

NDA는 미국 식품의약품청이 미국에서 신약 판매 허가를 승인받기 위해 의약품 의뢰자가 취하는 공식 단계.

New Molecular Entity (NME)

New Molecular Entity)(NME)는 새로운 화합물이나 분자로, 기존에 승인된 의약품과 구분되는 새로운 의약품을 뜻함. NMC의 경우, 새로운 작용 메커니즘이나 대상 조직, 새로운 화학 구조 등이 존재하여 새로운 치료 효과를 기대할 수 있으며 따라서 NMC는 새로운 의약품 개발에서 매우 중요한 개념 중 하나임.

ONE OF THEM

제약 분야에서 'ONE OF THEM'은 일반적으로 여러 대상 중에서 하나를 강조하는 용도로 사용될 수 있음.

Pharmering (Pharma+Emerging)

제약을 뜻하는 'Pharma'와 신흥을 뜻하는 'Emerging'을 합친 신조어로, 중국을 비롯한 인도, 러시아, 브라질 등의 BRICs 국가와 태국, 이집트, 남아프리카공화국 등 총 17개의 제약 산업 신흥시장을 뜻하며, 전 세계 제약시장의 성장을 주도하고 있음.

Product hopping

제약회사들이 특정 의약품에 대한 독점권을 만료 전까지 유지한 후 제네릭 의약품과의 경쟁이 시작되기 직전에 시장 지배력을 유지하기 위해 새롭게 특허를 받은 신약이나 제네릭이 대체할 수 없는 개량신약을 출시해 의사들로 하여금 기존 약이 아닌 새로운 신약, 개량신약 처방을 권고하는 행위를 뜻함.

RA (Regulatory Affair)

제약회사에서 진행되는 의약품의 허가 등록 및 진행 업무, 허가품목의 변경관리 업무(신 적응증, 신 제형 등록).

Research & Development (R&D)

Research & Development (R&D)는 연구 개발이라는 뜻으로, 제약 회사에서는 새로운 약물의 개발과 효과성 검증, 안전성 평가 등을 수행하며, 이를 바탕으로 새로운 제품을 출시함.

Royalty

기술이전으로 생산된 제품의 매출에 따라 받게되는 금액을 뜻함.

Share of Market (SOM)

SOM은 시장 점유율의 약어로, 특정 업종의 제품시장에서 취급되는 전체 거래량 중에서 특정기업이 차지하는 비율을 지칭함.

Share of Voice (SOV)

SOV는 매체 점유율의 약어로, 특정 산업이나 분야에서 전체적으로 집행된 광고 지출비중에서 개별기업이 차지하는 비중을 뜻함.

Synthesized

Synthesized(합성화된)는 인공적으로 만들어진 것을 의미함. 제약 회사에서는 화학합성을 통해 새로운 약물을 개발하고, 이를 바탕으로 새로운 제품을 출시하기도 함

Tech transfer

'Tech transfer'는 기술 이전으로, 제약회사가 새로운 제품 또는 기술을 개발하고, 해당 기술을 다른 조직이나 제조업체와 공유하거나 이전하는 과정으로, 이는 새로운 제품의 생산, 제조 및 상용화를 위해 필요한 기술 및 지식을 전달하는 과정이기도 함.

TNF 억제제

TNF 억제제는 종양괴사인자(tumor necrosis factor, TNF)가 TNF 수용체에 결합하지 못하도록 방해하며, TNF와 결합했을 때 염증반응을 일으키는 신호전달 과정을 차단시켜 염증 억제 효과가 나타나게 함.

TRIPS (Trade Related Intellectual Properties)

특허권·의장권·상표권·저작권 등 지적재산권에 대한 최초의 다자 간 규범을 의미함.

USPTO (US Patent and Trademark Office)

미국특허청의 약어.

VBH (Value Based Healthcare)

이는 가치기반 의료를 의미하며, 환자의 건강 결과를 기반으로 의료 제공자에게 보상하는 의료 제공 모델.

WTO (World Trade Organization)

세계무역기구의 약어.

가격(price)

가격(price)은 제약 제품의 판매 가격으로, 제약 제품의 가격은 제품의 특성, 경쟁 시장 상황, 생산 비용 등 다양한 요인에 따라 결정됨. 제약 회사는 시장 상황과 생산 비용 등을 고려하여 적절한 가격을 책정하여 소비자에게 제공함. 이때, 제품의 가격은 경쟁력을 높이기 위한 중요한 요소 중 하나임.

가교시험

의약품의 안전성·유효성에 관한 민족적 요인에 차이가 있어 외국임상자료를 그대로 적용하기가 어려운 경우 국내에서 한국인을 대상으로 가교자료를 얻기 위하여 실시하는 시험.

가교자료

국내외에 거주하는 한국인을 대상으로 얻어진 시험자료로, 임상시험자료집에서 발췌하거나 선별한 자료 또는 가교시험으로부터 얻어진 자료.

개량생물의약품

이미 허가된 생물의약품에 비해 다음 가목부터 다목까지의 어느 하나에 해당하는 제제학적 변경 또는 다음 라목에 해당하는 변경으로 이미 허가된 생물의약품에 비해 안전성·유효성 또는 유용성(복약순응도·편리성 등)을 개선한 것으로 식품의약품안전처장이 인정한 의약품을 지칭함.가. 유효성분의 종류 또는 배합비율나. 투여경다. 제형라. 명백하게 다른 효능효과 추가

거래 사이즈(Deal size)

거래 사이즈(Deal size)는 어떤 거래가 체결될 때 금액이나 규모를 의미하며, 제약 분야에서는 기존 제품을 인수하거나 새로운 제품을 라이선싱하는 등의 거래에서 딜 사이즈가 중요한 역할을 함.

계약금(Upfront)

계약금(Upfront)은 어떤 거래에서 초기에 지불되는 금액이나 비용으로, 제약 분야에서는 라이선싱 계약에서 처음에 지불하는 비용임. 이는 라이선서가 라이선스 받는 의약품을 개발하고 상업화하는 데 필요한 초기 자금으로 사용됨.

계획전략(Plan strategy)

계획전략(Plan strategy)은 목표를 달성하기 위한 계획과 전략의 결합으로, 제약 회사에서는 제품 개발, 생산, 마케팅 등에 대한 계획을 세우고, 이를 바탕으로 전략을 수립하여 목표를 달성하고자 함.

공급(Supply)

공급(Supply)은 제약 분야에서 의약품의 생산, 유통, 재고 등을 관리하는 작업을 의미하며 이는 안전하고 효율적인 생산과 유통 체계를 구축하고, 필요한 시기와 장소에서 적절한 수량의 제품을 제공하여 고객의 요구를 충족시키는 것을 목적으로 함.

공동개발(Co-development)

공동개발(Co-development)은 두 개 이상의 제약 회사가 함께 의약품을 개발하는 것을 뜻하며, 이러한 공동개발은 자금과 기술, 인력 등의 자원을 공유하면서 개발 비용을 분담하고 개발 속도를 높일 수 있음.

공동생동

여러 제약회사가 모여 비용을 공동 지불해 생동성 시험을 실시하는 것으로, 생동성이 인정되면 이 중 한 회사가 의약품을 제조해 각각의 회사에 공급하게 됨. 이

때 각 회사는 생동성 시험에 드는 비용의 1/n을 지불하기 때문에 단독 생동보다 비용 부담이 줄어듬.

권한(Authority)

권한(Authority)은 대한민국에서는 대한민국 식품의약품안전처(FDA)나 유럽의약품청(EMA) 등 규제 기관으로, 제약 회사에서는 이러한 규제 기관으로부터 승인을 받아야만 제품을 시장에 출시할 수 있음. 또한, 국내외 의료 전문가들을 권위자로 인식하고, 그들의 의견에 대한 존중과 활용이 필요하여 이러한 권위자들의 참여는 제품 개발, 마케팅 전략 수립 등에 큰 영향을 미침.

규제 바이오의약품(Regulation Biopharmaceutical)

바이오의약품(Biopharmaceutical)은 생명공학 기술을 활용하여 제조된 약물로, 복잡한 단백질 등의 분자를 기반으로 함. 식품의약품안전처(FDA)나 유럽의약품청(EMA) 등의 규제 기관에서 엄격한 검증과정을 거쳐 승인되는 바이오의약품.

다국적(multinational)

다국적(multinational)은 여러 나라에 걸쳐 사업 활동을 전개하는 기업이나 조직. 제약 회사들도 다양한 국가에서 연구, 생산, 판매 등의 활동을 전개하고 있으며, 다국적 기업에서는 다양한 국가 및 지역에서의 법규 준수와 문화적 적응이 필요함.

데이터마이닝(data mining)

많은 데이터 가운데 숨겨져 있는 유용한 상관관계를 발견하여, 미래에 실행 가능한 정보를 추출하여 의사 결정에 이용하는 과정을 뜻함.

동등생물의약품

생물학적제제규정 제2조제10호에 따라 동등생물의약품으로 식품의약품안전처장이 허가한 의약품을 뜻함.

동일의약품
주성분 및 그 함량, 제형, 용법·용량, 효능, 효과가 동일한 의약품.

동일제품군
약제급여목록표상의 업체 명으로, 투여경로, 성분 및 제형이 모두 동일한 약제들을 칭함.

등록된 원료의약품
「약사법」 및 「의약품 등의 안전에 관한 규칙」, 「마약류관리에 관한 법률」 및 같은 법 시행규칙에 따라 식품의약품안전처장이 지정하는 원료의약품에 대하여 「원료의약품 등록에 관한 규정」에 따라 식품의약품안전처에 등록된 원료의약품.

등재의약품
특허목록에 의약품특허권이 등재된 의약품.

등재특허권
특허목록에 등재된 특허.

등재특허권자등
특허목록에 등재된 의약품특허권의 특허권자 또는 전용실시권자.

라이센싱(Licensing)
라이센싱(Licensing)은 제약 회사들이 새로운 제품을 개발하거나 다른 제약 회사의 제품을 판매하기 위해 다른 회사와 계약하는 것을 의미하며, 이러한 계약은 특허권, 판매 및 마케팅 권한, 지식 및 기술의 공유 등을 포함함.

레드 오션(red ocean)
레드 오션(red ocean)이란 기존 시장에서의 경쟁이 치열한 시장으로, 많은 제약 회사들이 경쟁적으로 제품을 출시하여 시장을 분할하고, 이를 바탕으로 가격 경쟁을 벌이는 것이 특징.

마일스톤(Milestone)

마일스톤(Milestone)은 특정 단계나 성과를 이루었을 때 약속된 보상이나 혜택으로, 제약 분야에서는 새로운 의약품 개발 과정에서 선행 연구, 임상시험, FDA 승인 등의 중요한 단계를 달성할 때마다 마일스톤 지급이 약속되는 경우가 많음.

마케팅(Marketing)

마케팅(Marketing)은 제품이나 서비스의 가치를 제고하고 이를 소비자에게 전달하는 일련의 활동으로, 제약 분야에서는 의약품의 개발 및 생산부터 판매까지의 전 과정에서 마케팅 전략을 수립하여 시장에서의 경쟁력을 강화하는 것이 중요함. 이를 위해 광고, 판촉활동, 학술대회 참가 등의 방법을 사용할 수 있음.

물질에 관한 특허

의약품에 포함된 성분에 관한 특허로, 염, 수화물을 포함하는 용매화물, 이성질체, 무정형, 결정다형에 관한 특허가 이에 포함될 수 있음.

미투(Me Too)

미투(Me Too)는 새로운 효능을 가지지 않고 이미 존재하는 약과 유사한 효능을 가진 새로운 약물로, 이러한 약물은 기존 약물에 비해 경쟁력이 떨어질 수 있지만, 제조공정의 효율성과 안전성 등의 측면에서 이점을 가질 수 있음.

바이오의약품

바이오의약품이란 사람이나 다른 생물체에서 유래된 것을 원료 또는 재료로 하여 제조한 의약품으로 생물학적제제, 유전자재조합의약품, 세포배양의약품 등이 있음.

베스트 인 클래스(Best in class)

베스트 인 클래스(Best in class)는 해당 분야에서 최고 수준의 성능과 효능을 가진 제품으로, 제약 분야에서는 특정 질환 치료에 있어 다른 의약품들보다 뛰어난 효과와 안전성을 가진 제품임.

벤치마킹(Benchmarking)

벤치마킹(Benchmarking)은 자신의 업무나 제품, 서비스 등의 성능, 품질, 비용 등을 다른 회사나 기업 등의 좋은 사례와 비교·분석하여 발전시키기 위한 방법으로, 제약 분야에서는 의약품 개발 및 생산 과정, 시장조사, 마케팅 전략 등의 분야에서 벤치마킹을 수행할 수 있음.

브랜드(Brand)

브랜드(Brand)는 제품이나 서비스를 대표하는 이름, 로고, 디자인 등을 뜻함. 제약 분야에서 의약품의 브랜드는 해당 제품의 특성과 안전성, 효과 등을 반영하여 마케팅에 중요한 역할을 함.

브릭스(BRICs)

브라질(Brazil), 러시아(Russia), 인도(India), 중국(China)을 통칭하는 말로 미래 큰 성장이 기대되는 신흥 국가들을 지칭하는 용어.

블록버스터(Blockbuster) 신약

일반적으로 시장규모에 근거하여 세계시장 규모가 1조 원 이상을 점유하고 있는 약제.

블록버스터(Blockbuster)

블록버스터(Blockbuster)는 대성공을 이룬 제품이나 서비스를 의미하며 제약 분야에서는 높은 매출을 올리는 인기 있는 의약품을 가리키는 용어로 사용됨. 이러한 블록버스터 제품은 대개 특정 질환의 치료에 탁월한 효과를 보이며, 대규모 임상시험과 효과적인 마케팅 전략을 통해 광범위한 시장 점유율을 확보할 수 있음.

블루 오션(Blue ocean)

블루 오션(Blue ocean)은 새로운 시장을 개척하거나 기존 시장에서 경쟁이 적은 분야로, 기존 시장에서의 경쟁이 치열한 시장이 레드 오션(red ocean)이라면, 경쟁이 적은 새로운 시장은 블루 오션(blue ocean)이라고 합니다.

사용량 약가 연동제

약제급여목록 및 급여 상한금액표에 등재된 약제에 대하여 예상 청구액을 초과하거나 보건복지부장관이 정하는 비율이나 금액이상 증가한 경우 이미 고시된 약제의 상한금액을 조정하는 제도.

사전인하약제

요양급여기준 제13조 제4항 제2호 및 약제의 결정 및 조정 기준 제8조 제2항 제2호에 의하여 상한금액이 조정된 약제를 칭함.

새로운 분자(New molecule)

새로운 분자(New molecule)란 기존에 없었던 새로운 화합물을 뜻함. 제약 분야에서는 이러한 새로운 분자를 발견하고, 해당 분자를 기반으로 새로운 의약품을 개발하는 것이 매우 중요한 전략이기 때문에 이는 새로운 치료 효과를 발견하거나 기존 치료제보다 효과적이며 안전한 대안을 찾기 위한 노력의 일환으로 이루어짐.

생물의약품

사람이나 다른 생물체에서 유래된 것을 원료 또는 재료로 하여 제조한 의약품으로서 보건위생상 특별한 주의가 필요한 의약품을 말하며, 생물학적제제, 유전자재조합의약품, 세포배양의약품, 세포치료제, 유전자치료제, 기타 식품의약품안전처장이 인정하는 제제를 포함함.

생물의약품

생물학적제제규정 제2조제9호에 따라 사람이나 다른 생물체에서 유래된 것을 원료 또는 재료로 하여 제조한 의약품으로, 보건위생상 특별한 주의가 필요한 의약품을 말함. 생물학적제제, 유전자재조합의약품, 세포배양의약품, 세포치료제, 유전자치료제, 기타 식품의약품안전처장이 인정하는 제제를 포함함.

생물학적 제제 약가 경쟁 및 혁신법(Biologics Price Competition and Innovation Act, BPCIA)

바이오신약 허가 후 4년간 바이오시밀러 허가 신청 금지, 바이오신약 허가 후 4년간 자료독점권(Data exclusivity) 및 8년간 별도의 후속 시장독점권(Market exclusivity) 부여, 최초 대체 가능 바이오시밀러(Interchangeable biosimilar) 허가 후 최소 1년간 독점권 부여(특허 소송 여부 및 합의 여하에 따라 12~42개월 간 여타 대체 가능 바이오시밀러 허가 불가), BPCIA는 바이오신약 개발자 및 바이오시밀러 개발자 간 반드시 특허공방을 주고받아야 한다는 의미로 소위 'patent dance'로 규정함.

생물학적동등성 시험(bioequivalence test)

임상 시험의 일종으로 주성분이 전신순환 혈에 흡수되어 약효를 나타내는 의약품에 대해 동일 주성분을 함유한 동일 투여경로의 두 제제가 생체이용률에 있어서 통계학적으로 동등하다는 것을 입증하기 위해 실시하는 시험.

생물학적동등성시험

「약사법」 및 「의약품 등의 안전에 관한 규칙」, 「마약류관리에 관한 법률」, 「의약품 동등성시험기준」에 따라 그 주성분·함량 및 제형이 동일한 두 제제에 대한 의약품 동등성을 입증하기 위해 실시하는 생체 내 시험.

생물학적제제

생물체에서 유래된 물질이나 생물체를 이용하여 생성시킨 물질을 함유한 의약품으로, 물리적·화학적 시험만으로는 그 역가와 안전성을 평가할 수 없는 백신. 혈장분획제제 및 항독소 등을 지칭함.

생체이용률

주성분 또는 그 활성대사체가 제제로부터 전신순환혈로 흡수되는 속도와 양의 비율을 뜻함.

성과기반 위험분담제

환급제의 일종으로 개별 환자의 약제투여성과에 따라 제약사의 환급율을 달리 운영하는 새로운 모형의 지불제도로, 이를 통해 실제 약효가 크게 떨어지거나 지나치게 많은 급여 청구가 이뤄지는 경우를 대비하기 위한 제도.

세포배양의약품

세포배양기술을 이용하여 제조되는 펩타이드 또는 단백질 등을 유효성분으로 하는 의약품.

세포치료제

살아있는 자가, 동종, 이종 세포를 체외에서 배양.증식하거나 선별하는 등 물리적, 화학적, 생물학적 방법으로 조작하여 제조하는 의약품. 다만, 의료기관 내에서 의사가 자가 또는 동종세포를 당해 수술이나 처치 과정에서 안전성에 문제가 없는 최소한의 조작(생물학적 특성이 유지되는 범위 내에서의 단순분리, 세척, 냉동, 해동 등)만을 하는 경우는 제외함.

소규모 시장(Niche market)

소규모 시장(Niche market)은 큰 시장에서는 주목되지 않는 작은 그룹의 고객을 대상으로 하는 시장으로, 제약 분야에서는 소규모 시장에서 독특한 치료법이나 미처 발견되지 않았던 치료 대상에 대한 새로운 의약품을 개발하여 경쟁 우위를 점하는 전략이 취해질 수 있음. 이러한 전략은 대규모 시장에서 경쟁력이 약한 제약 회사에게 좋은 기회를 제공할 수 있기도 함.

안전성·유효성 자료

약사법 제31조 제10항에 따라 신약 또는 식품의약품안전처장이 지정하는 의약품에 관하여 품목허가 또는 품목신고를 받기 위하여 제출하여야 하는 안전성·유효성에 관한 자료를 가리키며, 구체적인 제출자료는 의약품 등의 안전에 관한 규칙 제9조 및 식품의약품안전처장의 고시에 규정하고 있음.

약가업무(Market Access)

제약회사 내에서 약의 급여 등재, 약가협상 업무(Pricing & Reimbersment)와 이를 뒷받침하는 경제성평가(Pharmaco-Economics, PE)를 담당하는 부서.

약물 감시(Pharmacovigilance)

약물 감시(Pharmacovigilance)는 의약품의 부작용 등의 안전성에 대한 감시 및 평가를 수행하는 분야로, 제약 회사들은 약물의 안전성 및 효과성을 지속적으로 모니터링하며, 이를 바탕으로 개선 조치를 취하는 것이 중요함. 약물 감시는 FDA나 EMA와 같은 규제 기관에서 강제적으로 시행되기도 함.

약정서(Term sheet)

약정서(Term sheet)는 합의된 약정 내용을 요약해서 작성한 문서로, 주로 대출, 투자, 인수 등의 계약 과정에서 사용됨. 제약 분야에서는 특허, 라이선싱, 합작 등의 계약 과정에서 term sheet를 사용할 수 있음.

에버그린 전략(Evergreen Strategy)

신약개발 제약사가 신약의 독점기간을 늘려 제네릭 제약업체들의 진입을 막기 위해 취하는 전략을 의미함.

역지불합의(pay for delay)

신약특허권을 가진 오리지널 회사와 제네릭 의약품 회사가 특허분쟁을 취하하고 경쟁하지 않기로 하는 대신 경제적 이익을 제공하면서 합의하는 것으로, 오지지날 품목을 가진 다국적회사가 국내회사에 제넥릭품목 판매지연을 조건으로 co-promotion하는 행위 등을 칭함.

예상청구액

요양급여기준 제11조의2 제8항에 따라 공단과 업체가 합의한 요양급여 비용의 예상청구액을 칭함.

오픈소스(open source)

소프트웨어의 설계도에 해당하는 소스 코드를 인터넷 등을 통하여 무상으로 공개하여 누구나 그 소프트웨어를 개량하고, 이것을 재배포할 수 있도록 하는 것 또는 그런 소프트웨어를 뜻함.

오픈이노베이션(open innovation)

기업들이 연구·개발·상업화 과정에서 대학이나 타 기업·연구소 등의 외부 기술과 지식을 활용해 효율성을 높이는 경영전략.

외국임상자료

임상시험자료집 중 외국에서 얻어진 임상시험자료.

우선판매품목허가

i) 우선판매품목허가를 신청하는 의약품과 동일의약품이면서 ii) 등재의약품의 안전성·유효성에 관한 자료를 근거로 품목허가 또는 변경허가를 신청하는 의약품으로서 iii) 등재의약품과 유효성분이 동일한 의약품의 판매가 일정기간 동안 금지되어, 우선하여 의약품을 판매할 수 있는 허가.

원 앤 온리(One and only)

원 앤 온리(One and only)는 유일무이한, 유일한 것을 의미하며, 이 용어는 보통 특정 약물이 유일한 치료제로 인식될 때 사용됨. 예를 들어, 어떤 질병을 치료하기 위한 유일한 약물이 있는 경우에 'the one and only drug for the treatment of the disease'라고 표현하기도 함.

위임형 후발의약품

신약(오리지널 의약품, 브랜드 의약품)이 제약사에 의해 직접 또는 위탁생산되어 신약과는 다른 이름이나 포장으로 판매되는 의약품.

위탁생동

위탁제조를 의뢰할 때 해당 품목이 이미 생동성 시험을 통과한 약이라면 위탁제조된 약에 대해서 별도의 생동성 시험 없이도 생동성을 인정해주는 것. 이 때 두 약은 같은 제조사가 제조하는 똑같은 약이지만 각자의 회사에서 다른 이름으로 판매됨. 공동생동과 위탁생동은 같은 제조사에서 만든 약을 여러 회사가 다른 이름으로 판매할 수 있게 된다는 공통점이 있지만, 공동생동은 개발단계(생동성 시험)에서부터 여러 회사가 함께 참여하는 반면 위탁생동은 일반적으로 이미 개발된(생동성 시험을 통과한) 약에 대한 위수탁이 이뤄진다는 점에서 차이가 있음.

유전자재조합의약품

유전자조작기술을 이용하여 제조되는 펩타이드 또는 단백질 등을 유효성분으로 하는 의약품.

유전자치료제

병치료 등을 목적으로 인체에 투입하는 유전물질 또는 유전물질을 포함하고 있는 의약품.

유효성분

주성분에서 의약품의 효능·효과를 나타내는 부분으로, 예를 들어, 주성분이 실데나필시트르산염인 경우 유효성분은 실데나필을 의미함.

의약적 용도에 관한 특허

의약품의 효능·효과, 용법·용량, 약리기전 등에 관련된 특허.

의약품 로열티(Drug product royalty)

의약품 로열티(Drug product royalty)는 특허권 등에 기반하여 다른 회사에게 특정 의약품의 판매 및 생산 권한을 부여하고, 이를 이용한 판매 수익의 일정 비율을 받는 제도로, 이는 제약 회사가 개발한 의약품을 다른 회사가 라이선스를 받아 제조 및 판매하는 경우에 적용됨.

의약품 설계기반 품질 고도화(Quality by Design, QbD)

제조공정과 품질관리로 이원화된 현 시스템을 하나의 시스템으로 융합하여 첨단 기술을 활용해 의약품 생산공정에서 발생할 수 있는 위험성을 사전에 예측하고 대처하는 품질관리시스템.

의약품 특허목록

식품의약품안전처장이 품목허가 또는 변경허가를 받은 자료부터 등재 신청을 받은 의약품에 관한 특허권을 등재하여 관리하는 의약품 특허목록으로 인터넷 홈페이지(http://nedrug.mfds.go.kr)에 공개됨.

의약품실사상호협력기구(The Pharmaceutical Inspection Convention and Pharmaceutical Inspection Co-operation Scheme, PIC/S)

의약품 제조 및 품질관리기준(GMP)과 실사의 국제 조화를 주도하는 국제 협의체로 1995년 결성됨. 미국식품의약국(FDA) 등 41개국 44개 기관이 가입되어 있으며, 한국은 2014년 5월 16일 42번째 가입국이 되었으며, PIC/S 가입을 바탕으로 향후 GMP 실사의 국가 간 상호인정협정이 체결되면 국내 의약품을 수출할 때 수입국의 GMP 실사 등을 면제받을 수 있게 됨.

의약품특허권

품목허가를 받은 의약품에 관한 특허권.

임상시험

「약사법」 및 「의약품 등의 안전에 관한 규칙」에 따라 의약품 등의 안전성과 유효성을 증명할 목적으로, 해당 약물의 약동·약력·약리·임상적 효과를 확인하고 이상반응을 조사하기 위하여 사람을 대상으로 실시하는 시험(생물학적동등성시험을 포함).

임상시험 전(Preclinical)

임상시험 전(Preclinical)이란 인체 내에서 임상시험 이전 단계에서 진행되는 실험으로, 약물 개발 단계에서는 약물의 효능, 안전성, 약물동력학 등을 연구하는 과정이기도 함. 이는 동물실험 등을 통해 수행됨.

임상시험(Clinical trial)

임상시험(Clinical trial)은 새로운 의약품의 안전성과 유효성을 검증하기 위해 환자를 대상으로 수행되는 실험으로, 이러한 임상시험은 규제 기관의 승인을 받아 진행되며 의약품의 개발 및 상업화에 있어서 매우 중요한 단계임.

자료제출의약품

「약사법」,「의약품 등의 안전에 관한 규칙」,「마약류관리에 관한 법률」 및 같은 법 시행규칙,「희귀질환관리법」에 따른「의약품의 품목허가·신고·심사규정」 제2조제8호에 따른 안전성·유효성심사 자료제출의약품 및「약사법」 및「의약품 등의 안전에 관한 규칙」에 따른「생물학적제제 등의 품목허가·심사 규정」(이하 "생물학적제제규정"이라 한다) 제2조제2호에 따른 자료제출의약품.

재협상약제

약제의 결정 및 조정 기준 제8조 제2항 제4호에 따라서 재협상하는 약제를 칭함.

전략(strategy)

전략(strategy)은 목표를 달성하기 위해 일련의 계획 및 행동을 수립하는 것으로, 제약 회사에서 전략은 제품 개발, 생산, 마케팅 등에 대한 계획 및 방향성을 정하는 데 중요한 역할을 함.

점진적으로 수정된 의약품(Incrementally modified drugs)

점진적으로 수정된 의약품(Incrementally modified drugs)은 기존의 의약품을 일부 수정하거나 개선하여 새로운 형태로 재개발한 제품을 의미하며, 이러한 수정은 효능, 용도, 제조 공정 등 다양한 측면에서 이루어질 수 있고 이를 통해 기존의 의약품의 특성을 보완하거나 경쟁력을 강화하는 것을 목적으로 함.

제네릭

특허가 만료된 오리지널 의약품의 카피약을 지칭하는 말로 최근 제약협회에서는 카피약 대신 제네릭을 공식용어로 사용키로 결정함.

제조(Manufacturing)

제조(Manufacturing)는 제약 회사에서 개발한 의약품을 대량 생산하기 위한 과정을 의미하며, 이 과정은 약물 성분을 합성하고 정제하는 과정부터 제품 생산, 포장, 검사 등을 포함함.

제형에 관한 특허

주사용, 경구 등 제형(제제)의 특수성 등을 이용하여 의약적 효과를 증대시키는 내용에 관한 특허.

조성물에 관한 특허

의약품 주성분을 조합한 복합제 또는 의약품과 첨가제의 조합을 통한 처방에 관한 특허.

주성분

의약품의 효능·효과를 나타낸다고 기대되는 주된 성분으로 일반적으로 의약품의 허가 사항에 주성분으로 기재되는 성분.

청구액

요양급여비용 총액을 의미하며, 본인부담금의 청구분을 포함함.

최초등재제품

약제급여목록표에 해당 투여경로·성분·함량·제형으로 최초 등재된 제품.

최초의 신약(First in class drug substance)

최초의 신약(First in class drug substance)은 새로운 작용 기전을 가진, 기존에 없던 처음 개발되는 약물로, 이러한 신약은 대부분의 경우 R&D 단계에서 대규모 임상시험 등의 과정을 거치며, 규제 기관의 승인을 받아야만 시장에 출시될 수 있음.

컨트롤(Controls)

컨트롤(Controls)은 제약 분야에서 제품의 품질과 안전성을 유지하기 위해 수행되는 통제 작업으로, 이는 제조 공정에서의 품질 관리, 검사 및 검증 절차, 위험 평가 등을 포함함.

퀄리티(Quality)

퀄리티(Quality)는 제품이나 서비스가 고객의 요구에 부합하는 정도로, 제약 분야에서 의약품의 품질은 해당 제품의 안전성, 효과, 안정성 등과 밀접한 관련이 있으며, 이는 규제 기관의 검증과 평가를 통해 확인됨.

크라우드소싱(crowd sourcing)

대중(crowd)과 외부발주(outsourcing)의 합성어로, 생산·서비스 등 기업활동 일부 과정에 대중을 참여시키는 것을 지칭함.

통지의약품

등재의약품의 안전성.유효성에 관한 자료를 근거로 품목허가 또는 변경허가를 신청하고, 그 신청 사실을 특허권등재자와 등재특허권자 등에게 통지한 의약품.

특허관계 확인서

등재의약품의 안전성.유효성 자료를 근거로 의약품등의 제조판매.수입 품목허가를 받으려는 자가 품목허가 신청시에 제출하여야 하는 등재특허권과 품목허가신청 의약품의 관계에 대한 확인서로 의약품 등의 안전에 관한 규칙 제4조 및 별지 제5호 서식으로 규정하고 있음.

특허권등재자

품목허가 또는 변경허가를 받은 자로서, 의약품특허권의 등재를 신청하여 특허목록에 의약품특허권을 등재받은 자.

틈새시장(Nichebuster) 신약

개인 맞춤형 표적지향적인 의약품으로, 전문 임상의(specialist)가 주 마케팅 대상으로서 독점력과 기술혁신성이 강한 약제를 뜻함.

파트너 개발 시장(Partner developed market)

파트너 개발 시장(Partner developed market)은 제품을 생산하는 제약 회사와, 해당 제품을 판매하는 지역적 파트너 간의 협력 관계로, 파트너 개발 시장은 주로 신흥 시장에서 많이 이루어지며, 지역 파트너는 해당 지역의 시장 조건과 문화에 대한 이해도가 높기 때문에 해당 시장에서의 판매에 유리함.

판매금지

i) 식품의약품안전처장이 등재특허권자등의 신청을 받아 통지의약품에 대하여 등재특허권자등이 통지를 받은 날로부터 9개월간 판매를 금지하는 처분 또는 ii) 식품의약품안전처장이 우선판매품목허가를 받은 의약품과 동일하고, 등재의약품과 유효성분이 동일한 의약품에 대하여 최초로 우선판매품목허가를 받은 의약품의 판매가능일로부터 9개월간 판매를 금지하는 처분.

포괄수가제(Diagnosis related groups, DRG)

병원경영개선을 목적으로 개발된 입원환자 분류체계로 진단명, 부상병명, 수술명, 연령, 성별, 진료결과 등에 따라 유사한 진료내용의 질병군으로 분류함. 이때 하나의 질병군을 DRG라 칭함.

표적(Target)

표적(Target)은 제약 회사에서 개발한 의약품이 어떤 질병 또는 증상을 치료하는 데 사용되는 분자, 세포, 조직 등을 가리키는 용어로, 이는 의약품 개발 과정에서 매우 중요한 요소 중 하나이며, 특정한 표적을 찾아 그것을 치료하는 새로운 의약품을 개발하는 것이 제약회사의 주된 목표임.

품목허가

약사법 제31조 제2항 및 제3항에 따라서 제조업자 등이 제조하거나 위탁제조한 의약품을 판매하려는 경우 또는 법 제42조 제1항에 따라서 수입을 하려는 경우 식품의약품안전처장에게 품목별로 신청하여 받는 제조판매·수입 품목허가

프로토콜(protocol)

프로토콜(protocol)은 임상시험 수행 시 어떠한 방식으로 연구가 진행되어야 하는지에 대한 계획서로, 프로토콜은 수행할 연구의 목적, 대상 환자군, 검사 방법, 임상시험의 일정, 책임 등을 명시하고, 연구 결과의 타당성과 유효성을 보장하는 역할을 함.

행위별수가제(Fee-For-Service)

의료기관에서 의료인이 제공한 의료서비스(행위, 약제, 치료재료 등)에 대해 서비스 별로 수가를 정하여 사용량과 가격에 의해 진료비를 지불하는 제도.

혁신신약

특정 질환에 대한 약의 효능이 기존에 나온 여타 약물과 구별되는 신약을 의미함.

협상대상제외약제

보건복지부장관이 사용량 협상 대상에서 제외하여 협상을 명하지 않는 약제를 지칭함.

협상등재약제

공단과의 약가협상에 의하여 약제급여목록표에 등재된 약제.

홍보(promotion)

홍보(promotion)는 제품 또는 서비스를 소비자에게 알리기 위해 다양한 마케팅 방법을 사용하는 것으로, 제약 분야에서는 의약품의 효능과 안전성을 알리는 광고, 판촉 활동, 제품 시료 제공 등의 방법을 사용하여 소비자의 인식과 구매 의사 결정에 영향을 미치는 것이 중요함.

화학제품 생산(Chemical production)

화학제품 생산(Chemical production)은 화학 물질을 대량 생산하는 것을 의미하며, 제약 회사에서는 API (Active Pharmaceutical Ingredient) 등의 화학물질을 대량 생산하여 약물 제조에 활용함.

희귀의약품

적용대상이 드물고 적절한 대체의약품이 없어 긴급한 도입이 요구되는 의약품으로, 식품의약품안전처장이 지정하는 의약품.

희귀의약품(Orphan drug)

희귀의약품(Orphan drug)은 소규모 환자 집단을 대상으로 하는 드문 질환을 치료하는 의약품으로, 이러한 질환은 시장 규모가 작기 때문에 개발에 높은 비용이 들어가지만, 정부 지원제도나 특수 인센티브 등의 제도적 지원을 받을 수 있음.

참고문헌

[참고문헌]

- American Diabetes Association, 2019, Diabetes Case, 42(Supp.1):S61-S70.
- Aschner et al., 2006, Diabetes Care, 29;2632-2637.
- C.H. Jung et al., 2015, A randomized, double-blind, placebo-controlled, phase II clinical trial to investigate the efficacy and safety of oral DA-1229 in patients with type 2 diabetes mellitus who have inadequate glycaemic control with diet and exercise, Diabetes/Metabolism Research and Reviews, 31(3);295–306.
- CSR과 CSV의 차이가 뭐야?. (2013.3.11.). Avaliable from:https://m.blog.naver.com/cnm_univ/140183449181
- D.S. Hsia et al., 2017, An Update on SGLT2 Inhibitors for the Treatment of Diabetes Mellitus, Current Opinion in Endocrinology, Diabetes and Obesity, 24(1);73-79.
- Diabetes Care 2021;44(10):2361–2370
- DPP-4 억제제의 비교 및 고찰, (2012.1.3.). Avaliable from:https://m.blog.naver.com/artistry/10128407326
- Duckworth et al., 2009, N. Engl. J. Med., 360:129-39.
- E. Bae, S. Park, M. Lee, 2019, Mediating Effects of Job Crafting on Relationship between Self-Leadership and Commitment to Change for Medical Representatives in a Pharmaceutical Company, Korea Lifelong Education and HRD Institute, Vol.15(2); 125-127.
- E. Sanchez-Rangel, S.E. Inzucchi, 2017, Metformin: clinical use in type 2 diabetes, Diabetologia, 60(9);1586–1593.
- Evaluate Pharma, 2020, World Preview 2020, Outlook to 2026
- Farinde, 2021, Overview of Pharmacodynamics, MSD MANUAL
- Filippatos TD et al., 2014, Expert Opin Drug Metab Toxicol., 10:787-812.
- H.K. Lee et al., 2017, Unique binding mode of Evogliptin with human dipeptidyl peptidase IV, Biochemical and Biophysical Research Communications, 494(3-4);452-459.
- H.S. Im et al., 2019, The Effectiveness of Facilitation Education for Call Quality of Medical. Representative in Pharmaceutical Industry., The Korean Journal of Health Service Management., 13(4), 215-228.
- H.S. Im, 2016, Marketing and sales strategies of IMD Cilostazole, Chungang University
- H.S. Im, 2021, Marketing and sales strategies of Evogliptin to maximize effectiveness, Chungbuk National University
- https://www.hidoc.co.kr/healthstory/news/C0000765655
- Iqvia-institude, Biosimilars in the United States 2023–2027
- Iqvia-institude, Global Trends in R&D 2023
- Iqvia-institude, The Use of Medicines in the U.S. 2023
- I-S. Choi, 2009, Two Perspectives on Facilitation in Adult Education: Learner- centered Facilitation versus Interventionist Facilitation, Andragogy Today : International Journal of Adult & Continuing Education, 12(3);103-129.

- J.A. Hirst et al., 2013, Estimating the effect of sulfonylurea on HbA1c in diabetes: a systematic review and meta-analysis, Diabetologia, 56(5);973–984.
- J.B. Cha, G.Y. Ryu, 2013, The Relationship among Internal Marketing Activities, Job Satisfaction, Organizational Commitment, and Turnover Intention in Pharmaceutical Companies -Focusing on Pharmaceutical Salespeople-, The Korean Journal of Health Service Management, Vol.7(1);69-82.
- Jongsthapongpanth et al., 2010, Spatial and sex differences in AIDS mortality in Chiang Rai, Thailand., Health & Place, 16(6);1084-93.
- Kahn SE., 2001, J. Clin. Endocrinol. Metab., 86:4047-4058.
- Kim HJ, et al., 2011, Bioorg Med Chem Lett., 21(12):3809-12.
- Kim MK et al., 2012, Life Sci., 90(1-2):21-9.
- Lee et al., 2017, Biochem Biophys Res Commun., 494(3-4):452-459.
- Lee SH et al., 2018, Variability in metabolic parameters and risk of dementia: a nationwide population-based study., Alzheimers Res Ther., 10(1):110.
- Monnier et al., 2009, Diabetes Metab Res Rev., 25(5):393-402.
- Nabeno M, et al., 2013, Biochem Biophys Res Commun., 434:191-6.
- Node and Inoue, 2009, Cardiovasc Diabetol,, 8, 23.
- Park J et al., 2017, Diabetes Obes Metab., 19(12):1681-1687.
- P-H. Groop et al., 2014, Linagliptin treatment in subjects with type 2 diabetes with and without mild-to-moderate renal impairment, Diabetes, Obesity and Metabolism, 16(6);560-568.
- Pi-Sunyer et al., 2007, Diabetes Res. Clin. Pract., 76(1);132-138.
- Ramlo-Halsted BA et al., 1999, Prim Care., 26:771-789.
- Rosenstock et al., 2009, Curr Med Res Opin., 25(10);2401-2411.
- S-M. Hong et al., 2017, Efficacy and safety of adding evogliptin versus sitagliptin for metformin-treated patients with type 2 diabetes: A 24-week randomized, controlled trial with open label extension, Diabetes, Obesity and Metabolism, 19(5);654-663.
- Suh S, Kim JH, 2014, J Korean Diabetes., 15(4):196-201.
- The Action to Control Cardiovascular Risk in Diabetes Study Group, 2008, N. Engl. J. Med., 358:2545-59.
- Yang et al., 2013, Diabetes Obes Metab., 15;410–416.
- Young Min Jo, 2011, DPP-4 Inhibitors Comparison- Back to Fundamentals: MOA, PK, PD and Clinical Evidence, International conference on diabetes and metabolism
- 2019 건강운동관리사 병태생리학 문제풀이, (2020.9.20.). Avaliable from:https://blog.naver.com/ocs5298/222094323462
- 2021 당뇨병 진료지침 제7판 : 당뇨병 진단기준, (2021.6.23.), Avaliable from:https://blog.naver.com/drjakim05/222406988055
- 2021-22 CSR Report, 한미약품
- 간질환 환자에 대한 의약품 적정사용 정보집, 식약처, 2017.11

- 경구용 혈당강하제, (2023.3.31.) Avaliable from:https://blog.naver.com/lbj_1990/223051069517
- 고기현. (2022.3.3.). 마케팅의 처음과 끝 STP: 세분화, 타겟팅 그리고 포지셔닝. Avaliable from: https://www.pharmnews.com/news/articleView.html?idxno=201618
- 고기현.(2020.5.28.). 제약마케팅(Pharmaceutical Marketing) 이야기. Avaliable from:https://www.kmpnews.co.kr/news/articleView.html?idxno=38938
- 과학기술정보통신부,(2020.10.). 뇌혈관 투과성/향상성 조절 생체 분자 규형 및 신규 물질 개발
- 권진숙. (2021.6.24.). : 의약품을 키우는 제약사 마케팅의 본질은 '이것'. Avaliable from:http://www.hitnews.co.kr/news/articleView.html?idxno=34653
- 김길원. (2023.5.4.). 질병도 '화성男 · 금성女'… "성차의학은 맞춤치료가는 길". Avaliable from: https://www.yna.co.kr/view/AKR20230503152300518?input=1195m
- 김민준. (2023.8.23.). 국내 최초 성차의학 건강증진센터를 소개합니다. Avaliable from: https://www.medifonews.com/news/article.html?no=181729
- 김일중, 류왕성, 안지현, 2019, 알기 쉬운 당뇨병(약물치료를 중심으로), 한국임상고혈압학회
- 김정일. (2021.12.14.). 제약업계 ESG 경영, CSO 등 시장 투명성 강화 필요. Avaliable from: https://www.yakup.com/news/index.html?mode=view&cat=12&nid=264316
- 김지영, (2018), 시뮬레이션 간호 교육에서의 촉진자(facilitator) 개념 분석, 한국간호교육학회지, 24(1), pp39-49
- 김창원. (2024.1.27.)] '테넬리아' SGLT-2i 병용 모색 나섰던 한독, 복합제 개발 시동 거나. Avaliable from: https://www.medipana.com/article/view.php?news_idx=322173
- 김철중. (2023.11.27.). 질병도 남녀유별... 남성이 여성보다 심근경색 3배 많다. Avaliable from:https://www.chosun.com/culture-life/health/2021/06/24/G3YQSVH5YZA73P5KWTXYQ5EBF4/?utm_source=naver&utm_medium=referral&utm_campaign=naver-news
- 김혜진, (2021), Glucagon-Like Peptide 1 수용체작용제 최신지견, 한국당뇨병학회, 22(2) 126-133
- 김혜진. (2023.4.5.). 성별 특성 연구로 맞춤의료 · 정밀의료 앞당긴다. Avaliable from: https://www.kyosu.net/news/articleView.html?idxno=102927
- 낯선 인포그래픽 마케팅? 1위 '리피토'만의 자신감, (2016.1.13.). Avaliable from:https://blog.naver.com/wiviwivi/220595862060
- 당뇨병 진단기준 및 위험인자, (2022.6.27.). Avaliable from:https://blog.naver.com/grbubuim/222790859000
- 당화혈색소를 떨어뜨리는 방법, (2024.1.1.). Avaliable from:https://cafe.naver.com/healthnhealing/49858
- 대웅제약, 국내 첫 펙수클루 심포지엄 'WE are the ONE' 개최, (2922.7.7.), 대웅제약 뉴스룸. Avaliable from: https://newsroom.daewoong.co.kr/archives/14302
- 맹호영, (2023.7.7.) "의약품 광고규제, 소비자 알 권리 침해해선 안된다". Avaliable

from:http://www.hitnews.co.kr/news/articleView.html?idxno=46494

- 무작정 기다리는 구태의연한 디테일, (2011.1.4.). Avaliable from: https://blog.naver.com/pharmnews/60121303343
- 문한림. (2020.8.25.). 롤러코스터 탄 '이레사'...실패를 되돌려 성공한 신약개발법. Avaliable from: http://www.hitnews.co.kr/news/articleView.html?idxno=19230
- 박선혜. (2023.12.6.). 비만약 급여화 추진, 제2의 탈모약 이슈 되지 않으려면. Avaliable from: http://www.monews.co.kr/news/articleView.html?idxno=328434
- 박으뜸 (2021.12.16.). '자살'을 '살자'로 바꾸는 치료·· '스프라바토'가 보여준 희망. Avaliable from: https://www.medipana.com/article/view.php?news_idx=289860&sch_menu=1&sch_gubun=5
- 보건복지부 국립암센터, (2015.11). NCC-FD를 이요한 난소암 전이 억제제 개발
- 성재영, 2019, "국내 손 습진환자, 겨울철에 가장 많아", 메디팜뉴스
- 식품의약품안전청, (2012.10). 고령자를 대상으로 하는 임상시험 평가 가이드라인.
- 식품의약품안전청, (2012.2.) 간질환 환자에 대한 의약품 적정사용 정보집.
- 신은진. (2023.2.7.). 매일 털어넣는 10개의 약… 처방이니 괜찮다? Avaliable from:https://health.chosun.com/site/data/html_dir/2023/02/07/2023020702006
- 신주영, 정선영, 박병주. (2010), 의약품 오프라벨사용과 근거중심의사결정, 약물역학위해관리학회지, 3(1), pp1-6
- 어윤호., (2024.1.26.) 급여 앞둔 신장병 신약 '케렌디아' 종병 랜딩 시작. Avaliable from: https://www.dailypharm.com/Users/News/NewsView.html?ID=308270&REFERER=NP
- 없어서 못 파는 비만주사 GLP-1, DGB금융그룹, 2023.4
- 오늘의 뉴스용어, (2016.8.18.) Avaliable from: https://blog.naver.com/sjkang0707/220791086878
- 우명수. (2017.11.28.). [CEO칼럼]기업 윤리경영의 중요성과 리더십. Avaliable from:https://www.ksilbo.co.kr/news/articleView.html?idxno=621398
- 윤누리, Trend Focus, 제2형 당뇨병 치료제 최신 동향, 서울대학교 약제부
- 윤새롬. (2023.2.1.). 제2형 당뇨병 치료제 'SGLT2 억제제', 장점과 주의사항은? Avaliable from:
- 이도희, 박정산, 왕현선, (2018). 리더십, 사회적책임과 직무만족도 간의 관계에서 임파워먼트의 매개효과 검증, 재무와 회계정보저널, 18(4),pp1-23
- 이상훈, (2023.11.2.) 종근당, 고혈압 치료제 '텔미트렌' 축소 제형 출시. Avaliable from:https://www.yakup.com/news/index.html?mode=view&cat=12&nid=287103
- 이상훈, (2023.11.9.). 종근당, 이상지질혈증 치료제 '리피로우' 제형 축소 리뉴얼 출시. Avaliable from:https://www.yakup.com/news/index.html?mode=view&cat=12&nid=287337
- 이영재. (2020.5.25.). '침묵의 살인자' 고혈압…이젠 복합제 대세. Avaliable from:https://www.doctorsnews.co.kr/news/articleView.html?idxno=134701
- 이한영, 2021, 기업들 너도나도 ESG 경영, 왜 중요한가?, 우리문화신문

- 이현주, 2019, 미국서 맥 못추는 특허만료 약, 국내는 스테디셀러, 메디칼업저버
- 장하은. (2020.5.28.). 동아제약 "지속가능한 성장 위해 윤리경영 강화". Avaliable from:https://www.whitepaper.co.kr/news/articleView.html?idxno=193836
- 채민정, (2021.6.30.) 내 고객이 누군지 안다는 자만, 실패의 첫걸음. Avaliable from: http://www.hitnews.co.kr/news/articleView.html?idxno=34826
- 채민정, 2019, 특허만료 리피토를 두고 선택한 화이자의 대단한 모험, 히트뉴스
- 채민정, 2021, 내 고객이 누군지 안다는 자만, 실패의 첫걸음, 히트뉴스
- 최상운. (2013.7.1.). 신약개발을 위한 또 하나의 전략, Drug repositioning. Avaliable from: https://www.kddf.org/ko/board/research/view/?bc_no=835&page=10
- 최윤수, (2023.6.26.) 글로벌 당뇨병 치료제 절반 이상이 주사제 …국내는 아직까지 '경구제' 선호. Avaliable from:https://www.yakup.com/news/index.html?mode=view&pmode=&cat=all&cat2=&cat3=&nid=282974&num_start=0
- 최윤수. (2023.6.26.). 글로벌 당뇨병 치료제 절반 이상이 주사제 …국내는 아직까지 '경구제' 선호. Avaliable from: https://www.yakup.com/news/index.html?mode=view&nid=282974
- 품목허가 공개 검토서 '하이페질정' 3mg, 현대약품, 2023,3
- 한국인 이상지질혈증의 역할(이상지질혈증 진료지침 제5판), (2023.3.). Avaliable from: https://blog.naver.com/sjloveu2/223042525302
- 한국제약바이오협회, http://www.kpbma.or.kr/
- 한해진, 2020, 인터엠디 "제약 디지털 마케팅 새 솔루션 제시", 데일리메디

[단행본]

- (사)대한약학회 병태생리학분과학회, 병태생리학 요약집 2017, 군자출판사
- 한국지질동맥경화학회, 이상지질혈증 진료지침 5판, 2022
- 2022 고혈압 FACT SHEET
- 2022 제약바이오산업 DATABOOK
- 2023 BioINdustry 산업동향 보고서, 국가생명공학정책연구센터
- 2023 당뇨병 진료지침 전문
- 2023, Obesity FACT SHEET
- 2023 생명공학백서, 과학기술정보통신부
- 대한당뇨병학회, 2021, 당뇨병 진료지침
- 임형식, 2018, 제약바이오산업현장, 내하출판사
- 임형식, 2020, 의약품 인허가의 현장, 내하출판사
- 임형식, 2020, 제약영업마케팅의 현장, 내하출판사
- 임형식, 2021, 의약품 약가정책의 현장, 내하출판사
- 임형식, 2022, 제약바이오산업의 실무, 군자출판사
- 임형식, 2024, 자신만만 건강보험약가정책, 군자출판사
- 전주홍, 2023, 역사가 묻고 생명과학이 답하다, 지상의 책